MOVE
THE FUTURE OF GEOGRAPHY

新迁移

人口与资源的全球流动浪潮

[美]帕拉格·康纳 ◎ 著
PARAG KHANNA

祁长保 ◎ 译

中国出版集团
中译出版社

图书在版编目（CIP）数据

新迁移 /（美）帕拉格·康纳著；祁长保译 . -- 北京：中译出版社，2023.3
书名原文：MOVE: The Future of Geography
ISBN 978-7-5001-7204-8

Ⅰ. ①新… Ⅱ. ①帕… ②祁… Ⅲ. ①人口流动—研究—世界 Ⅳ. ① C924.1

中国版本图书馆 CIP 数据核字 (2022) 第 192363 号

著作权合同登记号：图字 01-2021-5941 号

Copyright © 2021 by Parag Khanna
Simplified Chinese translation copyright © 2023 by China Translation & Publishing House
ALL RIGHTS RESERVED

新迁移
XIN QIANYI

策划编辑：	刘香玲　张　旭
责任编辑：	刘香玲　张　旭
文字编辑：	赵浠彤　林　姣
营销编辑：	毕竞方　刘子嘉
版权支持：	马燕琦　王立萌　王少甫
封面设计：	万　聪
排　　版：	聚贤阁
出版发行：	中译出版社
地　　址：	北京市西城区新街口外大街 28 号普天德胜科技园主楼 4 层
电　　话：	（010）68359719（编辑部）
邮　　编：	100088
电子邮箱：	book@ctph.com.cn
网　　址：	http://www.ctph.com.cn
印　　刷：	北京诚信伟业印刷有限公司
经　　销：	新华书店
规　　格：	710 mm×1000 mm　1/16
印　　张：	23.25
字　　数：	270 千字
版　　次：	2023 年 3 月第 1 版
印　　次：	2023 年 3 月第 1 次
审 图 号：	GS 京（2022）1440 号

ISBN 978-7-5001-7204-8　　　　定价：98.00 元

版权所有　侵权必究
中 译 出 版 社

纪念戴维·赫尔德先生：

学者、导师、世界主义者

序　言

2050 年，你将居住在何处

2020 年的 4 月会被人们永远记住，就在这个月，整个世界都停摆了。这是人类历史上全球首次采取同一个行动：大封控。几乎所有的办公场所和商店都停业了。街道和公园空无一人。汽车、火车和飞机被闲置。从爱丁堡和巴黎到开普敦和堪培拉，山羊、鹿、狐狸、野猪、鸭子、袋鼠，甚至企鹅都自由地徜徉在这些往日熙熙攘攘的城市中。《经济学人》一言以蔽之："关门歇业。"①

随后一年里反复实施的全球范围封控给数十亿人的生活带来极大不便。在这一片混乱当中，最具讽刺意味的是，我们对畅通无阻的全球性移动已经如此习以为常。2019 年是创纪录的旅游之年，国

---

① 根据《经济学人》2020 年 3 月 21 日的封面文章。——作者注（本书所有页下注，除特别标明以外，均为译者注。）

际旅客数量达到有史以来最高的 15 亿人次。超过 2.75 亿人次属于跨国迁移者——从迪拜的印度建筑工和菲律宾女佣到美国的公司高管和遍布亚洲的英语教师——其数量也达到有史以来的最高峰。然后，这一切都停止了。

迁徙与旅行本该经历一次迅猛增长，取而代之的封锁措施却引发了世界人口的突然复位。旅客、学生和侨民纷纷从世界各个角落回到了他们的出生地或国籍所在国。欧洲国家派飞机到非洲和拉美接回本国公民。亚洲留学生从美国、英国和澳大利亚购买单程机票回家。在沙特阿拉伯和阿拉伯联合酋长国这些海湾国家，有 20 多万印度劳工飞回国内。这种史无前例的归国潮人为地重新调整了人们的位置和公民身份。在我们的记忆中，这是第一次全世界几乎所有人都"回家"了。但是，这种状况能持续多久呢？

我们的个人生活和职业生涯，以令人难以置信的程度围绕着可移动性展开：人员、商品、金钱和数据，在城市内部、国家内部以及国家之间移动。只有我们能够移动，社会才可以正常运转。骑自行车时，一旦你停止踩动踏板，它很快就会倒下。我们的文明就像那辆自行车。而且，我们必将移动。

在 21 世纪 10 年代初，我与同事格雷格·林赛（Greg Lindsay）一起试图回答这样一个问题："2050 年，你想生活在什么地方？"答案可以简单，如"高科技城市"，但是哪一座城市呢？有些城市成为捕猎般监视下的场所，而另一些城市则允许居民保留一部分隐私。有些城市处在能够适应气候变化的地区，而另一些城市到那时很可

序 言

能已经被淹没。有些城市拥有蓬勃的服务型经济和活跃的文化生活，而另一些城市将成为那种遍布密歇根州被废弃的"工厂城镇"。放眼这个世界，寻找一处能够提供丰富的淡水、先进的治理，并能吸引人才进入创新产业的地方，我们的选择是——密歇根。

从更大范围来讲，我们指向了一个"新北方"的出现。它包括大湖区和斯堪的纳维亚半岛等区域，这些地区正在以巨大投入发展可再生能源、粮食生产和经济多样化。经历了2012年的飓风桑迪[①]后不久，格雷格和家人从纽约搬到了蒙特利尔。

这一简单的思想实验提供了一些有价值的经验。首先，你无法选择自己所面对的危机：冠状病毒、气候变化、经济崩溃和政治动荡可以同时呈现——甚至以一种螺旋向下的方式相互放大。另一个重要事实是，昨天被放弃的一些地方，明天可能会再度繁荣。五大湖地区的"锈带"城市是反乌托邦衰退的缩影：今天的密歇根州每年流失的人口依然相当于流入人口的两倍（在此过程中减少了国会席位）。底特律很可能会成为明天的热门房地产市场。东山再起的早期信号已经显现：一条轻轨铁路、艺术博物馆、精品酒店、手工时尚，以及奢华的阿拉伯和亚洲食品。现在，底特律的市中心有一处城市沙滩，年轻的专业人士在这里放松地享受午餐和饮品。工业企业正在重新装备密歇根州的工厂——生产电动汽车，字母表

---

① 2012年10月发生在北大西洋的一级飓风，给加勒比地区和美国东部造成巨大损失。

（Alphabet）①旗下的人行道实验室（Sidewalk Labs）在修建一条高速公路，以满足底特律和安阿伯之间的自动驾驶汽车需求。接下来或许就会出现3D打印的住房。20年以内，美加两国关系有可能进一步发展，那么底特律就会成为芝加哥和多伦多之间一条无缝连接的繁荣走廊的中间点。

判断未来几十年里哪些地方会成功，哪些会失败，需要通盘考虑政治、经济、科技、社会和环境因素，预测它们会如何相互作用，进而对每个地区如何适应无限的复杂性做出构想。前途会有很多的迂回曲折：眼下的封锁和之后的大规模迁徙；当下的民粹式民主和将来数据驱动的治理；现在的国家身份和未来的全球一体化。或许某些地方情况与此正相反，而其他地方也可能出现突然的反转。直到2050年来临之前，你可能并不知道自己的移动是否正确。

人类历史充斥着各种震撼世界的混乱——新冠肺炎[b]疫情全球大流行和瘟疫，战争和种族灭绝，饥荒和火山爆发。在每一次灾难过后，生存的本能一次又一次地驱使我们进行移动。人类正在开始进行一项前所未有的最广泛的实验：新冠肺炎疫情大流行开始慢慢退去，边境正在重新开放，人们又开始了移动。他们将会离开哪些地方，又会迁移到什么地方呢？政治动荡和经济危机，技术破坏和气候变化，人口失衡和大流行妄想症，对于这种种因素之间复杂的相

---

① 即谷歌的母公司。
② 中国国家卫生健康委于2022年12月28日宣布，将新型冠状病毒肺炎更名为新型冠状病毒感染。本书中的相关表述均与原英文保持一致。

互作用，我们所有人应当采取什么样的最佳方式去面对呢？对这些问题的答案可以用一个词来概括：移动。

人类的地图并非一成不变——现在不会，将来也不会。通过这本书，我希望读者考虑一下，我们的地理布局在未来发生根本性转移的情景——包括你自己在人类下一张地图上所处的位置。

帕拉格·康纳

目 录

003 ... **第一章** 移动性决定命运
036 ... **第二章** 争夺青年才俊
074 ... **第三章** 代际移动
109 ... **第四章** 下一个美国梦
139 ... **第五章** 欧洲联邦
174 ... **第六章** 桥梁地区
192 ... **第七章** 北方主义
211 ... **第八章** "南方国家"能否幸存
230 ... **第九章** 亚洲人来了
243 ... **第十章** 亚太地区的退却与复兴
260 ... **第十一章** 量子居民
283 ... **第十二章** 城市共和国的和平时代
311 ... **第十三章** 文明 3.0

332 ... 致　谢
337 ... 参考文献
351 ... 注　释
359 ... 插图版权信息

新迁移

第一章
移动性决定命运

地理是我们的创造

在 1990 年至 2005 年,任何一个毕业于乔治敦大学外交学院的人,如果被问哪一门课程能让他们铭记终生,对方肯定会两眼放光,浮现出一丝笑意,然后脱口而出:"地图课。"这门仅有一个学分、成绩只有及格或不及格的课程迅速变成了一个传奇,以至于学生为了能上这门课而故意让自己在它的免修考试中不及格。很快就有几百名在校本科生想要和他们一起坐进教室,因而每年都需要换一个更大的报告厅。所有人都想要亲眼见证坏脾气的查尔斯·皮特尔博士(Dr. Charles Pirtle)[①] 令全场掌声雷动的百科全书式演讲。他就像一尊肉身的"加农炮",迸发出各种趣闻轶事,有关于地球上的每一

[①] 美国乔治敦大学政治系教授,生于 1952 年,在 2021 年 11 月去世。

个国家、首都、水体、山脉和边界争端。2005年，"现代世界地图"这门课被列入了《新闻周刊》杂志（Newsweek）的"为受虐狂开设的大学课程"。它着实让我们百听不厌。

皮特尔的宏大目标由两部分组成：首先，与对地理学的无知做斗争，而另一个同样重要的部分是，证明世界地图是环境、政治、科技和人口特征的一种不断演化的碰撞。感谢皮特尔，是他使我在专业上痴迷于对这些力量的相互作用进行分析。毕竟，20世纪90年代的高中地理课程不算引人入胜，它基本上只是在传授地球科学（以地质学为主；不涉及气候变化），再加上科普地球表面静止不变的国界。对大多数学生而言，地理学习被可怜地默认为这种政治地理，仿佛我们在地图上看到的那些最武断的线条（边界）是永恒不变的。现实中的国家更像是可以渗透的容器，由其内部和之间的人口与资源的流动所塑造。失去了这两个要素，国家还有什么存在价值呢？

这本书所讲述的，是和你我最为息息相关的人文地理。它要探讨的是在6个大洲的1.5亿平方千米土地上，我们这个物种分布在哪里，又是如何分布的。与气候学一样，这是关于我们彼此之间以及我们与地球之间关系的一门深奥的科学。人文地理包括一些热门的议题，如人口特征（人口的年龄和性别平衡）和迁移（人们的移居），但是它还更深入地研究我们的人种构成，甚至我们的基因为适应环境变化而进行的调整。气候难民和经济移民、通婚，甚至是进化，都是人文地理学所讲述的宏大故事的组成部分。

第一章　移动性决定命运

当今人文地理学为何如此重要？因为我们人类正身处困境当中，再也不能想当然地以为我们的自然（作为水、能源、矿产和食物的来源）、政治（用以划分国家的领土边界）和经济（基础设施和各个产业的分布）等地理图层之间存在一种稳定的关系。这些因素作为一些主要力量，在过去数千年里决定了我们的人文地理，反过来，我们的人文地理也在塑造着它们。

但是这些图层之间的反馈机制从未如此深入和复杂。人类的经济活动加速了森林消失和工业排放，导致全球气候变暖、海平面上升和大面积干旱。美国有4座重要的城市面临危机：纽约和迈阿密可能被淹没，洛杉矶的水资源将被耗尽，而圣弗朗西斯科正笼罩在野火中。

在美国对几百万人造成打击的这些连锁反应，在亚洲会作用于几十亿人。请看如下事实：亚洲在最近几十年里惊人的经济腾飞，其推动力来自人口的飞速增长，城市化和工业化，所有这些促使其产生的排放物急剧增加。由此导致的海平面上升威胁着环太平洋和印度洋沿岸特大城市中的大量人口。也就是说，亚洲的崛起或许也会加速亚洲的沉没——这可能会让越来越多的亚洲人跨过边境进行迁移，引发资源冲突。我们推动系统，系统又反过来推动我们。

现在似乎是一个恰当的时机，让我们对各个地理图层之间失衡的严重程度做出判断。在北美和欧洲的富裕国家里，老龄化人口已经达到3亿并且仍在增加，基础设施也逐渐衰败；同时拉丁美洲、中东和亚洲有20亿年轻人有充足的时间，他们有能力照顾老人并维护公共事业。人口减少的加拿大和俄罗斯有广阔无垠的耕地,而几百万极度贫困的非洲农民被干旱赶出自己的家园。有些国家拥有出色的政治制度而国民比较少,如芬兰和新西兰,但是也有许多人遭受着专制统治或生活在难民营中。

前所未有的大量人口已经处在移动之中,这还有什么可惊奇的吗?

20世纪的孩子们都知道这样的格言,"地理决定命运"和"人口决定命运"。前者的意思是,所处的位置和占有的资源注定了我们的命运,后者则表明人口规模和年龄结构是最重要的因素。加在一起,它们要说的是,我们都囿于自身之所在,但愿那是一个人口稠密、资源丰富的国家。我们应当接受这种宿命论的观点吗?当然不。地理不能决定命运。地理是由我们自己创造出来的。

在2016年的《超级版图》(*Connectography: Mapping the Future of Global Civilization*)一书中,我建议用第三句格言来解释全球文明的发展轨迹:"连接性决定命运。"我们庞大的基础设施网络——由铁路、电网、互联网等构成一副机械式的外骨骼,使得人、商品、服务、资本、科技和创意得以在全球范围内实现快速移动。连接性和移动性是互补的,是一枚硬币的两面,合并起来,它们又引出了将定义人类未来的第四句格言:"移动性决定命运。"

那么,是什么阻止了我们充分利用连接性呢?我们所共有的惰性来自物理上、法律上和心理上的边界。世界政治版图之所以是如今这个样子,是有其原因的:古代文明之所在,欧洲各个帝国的占领和瓜分，以及自然特征造成的族群隔绝。边境之所以位于现在的位置，是因为它早就在那里。地球是我们大家的——不是美国人或俄国人的，也不是加拿大人或中国人的。问题在于：我们能否找到一种新的地图学上的实用主义，使政治地理更加符合今天的需要呢？

管理学权威彼得·德鲁克（Peter Drucker）曾提出警告："动乱时代的最大危险不是动乱本身，而是依然遵照昨天的逻辑行事。"[1] 我们无法承受继续作为人文地理发展的被动旁观者，而必须积极调整我们的地理布局，将人员和技术移动到需要的地方，让适于居住的地方保持宜居的状态。这就需要全球文明结构的划时代转变和一项针对世界人口整体的重新安置策略。如果我们能做到这一点，就能提高我们作为一个物种的生存概率，重振举步维艰的经济，打造一幅更合理的人类地图。

大规模迁移是不可避免的，而且是比以往更加必要的。在此后的几十年中，世界上所有人口稠密的地区都将被放弃，而人口减少的地区可能会出现大幅增长，成为新的文明中心。如果你足够幸运，正好位于某个你不必迁移出去的地方（如加拿大或俄罗斯），很可能会有移民正在奔你而来。改写一句列宁的话：或许你对迁移不感兴趣，但是迁移对你感兴趣。

未来的世界不仅到处都是移动的人，而且将被万事万物的移动性定义。每个人都有一部移动电话，意味着通信、上网、医疗咨询和理财都可以随时随地进行；没有人再去"银行"。工作和学习都转移到线上；数字游民（digital nomad）①爆炸式增长。愈来愈多的人住在活动房屋或其他可移动住所里。即便是"固定"投资也变成可以替代的：我们能够3D打印建筑物，在任何地方设立工厂和医院，利用太阳能或其他可再生资源发电，无人机可以递送我们需要的任何东西。当我们移动的时候，供应链也在移动：劳动力和资本不断转移到新的土地上，催生出新的生产力布局。移动性是一面透镜，我们可以通过它窥见未来的文明。

移动性的概念混合了物质与哲学两个层面。它提出的问题如下：为什么我们要移动，这种转移揭示了我们什么样的需求和欲望？继而有了需要探究的政治和法律问题：谁被允许移动？我们在移动中面对哪些束缚，以及为什么存在这些束缚？人类在世界上的最佳分布方式是什么？移动也是一种难以捉摸的精神体验。请暂停，让我们感受一下我们的身体是多么流畅。移动激发创造力，它是一个见证不同生活方式汇集一处的过程。对于自然和社会环境中自由移动的美学，约翰·杜威（John Dewey）等哲学家深思后得出的观点颇具说服力：这样的互动为生活赋予了意义。瓦尔特·本雅明（Walter Benjamin）花费了10年时间反思19世纪中叶巴黎建造的玻璃拱廊，及其所招徕的游手好闲之辈有何意义。移动意味着自由。

你准备好移动了吗？政治和经济危机，技术颠覆或气候变化是否正在对你的幸福生活构成风险？有没有其他什么地方的条件更适

---

① 指无需办公室等固定工作地点，而是利用技术手段，尤其是无线网络技术完成工作的人。

第一章 移动性决定命运

合你和你的家人?又是什么原因阻止你去往那里呢?无论是什么原因,你都需要克服它。对于数十亿的人口,持续的移动性正在成为常态(见图1-1)。移动本身可以成为目的:人不仅移动,而且总是移动。或许,在移动中,我们会重新发现它对于人类的意义。

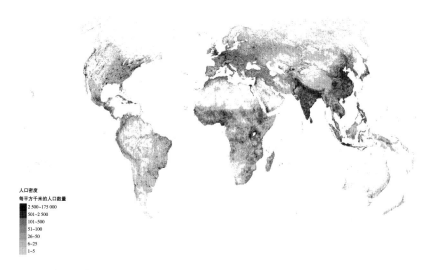

目前人类总数接近80亿。将近50亿人居住在亚洲,10亿余人在非洲,7.5亿人在欧洲,6亿人在北美洲,还有约4亿人在南美洲。

图1-1 今日的人口分布

移民创造国家

大多数人从未跨越过国界。即使在今天,多数人终其一生都住在他们出生的国度里——但是这并不意味着他们不是移民。对跨越国界的人进行统计绝对是难以穷尽的,也是对移民的一种曲解。根据国际移民组织(International Organization of Migration,

IOM）① 的统计，在国家内部迁移的人数大约是跨国迁移人数的 3 倍。² 这里面包括那些别无选择而被迫离开家园的人：据估计，境内流离失所者（internally displaced peoples, IDPs）约有 4 000 万，大多是因为政治暴行而移动，但是气候变化也有一定影响，这些人被定义为被迫在国内迁移的人。有关这些移民者的情况，与那些跨国富豪一样，都是迁移者的故事。

可以说，近几十年来，人类历史上最大规模的迁徙正是由各个国家内部的城市化所造成的。1960 年，只有 10 亿人生活在城市里；今天这一数字已经达到 50 亿。对于世界上的绝大多数人口，从乡村转移到城市给他们的生活体验带来了难以想象的变化，从教育到工作，再到健康。② 流入中国沿海城市的劳动力不仅伴随着中国崛起为经济强国的过程——它也正是推进这一过程的动力。中国的国内移民规模超过了全世界曾有过的所有迁移者。印度也正经历着相同的过程，年轻人涌入德里、班加罗尔、海得拉巴和其他新兴的商业枢纽。所有这些都没有出现在国际迁徙的统计之中，然而通过将挣得的工资汇回农村家庭，这种迁移已经成为驱动增长的重要因素。不必跨越国界，人们就可以体会迁徙的力量。

而城市化也带来了更大规模的国际移民。正如德国地理学家恩斯特·格奥尔格·拉文施泰因（Ernst Georg Ravenstein）在 100 年前所阐释的那样，很多人把来到主要城市作为以后获得出国机

---

① 一个联合国的关联组织，目前有 173 个成员和 8 个观察员国。
② 城市和地方的工资差距还在不断扩大，如今在核心城市里已经达到 1.5 倍。出自威廉·博霍韦（William Gbohoui）等，"一幅乡村不平等的地图"，国际货币基金组织博客，2019 年 11 月 6 日。——作者注

> 会的垫脚石。随着世界上 48 座特大城市（指居民超过 1 000 万的城市）和大量二线城市的不断扩大，在未来 10 年中，预计将会有大约 10 亿人迁移到城市里面。可以肯定，其中许多人是为了获得护照。

移动是人的本性

人类的开端始于简单的一步。接近 200 万年以前，第一个直立行走的人走出非洲，跨越了连接欧亚大陆的陆桥，从地理上来说即今天的红海和西奈半岛。在随后的上百万年里，我们的原始人类祖先经过杂交繁殖，在大约 30 万年前逐渐形成一个独特的物种——智人。古生物学家相信，在距今 13.5 万到 9 万年之前，非洲的一场严重干旱驱使智人从非洲散播到欧洲的尼安德特人的土地上。与其竞争者尼安德特人不同，智人的身体更轻，直立程度更高，可以到达更远的距离，而且能够在狩猎和采集中使用骨制的（后来变成石制的）工具。早期的人类跑得比对手快，活得比对手长。

我们知道，语言是人类和其他灵长类动物之间的一项重要区别，但我们为什么要学习说话呢？语言学家相信，人类的语言形成于 10 万年前并非偶然，而是因为这些迁移的智人之间不断增加的互动，他们在数百千米的狩猎范围内需要进行沟通交流。气候上的重大事件，例如 2.5 万年以前的末次冰期，促使人类一路穿越西伯利亚并踏上连接北美洲的陆桥。但是，随着北半球高纬度地区在大约 1.1 万年前再次变得宜居，欧亚大陆上迁徙活动的加剧便催生出如今有 30 亿人使用的整个印欧语系。

大规模的迁徙充斥于全部有记载的历史和我们的古老神话中。根据《希伯来圣经》（*Hebrew Bible*），犹太人长期受到埃及法老的奴役，直到他们在一次大逃亡中奇迹般地穿越西奈半岛回到了祖居的迦南（Canaan）。我们用德语中的"大迁徙"（Völkerwanderung）来描述公元后最初的几个世纪，当时日耳曼人、斯拉夫人和匈奴各部落纷纷入侵衰败的罗马帝国。由于在麦加受到迫害，先知穆罕默德的信徒到非洲的阿比西尼亚王国寻求庇护，但是他们也成为传教士般的征服者，建立了哈里发王朝，改宗的皈依者远达东南亚地区。据说，在里海和太平洋之间，有多达 10% 的亚洲男子自称是成吉思汗的后裔，这是由于游牧的蒙古人实行一夫多妻制，以征服者的身份与当地部落通婚。

14 世纪，有数千万人死于黑死病，这让庞大的蒙古帝国分崩离析。在欧洲，农民和劳工迁移到土地更肥沃的地方，或者进入城镇，那里因为劳动者短缺而工资更高。在一些阿拉伯地区，占比高达 90% 的人口搬离受到感染的村庄逃往城市。在随后长达一个世纪的小冰河期，冰川扩张和农作物歉收推动欧亚大陆上的人口寻找更可靠的耕地，也激发荷兰人和葡萄牙人从事远洋航行，导致他们进行殖民扩张。

殖民时代的迁移既有自愿的也有非自愿的。16 世纪末，英国移民开始在美洲建立殖民地。在整个17世纪，追求利润的早期清教徒以及后来为寻求宗教自由的清教徒和贵格教徒也加入了早期殖民者的行列。在长达400年的跨大西洋奴隶贸易中，估计有1 300万非洲人被运到北美洲、加勒比地区和南美洲。在亚洲，英国人和葡萄牙人使几百万马来亚和印度商人跨过印度洋，并让东亚人越过太平洋散布到南北美洲。在中国的唐、明、清等朝代，1 000多年的时间里，中国移民迁入马来半岛，对于东南亚成为今天的民族大熔炉发挥了极大的作用。

19世纪发生了反抗欧洲各个王权帝国的民族国家主义运动，它被广泛视作"民族主义时代"。它也是大规模迁徙的时代，工业革命创造出农业和制造业，这两方面对劳动力有着巨大需求。千百万农民被吸引到城市中的工厂去工作，同时轮船和铁路将千百万的工人、奴隶和罪犯运到大英帝国各处，尤其是跨过大西洋到达北美洲。总共有600万欧洲人迁移到美洲，其中150万人（相当于总人口的40%）是为了逃脱爱尔兰的马铃薯饥荒①，后来又有几百万意大利人是为躲避农村地区的贫困。

民族主义在20世纪同样取得了惊人的成就，非殖民化运动终结了欧洲的各个全球帝国，并催生出几十个新兴国家。虽然第二次世界大战的结果决定了大部分的世界版图，但是它并没有安置好世界

---

① 指在1845年至1850年间发生于爱尔兰的一场大饥荒，一种叫作"致病疫霉"的真菌造成马铃薯腐烂绝收，导致爱尔兰人口减少了四分之一。

人民。千百万难民从东欧转移到西欧，再从欧洲转移到美洲。在大屠杀之前和之后，有几十万犹太人从欧洲逃到美国和巴勒斯坦，1948年以色列建国以后又有更多的人到来。1947年的印巴分治迫使大约2 000万印度教徒、穆斯林和锡克教徒背井离乡——至今这仍是人类历史上最大规模的迁徙。

后殖民时代的联系为英国带来了几百万印度人和巴基斯坦人，也给法国带来了越南人、阿尔及利亚人和摩洛哥人。在战后这几十年里，欧洲发生的严重劳动力短缺与土耳其的高失业率共同吸引了一波波的外籍劳工来到德国（及其邻近的较小国家）。在美国，1965年的《移民法案》（*Immigration Act*）废除了针对移民的国别配额，导致来自加勒比和中美洲的拉美人激增，中国、印度、越南和其他地区的亚洲人如潮水般涌来。

最近几十年来，这种大规模移居的势头进一步加强。内战和失败国家，如20世纪80年代的阿富汗及近年的伊拉克和叙利亚，已经迫使几百万人沦为难民。苏联的解体持续驱动其曾经的各加盟共和国的数百万人横跨东欧和中亚。海湾地区的石油繁荣为科威特、沙特阿拉伯和阿联酋带来几百万巴勒斯坦和南亚的流动工人。实际上，今天一些最现代化的国家就是由移民建立的。流动并建设——这是作为人类的本质。

第一章　移动性决定命运

移民推动世界运转

许多人认为，贸易保护主义、民粹主义和新冠肺炎全球大流行意味着我们已经达到了人口迁移的顶点，但是让我们看看经济吧。在过去的半个世纪里，各国政府的借贷金额已经达到了250万亿美元（比全球GDP的3倍还多），用于支付从道路建设到养老金计划的各种开销。尽管这是为我们所知的现代文明付出的代价，但是老龄化国家现在也面临着经济停滞的困境，除非它们能够吸引到移民和投资者，并随之获得税收。没有年青一代使用房屋、学校、医院、写字楼、餐馆、酒店、商场、博物馆、体育馆等设施，很多国家都存在长期通货紧缩的风险——既是人口数据的萎缩，也是经济规模的收缩。

在世界人口中，移民只占一小部分，但是其重要性却随着时间推移而不断提高。19世纪末，国家间移民占人口总数16亿的14%，大约是2.25亿人。随后的第一次世界大战和西班牙大流感终止了这一浪潮。一个世纪之后，我们的移民大概有2.75亿，在更大的人口基数（80亿）中比例下降了（3%）。因此，貌似我们并未取得很大进展，但今天的数字实际上代表了一项意义相当重大的成绩。为什么呢？19世纪的移民包含着在绝望中离去的欧洲人，同样也有被迫在帝国范围内流动的英国殖民地的臣民，今日的移民则不同，大部分都是在将近 200 个主权国家中自由移动的人。此外，不论人数多少，今日的移民代表了全球 GDP 总量的 10%（略少于美国或中国的体量），包括在 2019 年几乎达到 5 500 亿美元的跨境汇款（见图 1-2）。这一数字超过了外国援助的总额，后者自从 1980 年以来就一直停滞在 1 000 亿美元的规模。

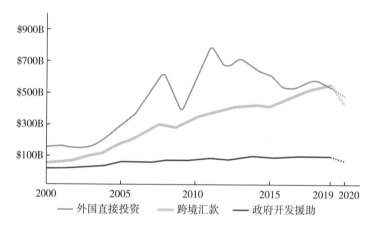

汇款与国际移民同步增长，而援助却停滞不前。同时，金融危机和贸易保护主义政策导致外国直接投资一直不稳定。

图 1-2　跨境汇款的增长

不幸的是，与金钱相比，人类自身的跨境移动要难得多。各个国家对货物和资本的自由转移已经相当开放，但是人员则大为不同。在国家主权中，移民是一个重要的，也是最为敏感的领域。美国已经对寻求政治庇护者和家属式移民（尤其对于拉美家庭）设立了严格的限制，澳大利亚在巴布亚新几内亚的丛林中设立的移民处理中心已经变成了半永久的居留营地。意大利和其他欧洲国家向利比亚民兵组织付钱，让他们对横跨地中海的移民加以控制。《世界人权宣言》并未保障任何人在其他国家居住的权利，只有接收国才有权决定。

我们并没有具备约束力的全球移民机构，可能永远也不会有。但是，由家族历史、商业需求和文化偏好所决定的区域模式，深深植根于人口的流动之中。在美国的外国人中，一半以上是墨西哥人或拉丁美洲人；欧盟国家的人在各个成员国之间几乎完全享有自由迁徙和其他权利；东南亚国家已经大规模开放边界，其多数跨境移民来自区域内部国家，以及中国和印度。我们用"内部人"和"外来者"指代国民的差异，但在现实当中，我们这个世界早已是一个的区域混合体。

世界上最大的人口流动发生在这些自然联系的区域内部。横跨东欧和中亚的苏联地区以2 290万移民群体位列第一，紧随其后的是以拉丁美洲人为主在中北美洲范围内的流动（2 210万人），非洲内部的撒哈拉以南的非洲人（1 500万），流向海湾国家的南亚人（1 540万），欧盟内部的各国公民（1 210万），中东范围内的阿拉伯人和北非人（1 010万），东盟区域内部的东南亚人（略低于1 000万人），最后是不到1 000万的已经移居到欧洲的阿拉伯人和北非人。[3] 这也表明，以"北方"（北美和欧洲）和"南方"（非洲和南美洲）将人类加以划分的两个层级依然存在。55亿人口生活在相当有前途的大陆上，而另外25亿人则没有计划或机会离开。大多数移民还远远没有取得成功。

用脚投票

即将到来的大规模迁徙时代将不仅是简单的持续，而是一个加速的过程。随着影响人文地理的各种力量汇聚在一起，人类形成的旋涡只会越发激烈。

- 人口特征：北方逐渐变老，年轻的南方能够提供北方所需的劳动力，构成二者之间单向倾斜的不平衡。
- 政治因素：来自内战和失败国家的难民和寻求庇护者，以及逃离种族迫害、暴政和民粹主义的人。
- 经济因素：寻求机会的移民、因产业外流而失去岗位的工人，或者在金融危机中被迫提前退休的雇员。
- 技术因素：工业自动化中被取代的工厂或物流工作，以及被算法与人工智能变得冗余的技术工作。
- 气候因素：气温升高、海平面上升和地下水位下降等长期现象，还包括洪水和台风之类的季节性灾害。

在世界各地的日常生活中，所有这些并行的趋势相互放大——程度如此之深，以至于我们可以用一个公式说明它们的关系（见图1-3）：

图 1-3　影响人文地理的各种力量

这些变量也以复杂和不可预见的方式相互作用。新冠肺炎疫情在几年中夺走了数百万人的生命,而气候变化则通过干旱和其他自然灾害逐渐累积造成同样的损失。两者都加剧了经济和社会的不确定性,进而降低了生育率。金融危机和劳动自动化也是如此,它们迫使人们为了寻找工作机会和负担得起的生活而迁移。归根结底,每一个因素都在单独或共同地推动着人们迁移。

2020 年新冠肺炎的全球大流行及其直接后果将会加剧这些现有趋势。更明确地说:在最近几十年来不断强化的移居过程中,新冠肺炎疫情封锁是一次令人吃惊的间歇,但这是人为的和暂时的。然而,它也的确促使各地的人们重新考虑在哪里生活,并开始找寻更好的选择。人们正在抛弃医疗保健不足的"红色区域",转向具备更佳医疗系统的"绿色区域"和拥有更强气候适应能力的"蓝色区域"。我们都在追求纬度和态度最合适的组合。

未来的人类移动性只会变得更强。在即将到来的几十年里，将会有几十亿人发生移动，从南方到北方，从沿海到内陆，从低处到高处，从过于昂贵到经济适用，从失败国家到稳定社会。

毫无疑问，有几十亿人会终老在他们出生的国家中。事实上，让我们假设一下，人口最多的国家中超过一半的人久居不动、年老体弱，没有意愿离开家园，或者在别处不受欢迎。那就意味着至少有10亿印度人、10亿中国人、7亿非洲人、2亿巴西人、2亿印度尼西亚人、1亿巴基斯坦人和10亿其他国家的人，在地理意义上保持原地不动。那还有余下的40亿人可能就是有意愿并且有能力迁移的人。

这40亿人几乎全部都是年轻人。略多于一半的世界人口出生于冷战结束之后的这30年间。这中间包括大多数千禧一代（Y世代）和全部的Z世代①。在2020年，他们在世界总人口中占到了60%。我们经常说起一个正在变老的世界，但其实，世界是更加年轻而不是更老了。人类在统计学意义上的变老，其主要原因是如今的年轻人很少有孩子。因此，当我们谈论"人民"的时候，不应当将其想象成雅皮士，中产阶级，双职工，两个孩子，生活在郊区的家庭。在美国、欧洲、中国或任何地方都不是这样的。世界上最大的人群应当被描述为年轻，单身，没有子女，且正在城市里打拼。如果你不

---

① 一般来讲，在美国，Y世代指在1981年至1996年出生的一代人，而Z世代指在1996年以后出生的人。

第一章　移动性决定命运

是他们中的一员，那么你就属于少数群体。

此外，如果你不是亚洲人，你肯定也属于少数。亚洲不仅占全球人口的 60%（相对而言，北美和欧洲的人口总和仅占 25%），而且几乎所有年轻人数量最多的国家也都在亚洲。中国和印度所拥有的千禧一代的总数量比美国和欧洲的人口总和还要多。近几年来，大约有一半的亚洲迁移者是在本地区之内，但是当西方的人口不平衡越发严重之际，亚洲人在全世界将越来越受到欢迎。目前，在中国境外的中国人比在印度境外的印度人要多，但是不久以后情况就会逆转。中国的人口很快就会开始下降，而印度的人口则要年轻得多，并且还在继续增长，何况整个南亚（包括巴基斯坦和孟加拉国）都比中国贫穷得多，因此那里的年轻人更愿意迁移。从地缘政治角度看，世界似乎正在变成黄色，但从人口统计学角度看，它无疑是在变成棕色。

无论他们来自哪里，今天的年轻人都是人类历史上规模最大的、在身体和数字方面移动能力最强的一代人。他们将去往哪里，他们如何生活，他们今天的所作所为揭示了什么样的社会、政治和经济模式会盛极一时，而哪些模式又将在明天被淘汰。今天那些国民流失的国家明天可能将会没落。相反，今天收获年轻人的国家明天可能就会繁荣昌盛。

对于今天 30 岁以下的人来说，在下一个 30 年里——从现在到 2050 年——将会发生什么呢？他们会面临什么样的地缘政治、经济、技术、社会和环境局面呢？他们将去往哪里？什么样的社会将在 21

世纪成为赢家或输家？对于我们此时提出的或这或那的重大问题，年轻人会用他们的双脚来做出回答。于是，要了解未来，我们就必须跟随下一代进入未来。

移动者的生存

婴儿潮那一代人都记得冷战时的"末日时钟"（Doomsday Clock）①，提醒着即将发生的核毁灭；当地缘政治紧张局势加剧的时候，科学家们就让指针更接近午夜零点。现在的年轻人更熟悉的是"气候时钟"（Climate Clock），它标记的是地球温度的上升幅度什么时候达到2摄氏度。气候活动家比尔·麦克基本（Bill McKibben）写道："停止全球变暖为时未晚，但是今后的几十年可能是我们限制气候紊乱的最后时机。"⁴可以放心地假设，我们不可能取得成功。罗伊·斯克兰顿（Roy Scranton）②等学者认为，我们需要"学会死亡"。那也同样是不可能发生的。更为有趣的问题就变成了：我们将何以幸存？

长久以来，人类一直在寻找适宜的气候，定居在温和纬度下的

---

① 美国在日本投下原子弹后，原子物理学家从1947年起每个月都在《原子科学家公报》的封面上印一个指针接近于零点的钟面，零点象征着爆发毁灭世界的核战争的时间，根据不同的国际形势，表针距离零点的距离不同。

② 美国圣母大学英语副教授，教授创意写作和环境人文科学，著名作家。他有一本书的名字就是《在人类世学会死亡》（*Learning to Die in the Anthropocene*）。

河边或沿海地带。当学会了用火,开始狩猎动物,建造坚固的居所,并汲取地下水,人们就散布到更广大的地区。到了工业时代,城市变成了人口和经济增长的核心。但是,维持几十亿人口的城市生活必然要消耗大量的资源,带来碳排放量的激增,气温上升,前所未有的冰雪融化,使地球上更多的地区不再适合生存。

有许多办法克服酷热并远离海洋,但是没有淡水就无法生存。尼罗河、底格里斯河、印度河和黄河谷地的古代文明都是建立在灌溉的基础之上。今天,世界上三分之二的人口生活在靠近河流的地方,农业消耗了我们70%的淡水。可是随着地下水的加速抽取和热带雨林的减少,河流开始干涸(见图1-4)。从巴西到非洲再到印度

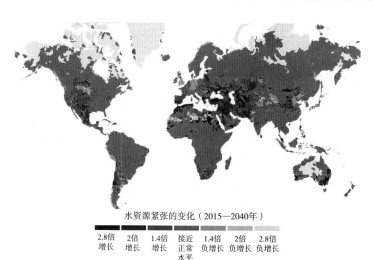

水资源紧张的变化(2015—2040年)

| 2.8倍 | 2倍 | 1.4倍 | 接近 | 1.4倍 | 2倍 | 2.8倍 |
| 增长 | 增长 | 增长 | 正常水平 | 负增长 | 负增长 | 负增长 |

在未来20年内,预计世界几乎所有地区的淡水供应量都将下降。中东和北非以及美国南部和澳大利亚东部将是受影响最严重的地区。

图1-4 地球水资源紧张加剧

的农民已经年复一年地遭遇农作物的歉收。那些紧紧捆绑在自己土地上的人积聚了巨大的代际债务，他们自杀、逃往城市，或者加入跨越边境的非法移民大军。整季没有降雨或仅仅一周的"零日"断水就足以驱使农民和城市居民去追逐更肥沃、更湿润的土地。

"人类世"这一术语〔《韦氏辞典》（*Webster*）的定义是"人类活动对地球产生环境影响的时期，被认为构成了一个独特的地质时代"〕起初给我们一个错误的感觉，以为人类可以控制环境，但是我们现在明白了，这预示着一个自我毁灭的反馈循环。[①] 即便现在就开始实施那些最野心勃勃的计划——关闭所有燃煤发电厂；以核能、水力、风力和太阳能替代化石能源；在俄罗斯、加拿大、澳大利亚、巴西和美国种植1万亿棵树木——大气中已经积累起来的温室气体对地球生活的影响可能比迄今为止的全部影响都要更加严重。对于几十亿人类来说，袖手旁观便意味着无可避免的自杀。政治主权成为我们地理学的决定性因素是最近300年的事情，但是我们的海平面在未来几个世纪将持续上升。扪心自问，哪一种力量会胜出？

气候并不会在乎我们的政治边界，人们也会越来越大声呼吁打破边界。气候造成的压力导致移民群体膨胀。现在的气候难民已经达到了5 000万，超过了政治难民的数量。根据美国国家科学院的研究，气温升高1摄氏度就会造成2亿人离开他们已经习惯的"气候舒

[①] 乔治敦大学环境历史学家J. R. 麦克尼尔（J. R. McNeill）系统地记录了这种人、技术、自然之间错综复杂关系的"显著加速"。——作者注

适区"。⁵ 在此基础上再升高 1 摄氏度的话，可能就意味着提高一个数量级，使 10 亿甚至更多的人沦为气候难民（见图 1-5）。

人们似乎已不再相信能够减轻气候变化的影响，很少有人会等到最坏的情景出现以后才放弃他们称为家园的地方。我们必须把注意力放在如何适应上，而对于大多数人来说，适应的意思就是移动。被飓风夺走一切的中美洲贫苦农民，和被干旱彻底击垮的非洲人，他们只会带上仅存的物品去往北方。当富人在一场森林火灾中失去房屋，或在台风中失去游艇，他们便会转而投资内陆和高海拔地区，或者挪威和新西兰的土地与庇护所。无论贫富，越来越多的人会像我们的远古祖先一样，去追求气候上的称心之地。

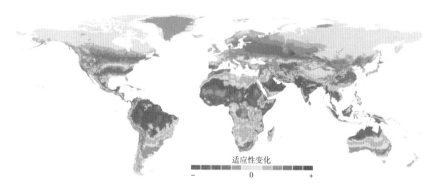

伴随气温的升高，人类居住的最佳地理位置也在转移。深色区域的日平均温度将超过 30 摄氏度，到 2070 年，甚至在更近的未来，这些区域将不再适合人类居住。随着时间的推移，颜色较浅的区域会更适宜居住。

图 1-5　世界变热有多快

逃离机器人

当气候变化迫使我们远离传统栖息地，机器人也在迫使我们离开曾经熟悉的稳定工作岗位。业务外包和自动化已经摧毁了美国的产业工人，他们被迫搬到更便宜的地方寻找新的工作。亚洲工人是供应链转移的受益者，但如今在增加工业机器人方面，中国的投入比世界上其他国家都多，这促使很多人开始参与零工经济。

新冠肺炎疫情将加速全球范围的自动化进程，各家公司都努力减少对脆弱的人类的依靠。在美国，因为自动驾驶车辆的出现，多达300万的卡车司机可能会失业，200万房地产经纪人会让位于房地产科技类的应用程序。亚马逊的仓库总有一天会实现无人运转。新冠疫情封锁中的无名英雄是那些没有留下记录的在农村和肉类加工厂辛苦劳作的非法移民。但是他们不仅得不到奖赏，而且将会被能够锄草、播种和收割的机器取代。拉美裔的农场工人同样也可能继续向北到加拿大去帮助扩大耕种范围，罗马尼亚人则可能会去俄罗斯。

在今天的年轻人步入劳动力市场以前，许多现有的创造就业的引擎就会熄火。在所有这些都将失效的情况下，向往着安装5G电信网络或太阳能电池板也是毫无意义的。其他的重要部门，从教育到服务业和零售业，都尚未全面数字化，但将来它们会。有一项预测认为，人工智能和自动化至少将会导致3.75亿人不得不转换"职业类别"。他们的新工作还会位于之前工作的地方吗？不太可能。

与机器的竞争是富有者的生存之道。设计机器人和算法的程序员、工程师和其他拥有顶级技能的人会领先于机器人，贫穷的工人在机械的制造、运输或零售中只能充当齿轮，直到他们可以被抛弃。与此同时，年轻人也不愿像机器人一样工作。在法国，乡村面包店正被半自动化的杂货店，甚至是法式面包的自动售货机代替。无论如何，年轻人对在凌晨3点钟起床烤面包提不起兴趣，于是他们迁移。

如果国家对工业机器人征税并重新分配其利润，它们便能成为更公平的福利国家，而不再需要更多的人口。然而，可以想象的是，现阶段只有德国和日本能够具备足够的政治意愿采取这种行动，而不致让它们的公司急于将业务外包。无论面临哪种情形，它们仍然能吸引移民，因为这些国家在金融、媒体、教育、科技、医药、物流、娱乐、零售等行业提供了工作机会。根据美国小企业管理局的数据，此类行业得到增长的美国各州与人口增长的各州是重合的，包括北卡罗来纳州、俄勒冈州、华盛顿州、弗吉尼亚州、佐治亚州、犹他州、科罗拉多州、加利福尼亚州和得克萨斯州。[6]个中的教训很清楚：追随大众。

一个量子的未来

过去的20年里，千百万美国人放弃了密歇根、宾夕法尼亚、俄亥俄与其他北部各州的铁锈地带，几乎不约而同地奔向加利福尼亚。然而，加利福尼亚州的居民从2015年开始减少，尤其是与低税率的得克萨斯州和亚利桑那州相比。不断加剧的热浪侵袭、水资源短缺、多变的移民政策对整个美国西南部地区都造成了伤害。尽管拉斯维加斯、凤凰城和图森（Tucson）颇受人们青睐，美国的大片沙漠地区可能都需要被放弃。而那些已逃离大湖区的人，他们可能会比预想的更早返回那里。

在开始的地方结束似乎是一种毫无意义的循环。而经过一段时间以后，我们就会发现这背后的逻辑。再举一个例子：英国在2016年的脱欧决定使商业与投资离开了这个国家，英国的人才带着他们的技能和金钱去往加拿大、葡萄牙、荷兰、瑞士、瑞典等国家。但是英国人口的教育程度高、经济规模很大、具备充足的淡水，在气候加速变化的时代，会比其他很多地方取得更大的发展。因此，尽管脱离了欧盟，被英国脱欧推出去的人最终还是会回来的，一个更英明的政府也会吸引一波新的移民。

人文地理学正在变得含混不清。随着人们发现自己经常迁移，我们正在经历一种相位的转移，就像物质从固体到液体再到气体的过渡：分子受热后相互之间松散开来，更加活跃地振动。甚至可以说，人类越来越像是量子物理学中的粒子，他们的速度与位置总是在不断变动。如果他们能够回复到某种稳定的表象当然更好，但在量子世界中并非如此。相反，当今世界的复杂性使得长期定居在某个地方变得越发困难。高收入的数字游民和手持多本护照的亿万富翁，与迁徙的菲律宾女佣和印度建筑工人，同样构成了形形色色的、不断增长的全球量子化人口。

也没有理由能让人相信，政治难民和寻求庇护者的大潮会停息，反而有很多因素表明它会持续下去。在后殖民时代的非洲、中东和一部分亚洲地区，因人口过剩和贪污腐败，一些国家甫一诞生便开始衰败。最近几十年中，伊拉克发生的多次战争和阿拉伯之春已经把千百万阿拉伯人从北非和叙利亚驱赶到约旦和土耳其，且在最近波及欧洲，或许他们永远都不会再返回那些已经破碎得面目全非的祖国了。保罗·萨洛佩克（Paul Salopek）①在2019年的《国家地理》（*National Geographic*）中写道："如今，为了逃离大量的暴力和贫穷，有超过10亿的难民和移民正在迁徙途中，既包括各国内部的，也有跨越边界的。这是人类历史上最大一波漂泊无定的浪潮。"[7]

"难民"这一说法暗示着，这是一个狭义的、暂时性的群体，但实际上他们是半永久性移居的人群，如周边国家的叙利亚人、约旦的巴勒斯坦人、巴基斯坦的阿富汗人，还有肯尼亚的索马里人。在

---

① 美国《国家地理》杂志的著名记者，曾两次获得普利策奖。

土耳其，有400万叙利亚人处于"暂时受保护状态"，但实际上从未有人离开。与此同时，在与欧洲谈判的过程中，他们被当作换取对方让步的筹码，时刻都面临被驱逐出境的危险——就像土耳其在2020年向希腊驱赶了一大波难民。这些难民在土耳其内部经常转移，也就是说他们的不断迁移过程还包含不同的阶段。而那些被驱逐的人，又要再多经历一个步骤。千百万的难民、寻求庇护者和非法移民当中，很少有人能有绝对的成功把握。过去几十年来，美国已经把几百万墨西哥人和中美洲人送回边界另一边，西班牙不断驱逐北非人。这些迁移者以为自己已经成功——直到被迫再次迁移。

在拉丁美洲、非洲和南亚随处可见的特大城市里，生活中随处可见暴力和资源紧张。如今发展最快的城市包括拉各斯、卡拉奇、开罗、达卡、马尼拉、伊斯坦布尔、雅加达、孟买、加尔各答、圣保罗和曼谷这些城市，其中大多数的气候适应力之低都令人担忧。上述这些地方，以及其他大城市的巨大贫民窟里，居住着大约15亿人。有些城市对海运集装箱进行循环使用，或对3D打印住房提供补贴，可以提供移动医疗诊所，在城市农业和安装太阳能电池板中创造就业岗位，这样的城市可能会对贫困的下层阶级进行安抚。可是此类举措仍然十分少见。在未来的10年中，我们要么会看到这种大范围的改革创新，要么将见证对边缘化和社会压迫的大规模反抗。还有第三种场景——大量人口的迁徙——人们纷纷逃往靠近资源的、高海拔的城镇。哪一种情形会发生呢？答案是：三种都会发生。

我们怎么能够知晓每个地方的人口在未来几年中是流入还是流

出呢？有些地方会遭受如下的种种打击：年轻人太少，政治动荡，经济缺乏竞争力，生态脆弱。这些地方就是人们想要逃离的。在光谱的另一极则是具有如下各种优势的地方：坚实的人口特征、稳定的政局、繁荣的经济和稳定的生态环境。这样的地方才是人人都向往的。问题是，我们今天对一个国家的描述，明天就可能不再符合实际了。面对如此之多的新来者，哪个地方能保证持续稳定呢？自身的有利条件可能很快发生改变。一些人认为，这是已经在欧洲和美国发生的事情，下一个可能会是加拿大。

但是这种不可预测性并非静止不动的借口。相反，它正好解释了，为什么会有这么多人一旦开始迁移，便会发现自己一次又一次地迁移。移动恰是我们对不确定性做出的回应：打不赢就走。未来是一个移动的目标，我们也是。

一个未来，四种可能

我不爱做白日梦，但有时在长途远足中，我会陷入一种轻微的恍惚状态。我的心思会滑入这样一番景象：世界上各个不同的社区之间自由地、和平地联系和交往，人们可以随心所欲地流动。不幸的是，今天的我们距离这种梦想还太过遥远。当下，我们的人文地理更多是由偶然所塑造，而非有意为之。这使我们别无选择，对于未来几年里，移动性和权威性与技术和社区的结合将如何呈现，我们只能构建出一系列场景来进行预测。

这里描绘的四幅画面（见图1-6）所呈现的是，我们未来在移民和可持续发展的轴线上的不同可能性。

左上方的"地区壁垒"最能代表今天的现状。清洁能源投资正在增长，但迁移是有限的。与支持贫困地区相比，北方富裕国家更多关注的是自身的气候适应能力。他们在贫穷地区选择性地推广可持续农业或其他生存手段，但主要是以贿赂手段使这些地区的人不要靠近。北美、欧洲和东北亚沦入自我封闭的体制，只存在有限的互动，虽然他们可能在必要情况下与来自南方的个别侵入者协作。这些国家之间也会像乔治·奥威尔（George Orwell）的《1984》中所写的那样，爆发持续的战争。

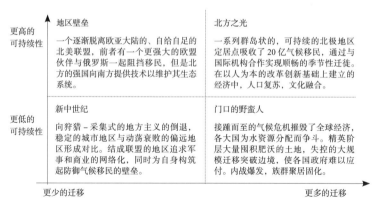

未来的四种情况。所有这些都可能在世界不同地区同时上演。

图1-6　世界将走向哪条路径

另一种更少迁移的场景昭示了一个更加分裂的"新中世纪"的出现。在这一场景下，可持续性投资被放弃，军方从其本国公民手中或跨过边境去强行夺占水和能源。一波波的自然灾害和人为的生态灭绝将杀死大部分世界人口。余下的人们集中在封建式的城市地区，形成类似于中世纪的汉萨同盟（Hanseatic League）[1]的联盟关系。如此的景象在《饥饿游戏》（*The Hunger Games*）和《疯狂的麦克斯》（*Mad Max*）等无数电影中都已得到呈现。如果再加入机器人杀手，就是《终结者》（*Terminator*）。

在这两种迁移更少的场景中，世界人口作为一个整体并未得到明显改善。在一个充满地区壁垒的世界里，气候变化带来的破坏可能比较小，但即便大量机器人取代外籍劳工，我们也可能缺少年轻工人来重振社会并带来更便利的生活。而如果我们进入了一个新的中世纪，那么世界就会远远小于其各部分相加之和，并有可能驶上人类灭绝的快车道。

再来说说右下角，我们看到一个同样无法协调各种可持续发展努力的世界，同时还有更多的"门口的野蛮人"[2]。气候变化给全球经济带来巨大的混乱。在一些分水岭地区爆发"水之战"，无数移民强行进入宜居地区，他们的大量涌入给生存环境造成破坏。与此同时，富人为他们自己及其亲属大量购入气候绿洲地区，在周围建起武装护卫的壕沟。科幻灾难片《后天》（*The Day After Tomorrow*）或许就是对这种政治和气候两方面紊乱互相交织的最佳描述。

只有"北方之光"这一场景涉及大量人口重新安置和环境再生

---

[1] 指中世纪时在德意志北部城市之间形成的商业、政治联盟。
[2] 有一本书及同名电影，名为《门口的野蛮人》（*Barbarians at the Gate*），讲述资本运作过程中的恶意收购。

的提前规划。经济迅速转向碳中和的能源，大量跨国投资和管理的地区（主要在北半球）吸收了亿万的移民，同时也有大量资金投入到重建南半球之中。全世界既实现了资源的有效利用，也实现了文化上的吸收同化。至今还没有电影呈现过这种场景，我们一定要写出这样的剧本。

通往北极之光所描绘的世界可能经过什么样的路径和步骤呢？在第一阶段，今天的民粹主义和大流行封锁可能会限制国家和地区之间的迁移。但是，10年之内，当经济复苏、婴儿潮一代退休的时候，劳动力短缺会进一步恶化，将会有更年轻的、对移民更加友好的领导人掌权。同时，气候影响可能会更为严重，对移民的重新安置和政府有效利用移民以培育宜居地带的需求将更为复杂。人们会严肃认真地开展地球工程项目，限制二氧化碳排放和太阳辐射，并改善受破坏地区的生态。最终，我们可能很好地稳定环境，并有把握使地球重新变得适合人类居住。

但未来我们不可能享受一条干净利落、可以预知的道路。貌似可信的场景从来都不会相互排斥；现实的发展是曲折的，这四种愿景中的各种要素都切切实实存在着。举例来说，在北极之光的场景下，环境恢复可以通过有意识的规划完成，但在新中世纪的场景中也可以通过人类的大规模死亡来实现。每一幅场景中都充斥着某种程度的创新、分裂和不平等。

重要的是，我们绝对不能以为，众多不同变量之间的相互碰撞，会在空间和时间两个维度上均等地发展。这也就是为什么，随着各个不同地方在这些场景之间摇摆不定,我们会通过移动来寻求更好的生活。其实,在一个像美国这么大的国家中,我们很容易想象,全部四种场景的不同组成部分于不同时间出现在不同地点。这就引发了一个问题,即"国家"(nation)①还能否作为我们未来的依靠。更重要的是:此处的国家指的是一个地方还是这个地方的人?

---

① 英语中的 nation 有"国家"和"民族"两种含义。

第二章

争夺青年才俊

欢迎来到"人类巅峰"

1975年10月16日，美国国家安全顾问亨利·基辛格（Henry Kissinger）向杰拉尔德·福特总统（President Gerald Ford）提交了一份备忘录，请求总统批准这份NSSM200号文件[①]，即《世界人口的增长对美国国家安全和海外利益的影响》（*Implications of Worldwide Population Growth for US Security and Overseas Interests*）。该项计划呼吁在印度、巴基斯坦、孟加拉国、尼日利亚、埃塞俄比亚、印度尼西亚、墨西哥和巴西等12个国家中加强对计划生育和其他人口控制措施的支持。白宫希望，"在不发生大范围饥荒，也不使发展希望全然受挫的前提下"，到2050年能把世界人口控制在60亿。那些国家

[①] "第200号国家安全研究备忘录"（National Security Study Memorandum 200）的简称。

第二章　争夺青年才俊

当然也得到了这份备忘录。根据联合国的预测，当世界人口真正达到60亿（1995年）后，人口会继续增加到150亿。

然而，今天的展望不一样了。我们现在可以信心满满地预言，世界人口最快可能在2045年达到峰值，而且可能永远都不会达到90亿。计算结果为何会相差如此之大？答案就是，因为我们采取了正确的行动，所以我们之前的计算出现了错误。有关人口过剩导致经济和生态危机的警告，促使高生育率的贫穷国家采取措施遏制了人口的飞速增长。如果不是因为这种反馈循环的作用，世界人口可能已在100亿上下了。

即便是增长到90亿的预测，也很可能是基于对非洲的尼日利亚、埃塞俄比亚、乌干达、坦桑尼亚、刚果和埃及，以及亚洲的印度、巴基斯坦和印度尼西亚这些高生育率国家的人口持续爆炸的错误预测。相反，快速的城市化、女性赋权运动和水资源减少肯定会对这些地区的计划生育产生影响。在发展中国家，父母过去常常将生育更多的孩子视作对未来劳动力的一项良好投资。如今，这只会造成更多人失业。

世界人口简史

人类在地球上四处游荡的几千年里，人口一直保持得相当稳定。公元1年，全球估计有2亿到3亿人。1 000年之后，人口基本维持不变。即使到了1500年，可能也只是增加了1亿人口。到了19世纪工业革命时期，化石能源取代了人力和畜力成为主要的能量来源。轧棉机和打谷机大大提高了农场的生产效率,蒸汽机和铁路将食物运输到远方。更好的卫生条件遏制了疾病的传播,延长了人的寿命,也让更多的孩子能够活到成年。所有这些技术创新共同推动世界人口在1800年达到了10亿。

英国学者托马斯·马尔萨斯(Thomas Malthus)目睹了工业革命所引发的人口爆炸。他曾在1798年做出著名的预测:世界如果更加拥挤,则将会面临食物供应不足的危机。但是营养水平提高和医疗保健措施(譬如疫苗)一起延长了我们的寿命,也帮助更多的儿童成功度过分娩期和婴儿期,所有这些因素共同作用,使全球总人口在19世纪末达到了16亿。在两次世界大战以后,绿色革命(Green Revolution)[①]开始引入化肥和农药,极大地提高了印度等发展中国家的粮食供应,使全球人口从1945年的20亿左右飞速跃升到1970年的接近40亿。

尽管在农业增产上取得了难以置信的成就,一些专家依然在担忧马尔萨斯的预言最终还是会应验。1972年,罗马俱乐部(Club of Rome)中的金融、政治和学术精英人物发表了一份宣言,题为《增长的极限》(*The Limits to Growth*),认为我们的地球资源是有限的,不可能支持如此快速增长的人口。他们呼吁实施更坚决的人口控制政策,如放宽堕胎限制,提倡节育。对于中国发起执行的独生子女政策和印度开始对男女双方采取的强制绝育,这种新马尔萨斯观点都发挥了非常重要的影响。

[①] 指20世纪50年代初,发达国家在第三世界国家开展的农业生产技术改革活动。为了同18世纪的"产业革命"相区别,被称为"绿色革命"。

第二章 争夺青年才俊

大约就在同一时期,避孕措施——安全套和子宫帽,还有20世纪60年代的口服避孕药——对全球生育率的下降起到了推动作用。后者对于家庭、学校、社区和工作场所的妇女赋权运动也起到了关键作用。急剧加速的城市化也同样重要。1950年,有20亿人生活在农村地区,只有10亿人生活在城市。到了2010年,城市人口超过了农村人口。迁移到城市的家庭中,妇女有机会得到医疗保健、教育和工作,同时,居住在租金昂贵的狭窄公寓,再加上其他开销,意味着经济上的困顿和空间上的局促使她们不可能再养8个甚至更多的孩子。

于是现在我们的地球人口还在从80亿向90亿缓慢爬升,但是可能不会更多了。结果就是,我们的人口趋势不再是迅速增加而是逐步降低(见图2-1)。

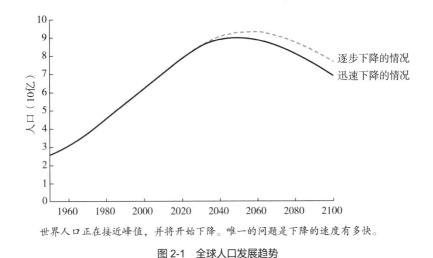

世界人口正在接近峰值,并将开始下降。唯一的问题是下降的速度有多快。

图2-1 全球人口发展趋势

对于我们的生殖焦虑，还能有什么其他解释吗？马尔萨斯担心人口增长超过粮食供给，但是如今世界上有 30% 的肥胖人口，而营养不良的人只有 13%。这是说明人类沦为自身成就受害者的一种信号。财富也是抑制生育的一个重要因素。自 2008 年次贷危机以来，焦虑代替了稳定。危机到来之前，美国的人口出生率已经持续 5 年小幅增长，危机后却骤然下降。事实上，在危机之后的 10 年中，整个世界，无论贫富，各个国家的生育率都显著下降。[1] 2020 年，在全球范围内，65 岁及以上老年人的数量多于 5 岁及以下的儿童。预期寿命的提升反而带来生育率的下降。既然我们有意识地掌控自己在生理上的习性，那么我们就必须储备更多的财富，以便在更加漫长和忙碌的生命中让自己过得更好。

除了长寿和财富，还存在着道德上的困境。即便千禧一代能够负担更多的子女，他们也倾向于后物质主义的价值观，其中最重要的一点是对气候的关注。关于如何应对地球的脆弱性，Z 世代怀有一种局促不安的内疚，他们对文明存续的关切要远远超过生育子女。很多人认为，生孩子不仅在经济上很奢侈，而且也是不道德的，因为孩子们诞生的环境如此反复无常，每一个新生的人类又会对我们脆弱的生态系统造成破坏。网上流行的一张图显示，少生一个孩子所能减少的二氧化碳排放量，比不开汽车、避免长途飞行和转向素食这些加在一起还要多（见图 2-2）。换一句话来说，其中的世俗意味越来越明显，或者说对生态意识的笃信已经超越了任何宗教信仰——大多数年轻人不再相信，让他们结婚生子是上帝的旨意。

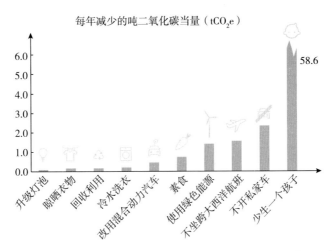

有环保意识的千禧一代和 Z 世代采取多种措施来减少碳足迹,但迄今为止减排量最大的方法是少生一个孩子。

图 2-2　生育大低谷

所有这一切都是发生在新冠肺炎疫情以前。在一场比 2008 年次贷危机还要严峻的经济收缩中,我们可以预料 Z 世代的生育率会像 2008 年后千禧一代的生育率一样急速下跌。在新冠肺炎疫情全球大流行期间,政府希望那些被迫待在家中的夫妇可以生出更多的孩子,但实际情况相反,在封锁初期,安全套的销量猛增,而措施解除之后,离婚率高涨,又是一轮生育低谷期。布鲁金斯学会(Brookings Institution)曾预测,2021 年美国出生的婴儿会比 2020 年减少 50 万甚至更多。以后几年中,如果世界上发生重大战争或自然灾害,或者再发生一次大流行,那么我们对人口数据变化的这些预想只会更快成为现实。

人类曾经从无数次的大规模死亡事件中恢复过来,如 14 世纪的黑死病。面对其他造成大规模死亡的事件，如欧洲殖民主义者对美洲土著人的毁灭和他们带来的外来疾病，17世纪的小冰河期（其间世界人口死亡三分之一），长达几个世纪的大西洋奴隶贸易，两次世界大战，1918年的西班牙大流感，以及苏联时期由政治原因所导致的饥荒，等等，人类也同样具有强大的韧性（见图2-3）。

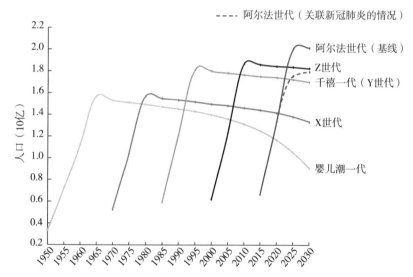

近一个世纪以来，每一代的规模都比上一代大，但是经济危机和新冠肺炎疫情将使阿尔法世代的总数略低于Z世代。

图2-3 最后一个人数众多的世代？

但是这一次有所不同。当前，出生于1981—1996年的千禧一代和出生于1997—2014年的Z世代占全部人口的64%。但是，这些年轻人并未繁衍出大量后代。出生于2015年以后的阿尔法世代可能达不到Z世代的数量。结果便是，今天更年轻的一代也同时会成为明天人口的主要构成部分。换句话说，他们既作为当下，也代表着未来。到2050年，这些人的年龄为30岁到60岁，依然占全球人口的大多数，因为今天的老人那时已经去世，而新出生的孩子很少。2019年8月，当马云和埃隆·马斯克（Elon Musk）同台的时候，二人对于未来的人工智能存在不同意见，但是他们一致认为，未来20年最大的挑战是全球人口的崩塌。

富有的国家，衰落的人口

在建设墨西哥边境隔离墙并削减移民的多年努力中，美国总统唐纳德·特朗普曾经宣称："我们的国家已经人满为患。"但是，他自己的幕僚长米克·马尔瓦尼（Mick Mulvaney）却非常不认同。在2020年初的一个场合，他承认："我们很恐慌，害怕人太多。"他这一声明背后的计算很简单，即使美国每年有50万新移民，到2030年它的GDP仍然会比2020年减少1万亿美元。何况现在，即便50万移民也是一个巨大的挑战。实际上，在连续5年每年流入移民都在100万以上之后，2019年的移民净流入跌落到只有20多万。美国吸纳的移民甚至都不足以替代其现有的劳动力。在总数为8 000万的婴儿潮一代中，每年有100万人退休，所有的县都遭受了工人数量的下降。[2] 考虑到美国的低生育率和人口迅速老龄化，从根本上来讲，移民是人口增长的唯一来源。

不必等到2040年，我们就会看到人类人口数量的峰值。世界上很多地方都已有所感受。世界最富裕的3个区域——北美、欧洲和东北亚的出生率已经处于半更替水平。[①]没有其他国家比日本更能代表人口消失的困境。今天出生于日本的人，预期寿命已经达到107岁，但是在这个国家的1.25亿总人口中，每年减少的数量都会达到50万。它拥有全世界最高的赡养比率，即每个劳动年龄的人所供养的老年人数量最多。成人纸尿裤的销量现在已经超过婴儿纸尿裤，松下公司开始生产可以变形为轮椅的医院病床。韩国的生育率甚至比日本还要低，每名妇女平均生育不到一个孩子。国家在建设高科技的新型城市，如靠近仁川附近主要机场的松岛市（Songdo），但是年轻人很少有兴趣迁移到那里。

拥有14亿人口的中国仍然是世界上人口最多的国家，但是它的人口将在10年之内达到峰值并开始下降。其情形与日本一样，只是人口规模相当于日本的10倍，中国的老龄化速度也很快，没有足够的孩子愿意照顾老年人。2020年，中国的社会保险基金开始入不敷出，到2040年，中国的老年人将达到15岁以下儿童的两倍。于是有人说中国将成为"世界上最大的护理之家"。

欧洲的未来看上去也像是一孩政策的计划外版本。欧洲的年龄中位数是43岁，比世界平均数高出10岁，尽管有移民，但是其人口预计在21世纪20年代也将进入下降通道。从爱尔兰到斯洛文尼亚，从芬兰到意大利，几乎每一个欧洲国家都面临着养老金与老人

[①] 总的来说，世界上有一半人口在跌入所谓"生育陷阱"的国家，即出生率低于更替率的国家（每个母亲生育子女数量低于两个）。——作者注

护理费用的上升和劳动人口的萎缩，这二者共同构成难以为继的困局。西班牙和意大利的国民几乎与日本人一样长寿，生育率也同样是偏低。100年来，意大利的人口首次出现下跌，现在只有5 500万。当人口蜂拥进入大城市，80%的西班牙城镇都出现人口下降。从面积和人口来看，意大利和西班牙都是相当大的国家，可是它们的很多省份实际上相当空旷。同为天主教国家的爱尔兰和波兰的生育率也小于2，而且还在下降。

人口的下降突然使人们对抽象的经济学的局限性感到担忧。谁来交税供养医院和卫生事业？谁来照护老年人？谁来上学？谁去餐馆吃饭、去商店购物？人口规模更小（也更贫困）意味着（国内和国外两方面的）消费和投资会更少。随着人口缩水，房地产的价值也会下跌。人口下降比零和博弈更糟糕：当社区遭受不可逆转的衰退，就会出现负和博弈（Negative-Sum）。公司往往倾向于在有消费增长潜力的地方进行有形投资。换句话说，就是在有人的地方投资。

一人来，全家到

2020年4月，唐纳德·特朗普签署行政命令，对移民施行严格的限制，尤其是针对拉丁美洲人和亚洲人。讽刺的是，与此同时，当美国的新冠肺炎死者数量不断增加，美国驻世界各地的大使馆和领事馆接到指示，对医生和护士类的移民予以加急办理。美国有

30%的医生和外科大夫是移民,全部医疗保健部门则有接近25%是移民。如果美国的移民政策以供需关系为导向,而不受意识形态的影响,就会有几万名美国人的生命得以挽救。

类似地,在过去10年中,英国的国民已经逐渐习惯于听到脱欧派的奈杰尔·法拉奇(Nigel Farage)冠冕堂皇地谈论英国政治中第一位的问题"——移民,以及我们如何"对边境失去了控制"。虽然鲍里斯·约翰逊(Boris Johnson)利用这个口号进入了白厅,但是没过多久,残酷的事实就冲走了他的喜悦:国家卫生系统中出现了10万医护人员的缺口,等待就医的患者数量达到了前所未有的450万人——这还是在新冠肺炎疫情暴发之前。到2020年中期,政府改变了腔调。鲍里斯·约翰逊对"人民优先于护照"的政策做出保证,内政大臣普丽蒂·帕特尔(Priti Patel)承诺对医生、护士、助产士和全额付费学生——基本上就是全部有意向、有一些技能或财富的人——加急办理签证。

所以说,当今全球移民中最大的讽刺便是,劳动力缺口最大的国家在政治上对移民最为抵制。但是相比于老年人和年轻人之间的巨大不平衡,以及社会和经济生活中需要补足的劳动力短缺,这样的民粹主义只能算是短暂的杂音。民粹主义和新冠肺炎疫情使一些边境得以加固,但是它们也使一些有技能者的流动更加便利。世界人口正处在从快速增长转为下降的过渡阶段,当下受到误导的移民

第二章 争夺青年才俊

政策正在让位于一场全面爆发的人才争夺之战。①

可以肯定，移民确实是刺激经济发展的一个因素。从华盛顿到伦敦再到新加坡，保守派都在公开反对过分依赖外国劳动力，但是移民的确通过提高专业人才的效率提高了产出。他们还要租房或购房，他们的子女收入更高，同时也比本地出生的孩子对纳税基础做出更多的贡献。美国经济属于消费驱动型，以零售、食品杂货、医疗保健和娱乐业为主导。因此，这个国家的金融大鳄们理应强烈支持移民，这样既能提供廉价的劳动力，也有利于引进新一代的消费者。既然限制移民的措施往往适得其反，那些反对移民的人又如何恢复经济增长呢？正当美国需要大规模改善基础设施之际，外来劳动力对完成这项工作将起到非常重要的作用。

认为创新驱动的经济只需要高技能移民，这种看法也是错误的。[3]事实上，从建筑和制造业到农业和护理，失去了低技能的移民，所有行业都会慢慢停滞，很多商品和服务的价格上涨会推高通货膨胀率。反移民的鼓吹者认为，政府的首要职责是保护本国公民，但是医务人员短缺时，受损失的是谁呢？考虑到需要照顾1 000多万新冠病毒感染者以及将遭受其长期影响的幸存者，矫正美国目前混乱无序的移民政策可能已经来不及了。

提高失业者的技能与引进能够创造价值的外国人之间并不存在

---

① 按照各个国家对熟练工人的吸引力和留存情况，全球人才竞争力指数对各国进行排名。其中表现最好的国家有瑞士、新加坡、美国、英国、瑞典、澳大利亚和加拿大，其他所有得分较高的国家都在欧洲。——作者注

不可调和的冲突。国内的和外来的劳动力大多从事不同职业，很少会在工作岗位上发生竞争。没有多少美国人愿意代替拉美人采摘水果或棉花，也不会愿意替代菲律宾人做护士和保姆，更不可能取代全部的印度程序员。一些增长最快的工作门类，如家庭健康助理、食品制作和卫生服务等，只需要很少或根本无需教育背景，就可以给他人，特别是老年人和中产阶级的生活带来便利。

其实，西方国家的 X 世代工作女性，要在几乎或根本没有帮助的情况下同时照顾上下两代人，她们所遭受的痛苦是最大的。在新冠肺炎疫情封锁中，母亲们整日操心孩子们的在线教育（如果有的话），同时还要忙着自己的工作；既要探望年迈的父母，又要打理日常的家务。即使 X 世代的离婚率上升也于事无补，因为那通常意味着母亲们在养育孩子的过程中从家庭获得的支持更少。与此同时，供给严重不足的还包括负担得起的临终关怀、老年护理机构和活跃的成人社区，以及儿童看护和保姆。

"妈妈罚款"[①] 在美国卷土重来，迫使更多妇女脱离了劳动力大军。相反，在中国香港和新加坡，妇女在企业管理层中占有很大比例，那里的中产阶级家庭有能力负担女佣、厨师、清洁工和保姆。做一个筋疲力尽的"足球妈妈"，或在新冠肺炎疫情的时代做一个"愤怒妈妈"，这是一项政治选择，在很大程度上，流动工人可以解决这一弊端。

---

① 指生育过孩子的妇女在职场上的收入会下降的现象。

第二章　争夺青年才俊

在失去移民的同时，美国也失去了这些移民愿意投资到其经济中的数千亿美元。美国在 2019 年获得的外国直接投资（FDI）中，大约有四分之一，即 2 500 亿美元投入了不动产，随之而来的是现金充裕的移民通过快速通道取得绿卡，进而获得公民身份。美国的 EB-5 等计划引导外国人在一些非优势地区（如在所谓的"机遇地带"）购买房产，或者借款给房地产开发商，让他们建造公寓楼，并在其中购置一个单元。EB-5 项目在各地政府中广受欢迎，我们也不必对特朗普移民政策的反复无常感到奇怪，因为他的儿子就曾积极推介 EB-5 项目。[4]

移民不仅刺激了诸如洛杉矶、圣弗朗西斯科、西雅图、丹佛、达拉斯、休斯顿、迈阿密、亚特兰大和华盛顿特区的房地产市场，而且也包括萎靡不振的阿克伦、印第安纳波利斯、奥兰多和杰克逊维尔。在此类城市中，及时赶来的移民购买房屋，送孩子上学，并取代了白人在当地的工作岗位。几千万美国人并没有体现出美国理想所代表的潜力，而数千万移民正在为维持美国的伟大做出更多的贡献。美国应当感谢他们的到来。

趁年轻抓住他们

学生是最引人注目的人才争夺对象。2001 年发生"9·11 事件"之后，穆斯林（尤其是阿拉伯国家的）学生成为美国移民的限制目标。从那以后的 20 年间，因为申请过程越来越艰难，来自其他地方的竞争也越发激烈，很多发展中国家的精英到美国学习的愿望大为减弱。如2019年，全球共有大约500万国际学生。通常美国能够吸引其中的五分之一，但是，由于美国同中国的地缘政治紧张和更多针对亚裔的仇外心理等原因致使来美亚裔留学生数量受到影响。从21世纪10年代中期开始，有更多中国留学生（在美国的外国学生中占比达到三分之一）回国，特别是在他们被禁止学习敏感技术的课程，并且其选择性实习训练（optional practical training, OPT）的延期被终止以后。与此类似，曾使大量印度专业人士受惠的H-1B签证项目的不确定性，也赶走了很多印度留学生。当然，受损失的并不是亚裔学生，而是美国的经济和大学——特别是加利福尼亚州，那里有全美五分之一的外国留学生。①

英语世界的其他地区在第一时间抓住了特朗普的仇外情绪和他拙劣应对新冠肺炎的时机。英国为所有印度毕业生提供4年的居留签证，加拿大有效地利用全数字化学生签证系统，澳大利亚则为亚裔学生的旅行豁免提供快速处理通道。2020年，入读英国大学的外国留学生数量增加一倍，达到4万人，虽然这个国家在应付新冠肺炎中的表现也非常糟糕。不论美国政治发生什么变化，这些其他国家的同等高水平大学的费用要低得多，而且更加安全，毕业生也有不错

---

① "9·11事件"后的3年中，美国的国际学生申请下降了30%，10年以后，外国留学生的净入学人数下降了2.4%。上述数据出自《高等教育纪事》（Chronicle）2004年11月10日，伯顿·博拉格（Burton Bollag）的文章《美国大学的外国学生注册人数32年来首次下降》（Foreign Enrollments at American Universities Drop for the First Time in 32 Years）。——作者注

的工作前景。针对留学生赴美旅行的不确定性，美国大学明智地向海外投资建立世界级的校园，如新加坡的耶鲁-新加坡国立大学和阿联酋的纽约大学阿布扎比分校。

每年的三四月份，我都会接到一些焦躁不安的朋友打来的电话。伦敦、迪拜、中国香港和新加坡的朋友们说，他们的孩子刚刚被申请的美国、加拿大、英国等地的多所大学同时录取。在讨论了这些国家和学校的优缺点之后，他们向我表示感谢，然后还是会为孩子的未来而烦恼。在过去几年中，我注意到人们更倾向于把孩子送到加拿大。当美国的大学毕业生拿着文凭还不知如何是好的时候，诸如滑铁卢一类的加拿大大学已经把对实习的要求融入他们的课表，作为学生毕业的一项要求。

在人才争夺战中，提供最便利移民手续的国家会掌握主动权——而他们所谓的人才无疑就是年轻人。积分制的移民体制通常有利于年轻人群。例如加拿大，年龄为18—35岁之间的申请人在总积分中会增加12分；45岁以上的人只能加2分。人才移民是歧视老年人的，X世代可能也不会提出申请。而千禧一代和Z世代则应该收拾行囊准备出发了。

抓住留学生对经济具有提升作用，因为今天大学里这些节俭的孩子们明天就可能会变成创业者。这也就是外国留学生一拿到文凭就应当获得绿卡的原因。如果他们继续待在求学的地方，就能促进大学所在城镇的繁荣，而当他们迁移，就会让那些锈带上的城镇变身为数字工业设计和先进制造业的中心。美国的移民当中只有三分之一的人拥有学士或硕士学位，如果政策能够契合国家对高科技产业的需求，这一数字很容易就能翻倍。如果美国不能得到全球的人才，世界上的其他地区会很乐意接纳他们——并且是以越来越大的意愿抢得先机。

这又是一个不言而喻的困局：尽管我们曾经有理由声称美国抢占了世界上绝大部分最优秀、最聪明的人才，而今天这不过变成了一句陈词滥调。现在正是英语作为通用语言的黄金时期，人们可以在越来越多的国家获得高质量的英语学位，同时也不必忍受英美国家的民粹主义情绪。德国、荷兰、瑞典、日本等国家已经将许多课程改为英语教学，直接与美国、英国、加拿大和澳大利亚展开竞争（见图2-4）。

同美国一样，欧洲国家领导人也在谈论争取技术移民，利用积分制来帮助那些受过良好教育、具有一定工作经验，并且能够经济独立的申请人。但是，就像美国签证政策的错位一样，苏黎世的联邦理工学院（ETH-Z）等欧洲顶尖大学，每年花费数百万美元为亚洲留学生提供奖学金，可他们在签证到期之前却只有3个月的时间找工作。因此，欧洲国家政府应当至少给他们3年时间，在这期间他们一定会发挥积极的作用。相比于先把纳税人的钱花在这些人才身上，然后又丢弃他们，不如大量签发欧洲蓝卡以增加投资。不论哪个国家，只要率先理顺其相互矛盾的移民政策，就能在争夺青年才俊的战争中拔得头筹。

第二章　争夺青年才俊

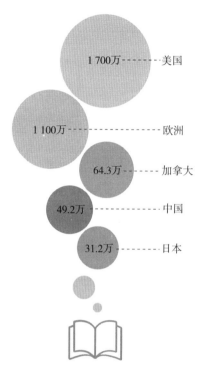

每年有将近 500 万学生出国求学。欧洲跨境留学生的数量最多，美国传统上接收的亚洲留学生数量最多。加拿大现在积极与美国竞争接纳外国学生，同时日本也在扩大英语课程的规模，以吸引更多亚洲学生。

图 2-4　赢得年轻人的心与头脑

妇女开始行动

冰岛在金融危机中经济暴跌之后，一个几乎全部由妇女组成的内阁上台收拾残局。2019 年，34 岁的芬兰总理桑娜·马林（Sanna Marin）就职，正当其时，该国 5 个主要政党都是由 30 多岁的女性执掌。欧洲是世界上唯一一个妇女平等不仅通过立法确认而且被实际践行的地区。欧洲女性有权追随自己的内心或者追求财富，这通常意味着离开那里舒适的生活。互联网上到处都是来自欧洲各个国家的20多岁的互惠女生的档案，寻找到亚洲为寄宿家庭帮佣换取求学的机会。在世界范围内，妇女接受的教育越来越好，生育的孩子越来越少，这让她们成为全球年轻人当中流动意愿最强的群体。但不幸的是，世界上大多数被迫迁移的人也都是亚洲和阿拉伯国家的妇女。她们被聘作家政工人，受到剥削，收入偏低（如果有收入的话），像妓女、偿债家庭佣工、舞女一样被贩卖，或受到其他形式的奴役。

与此同时，中国的投资基金合伙人中有20%是女性（硅谷中这一比例是8%）。这种高收入的东亚职业女性（不论未婚或离异）已经成为纽约、新加坡、中国香港、伦敦和温哥华等城市的房地产市场中的大买家。在印度，科学、技术、工程和数学（简称STEM）专业的毕业生中女性占44%，高于美国（34%）和其他西方国家。印度的IT专业女性无疑是其他国家所期望的最不具有外部威胁的移民群体。

不久之后，沙特女性可能也要加入这个行列，经受几代人的压迫之后，她们很快就要第一次踏上出国的冒险旅程了。截至2015年，沙特各大学的女生入学人数已经超过男生。现在，不必经过丈夫允许，她们就可以领取护照。从迪拜和贝鲁特到伦敦和巴黎，沙特妇女在职场中的作用将会越来越重要。职业女性越多，她们的独立性就越强，生育的孩子便越少，而她们将会越来越有资格移居海外，移居的意愿也会越来越强。

第二章 争夺青年才俊

移民带来的真正问题：移居国外

"我们这个国家已经面临灭绝了吗？很不幸，是的。一个不再创造新生命的国家注定要死去。"没有哪个意大利领导人像马泰奥·萨尔维尼（Matteo Salvini）一样上过这么多次头版。他是该国北方联盟党的领袖，曾经短暂出任过副总理。萨尔维尼认为自己是一个富有魅力的 X 世代政治偶像。他在选举中的巡回演说，赤膊上阵的群众集会和自拍往往会持续几个小时。他甚至还是一位音乐节目主持人。

可是，他在生育政策方面的履历比该国著名的白松露片还要轻薄。尽管他推动设立一个"家庭部"以支持妇女生育更多孩子，但是自从 1980 年以来，离开这个国家的专业人士（包括男性和女性）的数量每年都在上升。如果精干的人口意味着更高的工资和妇女赋权，那么人口结构井井有条的国家可以从中获益，但现在南欧没有任何国家符合这一描述。

十多年来，移民一直是欧洲政治中一个容易引火烧身的问题，但有人忘了告诉该地区的民粹主义者，他们面临的更为生死攸关的威胁是移居国外的人。欧洲的人口有美国两倍，尚且感觉如此空旷，因为它是被腾空的。在低生育率叠加向外移民的影响下，世界上没有别的地区比东欧人口缩减得更快。罗马尼亚自从 2007 年加入欧盟以来，其全国估计有四分之一（约 500 万）人口已经向西迁移而不再返回。专家们向这些国家明确提出建议：改善基础设施、提供托幼服务、进行教育投资，但是收效甚微。这些改革措施可能还不足以留住出国学习或工作的保加利亚年轻人，所以保加利亚是世界上人口减少最快的国家（其他原因还包括高死亡率和低出生率）。目前在保加利亚和土耳其之间长达 270 千米的边境上，有一道顶端锋利的栅栏使人们无法轻松穿越，但是很快将没有足够的人手去守卫它了。

在大部分历史时期，地点——某个地点——是身份和稳定性的来源。但是，在一个工作机会稀少、无能和腐败突出的社会中成长起来的年轻人，只能将命运握在自己手中。调查显示，他们认为自由移民的权利比投票权更为重要。移动性是比归属感更崇高的美德——尤其是当国家的领导人拥护陈旧过时的社会态度时。这就是现在研究移民问题比沉溺于民粹主义更有用的原因。年轻人面对政治动荡和经济低迷的反应不是"苦苦支撑"。如果能够游到坚实的地面，他们就不想把自己捆绑在一艘沉船的桅杆上。追随年轻人的脚步，我们便可以看出，民族主义和移民并不是完全对立的，作为它的一项"出色成就"，民族主义把年轻人从他们本应为之骄傲的国家中赶了出去。

地理学家和人类学家都敦促我们跳出把身份与国籍混为一谈的"领土陷阱"。理解人们对于移动性的深切渴望是一个很好的出发点。对大多数人来说，移动——而非民族主义——才能带来解放。

美国：移民之地？

历史上人才争夺战的最大赢家是美国。它的伟大既来自本国人，也同样来自移民。其中所谓的本国人只有不到四分之一真正是最初的英格兰殖民者的后裔，也就是说，大多数"本国人"同样具有移民的根源。将近40%的美国科学家，三分之一的医生和外科大夫，一半的硅谷科技公司创始人及其三分之二以上的技术员工出生在外国，多数来自中国和印度。这些移民提醒我们，一个只有"美国人"的美国，与一个非美国人成为美国人的美国截然不同。

但是，即使美国每年继续接纳大量移民，它仍然还是变成了一个不断增长的移居国外者的来源国。从2008年次贷危机以来，美国海外侨民的数量已经翻了一番，达到900万。那些节俭的退休人员已经迁移到墨西哥或加勒比海地区，而数千名富裕人士带着他们的财产迁居国外，并放弃了公民身份以逃避美国的全球征税。为了逃避政治失能，很多X世代和千禧一代已经扎根于加拿大和欧洲，或者为了追求给予外籍员工的高工资和企业内部的升迁机会而去往亚洲；Z世代也分散到海外去做英语教师，或者只是为了逃避学生贷款的沉重负担。为了应对两极分化的政治、令人厌恶的不平等、破败的基础设施和文化冲突，他们所有人都甩下了自己的同胞。

经济衰退、失业、政治碎片化和种族仇视，这些结合在一起会不会反转历史上最伟大的移民叙事呢？遗传学家、前《国家地理》(*National Geographic*)驻站探险家斯宾塞·韦尔斯（Spencer

> Wells）预测，未来的人口历史学家在回望 2020 年的时候，会将其视为美国人口数量达到 3.3 亿这一顶点的一年。2020 年的美国可能就像 1850 年的爱尔兰——至少是在无法吸引最好的和最聪明的人才方面。与此前的几代人不同，当时的美国标志着移民成就的顶峰，而今天的美国人不得不在全球市场上争夺人才——甚至还要努力把自己的人才留在国内。

民族主义走向坟墓

几百年来，民族主义曾承诺政治解放和一个稳定的祖国。谁能够反对这种令人引以为傲的、建设世俗公民国家的传统呢？事实上，还有几千万无国籍的人为了国家地位而战斗，如巴勒斯坦人和库尔德人。对于他们，民族主义仍是一项生死攸关的使命。如果是为了这些事业而坚持民族主义，那么它的确是一种有价值的意识形态。

但是，近年来也兴起了一些专家宣称的"新民族主义"，它结合了爱国主义的自豪感和对他者的偏见。从美国到土耳其，再到印度，种族主义者攫取了这句口号，将少数族裔和外国人当作替罪羊。那些对产业和基础设施提升无所作为的政府自然会发现，将他们的失误怪罪于移民和中国相对来讲更加容易。

所以，新民族主义就是要扭曲残酷的现实，而不是去为将来制订切实可行的计划。曾经，只有非洲、中东和亚洲的后殖民社会才会将其苦难归咎于殖民主义和资本主义。而颇具讽刺意味的是，许多后殖民国家已经放弃了这种毫无意义的顾影自怜，正在大踏步地迈向现代性。在很大程度上，亚洲人有理由为国家感到自豪，因为他们已经迅速摆脱贫困并发展了经济。但是他们的民族主义强化了那种追赶并取代西方的愿望，而不是加以指责。人们不禁要问，如果美国或英国的政府像日本或韩国那样把钱花在工人再培训、经济适用房和优质的基础设施上，这两个国家的"民族主义"会有多大的不同呢？

尤其是在英美，新民族主义者也在他们自己与全球主义者之间画下了一道战线，后者相信全球市场是有益的，全球协作对于直面当前的挑战是至关重要的。真正的差异再一次生成于城市与农村、富豪与底层、青年与老年之间。美国的城市年轻人在投票中强烈反对特朗普，而英国的同一人群则反对脱欧。脱欧派或反对特朗普，都不能算是一种持久的新民族主义的有力证明，尽管两者都揭示了，在被地理位置和不同世代造成如此巨大分野的国家中，共识型民主是多么脆弱。

这也提醒我们，新民族主义者（特别是在西方）主要是满足了行将就木的老一代人的需要，而它本身也将随着这些人迈进坟墓。他们代表了白人上层阶级的临终叫嚣，这一人群想方设法地将他们的身份政治乔装成国家利益。巴基斯坦小说家穆赫辛·哈米德（Mohsin Hamid）深刻地表现了这种颇具诱惑性的怀旧情绪："我们被告知，不仅地理上的移动可以停止，时间上的移动也可以停止，我们可以回到昨天，回到更美好的过去，回到我们的国家、种族和宗教真正伟大的时代。而我们必须接受的就是分裂。把人区分成本地人和移民。"⁵ 但是，他这一命题的唯一确定性就是，其支持者将会很快死去。年老的排外主义者正走向哈米德所说的"天堂里的大脱欧"。

相反，今日的年轻人很难被视作货真价实的民族主义者。根据美国大选调查的结果，只有 45% 的千禧一代美国人认为他们的民族身份很重要（婴儿潮一代中，这一比例占 70%，X 世代占 60%）。另外，只有半数的美国千禧一代相信美国比其他国家更伟大，显著低于婴儿潮一代，后者中有 75% 认可美国的特殊性。〔PragerU 网站上有一则无聊的 5 分钟视频，名为《你为什么应当成为一个民族主义者》（*Why You Should Be a Nationalist*），其点击量还不到 400 万。〕在前几代人中（或几个世纪之前），人们可以认为不知感恩的年轻人终将接受民族主义的思想，但今天的年轻人拥有更多的信息获知渠道，可以独立判断自己的国家是否真的值得他们沾沾自喜。

同样重要的是，今天的年轻人明显抱持拥护全球化的态度。在一项涵盖 20 个西方国家的调查中，在 18 岁至 24 岁的调查对象中，多达 77% 的人认为"全球化是一种追求美好的力量"，而只有 11% 的人对此持否定观点。⁶ 年轻人越是移动和混合，全球主义就越会得到巩固，民族主义也就越会消退。罗纳德·英格尔哈特（Ronald Inglehart）①和乔纳森·海特（Jonathan Haidt）②等学者的作品指出，受

---

① 美国密歇根大学政治学教授。
② 美国纽约大学社会心理学家。

第二章　争夺青年才俊

到良好教育的年轻人怀有全球主义的价值观,而社会价值观念也会随之演变。或许,全球主义和民族主义之间的区别就在于,前者接受现实,而后者不接受。

年轻人也都明智地相信,民粹主义政治对国家稳定的威胁比移民更大。和民族主义一样,民粹主义并非一个解决社会不满的政治纲领,而更是一场利用不满情绪展开的政治运动。历史上有一长串的民粹主义政府,他们擅长以危言耸听的言辞和呼吁激进的改革动员选民,但是之后却一事无成。从拉丁美洲的社会主义到阿拉伯的伊斯兰主义,民粹主义无一不以失败告终。新冠肺炎感染率最高的国家当属这些民粹—民族主义者当政的国家,如美国、英国、印度和巴西。

波兰和匈牙利常被视作泛欧民粹主义浪潮的先行者。在波兰,反移民的右翼法律与公正党(Law and Order Party)在2020年7月的选举中被这个国家的年轻人明确地摒弃,之后便丧失了权势。匈牙利的维克托·欧尔班(Victor Orban)①作为欧洲反自由强人的偶像,将反对移民作为其政治议题的一个核心(并不是说移民真的希望留在匈牙利,因为德国就近在咫尺)。但是可以预见到,一旦工人的短缺造成普通的匈牙利人不得不加班和周末(无薪)调休,公众很快就会群起而攻之。与此同时,年轻的、支持环保的、由技术

---

① 匈牙利人一般是姓氏在前,名字在后的。作者在此处按照西方人的习惯改成了名字在前姓氏在后。

官僚构成的自由派纷纷在华沙、布达佩斯、布拉格和布拉迪斯拉发（Bratislava）的市长选举中获胜。在这些小国中，只有一个职务比首都的市长要大。因此，我们无须再将这几个国家视为民族主义的强权政府。

民粹主义者的扩音器就是他们自己的毁灭。无论是作为左翼还是右翼，通过宣扬民粹主义信息引起关注的那些人，日益清楚地表明了他们的末日何时到来。情绪高昂而言之无物，他们声称自己代表了一种对"因循守旧"的反击，可是他们很快就给自己招来一波反击。举例来说，在意大利，来自草根的"沙丁鱼运动"被认为抢走了马泰奥·萨尔维尼的风头，他们传达出的信息是，他们——这些普通的、温和的工人阶级才是人民，而不是那些夸夸其谈的少数人。[7]在这个想当DJ的辍学者之后的意大利总理是学院派的律师朱塞佩·孔特（Giuseppe Conte），及继任的重要银行家马里奥·德拉吉（Mario Draghi）。与此相似，在与布鲁塞尔进行了10年以"希腊脱欧"相互威胁的游戏之后，希腊的各个民粹主义政党的旋转木马游戏已曲终人散。新法西斯主义的金色黎明党也消失了，被暴露出来的凶残行径才是它的真正本质。取代其位置的新民主党（New Democracy Party）聚焦于一个政府真正应该做的事情：鼓励投资，创造就业。技术官僚或许不够感性，但是民粹主义的无能注定其在政治上短命。而且要记住，德国和法国这两个最大、最重要的欧洲国家，正是技术官僚的实用主义盛行的国家。欧洲的资深政治家安格拉·默克尔（Angela Merkel）利用第二次世界大战结束75周年的时

第二章 争夺青年才俊

机对"单一民族国家"的理念提出了谴责。

欧洲——这个以种族定义的民族国家诞生地——在人口下降、移民、通婚和公民身份权利合法变化的作用下,也成为民族国家最快被稀释的地区。欧洲人一度粗暴地以国籍互相区别,如今,他们迎来了一代"伊拉斯谟(Erasmus)婴儿"①,这些孩子是第一代后民族时代的欧洲人,他们的父母是在跨境项目中结识的X世代。另外,迁入欧洲的移民数量及其来源地都在增加。今天,不管你从极右翼政党那里听到些什么,相比历史上的任何民粹主义运动,供需关系仍然是一种强大的力量。如果说种族民族主义和具有经济必要性的移民之间存在着深刻而不可调和的紧张关系,那么没有任何一个西方国家会最终服从于前者。

有一种极端的情况,那就是人口膨胀超出了一个社会的政治和文化治理的能力。然而,到那时再想拨回人口增长时钟的指针就不可能了;人们的选择要么是建立一种包容性的新的国家认同,要么就是一场内战。老一代人可能会紧抱着旧日观念不撒手,但那可不是今天的年轻人和未来几代人能负担得起的一种奢侈。

美国从来没有像今天这样表现出如此之高的种族多样性。实际上,美国那些已经有大量西班牙语人口居住,且这种聚居形态还在提高的县,是为数不多的种族多样性降低的县,如迈阿密周边或得

---

① 为促进欧洲高等教育的改革,欧盟委员会在2003年推出一个名为"伊拉斯莫世界"(Erasmus Mundus)的高等教育项目计划。

克萨斯州的墨西哥边境沿线。年复一年，美国、英国、加拿大和德国位列世界上移民的首选目的国。这一方面提醒我们民粹主义注定会失败，同时它也警示我们，它就在这里，因为移民的存在为民粹主义者提供了指责的对象。他们继续在民主政治中顽固地阻碍进步，这一事实正好说明了，为什么有越来越多的人，尤其是年轻人，希望有一个逃生通道。如果他们的国家过于倾向任何一种政治极端主义，他们便会匆匆逃离。

年轻人对目的地的选择不是基于特定的身份，而更像是国家品牌建设专家西蒙·安霍尔特（Simon Anholt）所解释的那样：考虑一个国家是受人崇敬还是遭人鄙视。一点也不奇怪，那些对自己的身份抱有最沙文主义态度的国家，这种想法与其在世界上受到的尊崇一定是呈反比例关系的。假如世界上每个人只能选择一种公民身份，那么这个世界将会为土耳其、俄罗斯和巴西的民族主义领导人感到深深的羞愧，因为这些国家的年轻人急不可待地想要弃船而逃。

这导致当前流行的"文明国家"理念倾向于种族中心论的帝国主义几乎等同于一种伪知识分子的抽象概念。在现实中，其潜在的人口结构往往倾向于稀释而非纯化。俄罗斯和土耳其是最保守的文明复仇主义的典型代表。但是，俄罗斯的穆斯林和来自苏联加盟共和国的突厥少数民族人口正在增长，而俄罗斯族的死亡率是最高的。不论普京有多么不愿意承认这一点，如果不接受苏联时期从波罗的海人到亚洲人的广泛的民族多样性，他就不可能重建一个苏联。在土耳其这一边，库尔德公民和阿拉伯移民达到了史上最多。如果埃尔多安真的想复兴奥斯曼帝国，他也必须在人口结构上做文章，因为在奥斯曼人的治下，从巴尔干半岛到伊拉克再到埃及，包含着令人炫目的众多民族和信仰。对于俄罗斯，少数民族是经济不景气时的替罪羊，但是长期的成功就有赖于将他们转变为良性资产。

历史奖励那些打造共同身份认同的帝国，而惩罚那些把自己凌驾于他人之上的文明。在整个历史进程中，成功的帝国，如罗马和蒙古，都建立在多样性与包容性上，而非单一民族的统治。一个"文明国家"的人口下降到一定程度时，它就不复为一个文明或国家。

以追求文明自豪感为己任的铁腕人物可能想把时钟重新调回到那个存在统一民族认同的时代，但是年青一代，除了在翻看祖父母的相册时，根本不知道那是什么样子。无可避免的是，每一代人都越来越不会固定于单一的优势部落。国家没有创造人民；是人民缔造了国家。

和谐的多样性？

所有这些都非常适用于世界上民族构成最为多样的国家：印度。它的现任领导人纳伦德拉·莫迪（Narendra Modi）是一个多数主义的民粹主义者，他所说的"新印度"是以印度教信仰为中心的，而非世俗的。①2019 年的《国籍法修正案》（Citizenship

---

① 这已经对地区内部的迁移产生了影响：在印巴分治后留在巴基斯坦境内的印度教徒已经以创纪录的数量返回印度，每年的数字翻番，在 2018 年已经达到 1.2 万人。——作者注

Amendment Act, CAA），拒绝给予来自孟加拉国的几百万穆斯林移民以公民身份。同时，"全国公民登记处"（National Registry of Citizens, NRC）将没有正式出生证明的穆斯林变成低人一等的非公民。尽管莫迪对穆斯林的自由施以种种打压，但印度仍然有望在未来20年中超越印度尼西亚和巴基斯坦，成为世界上穆斯林人口最多的国家。印度的穆斯林正在向穆斯林聚居的地区和村庄迁移——但是他们并未离开这个国家。印度有12个邦已经宣布不会支持《国籍法修正案》，这让它们成为吸引穆斯林的潜在目的地。同时，选民们对于经济改革的兴趣要强于文化教育。因为莫迪投资基础设施、专注于创造就业机会、无家族背景和对自我奋斗的标榜，印度青年给予他支持，但现在许多人也因为莫迪在经济上的荒唐做法和造成分裂的沙文主义而迅速对他加以指责。这些人并不需要被授予公民身份。当莫迪将他们的抗议活动贴上"反对国家"的标签时，印度广大不满的农民也同样丝毫不受干扰。莫迪将会明白，如果他采取过激措施，反而可能反加剧他意图扭转的分裂局面。

征兵：民族主义的考验

我在德国上完高中的时候，所有的男性朋友都需要为了服兵役而向联邦国防军报到，有少数人选择民事替代役。逃避服兵役是不可想象的。人们必须有非常充分的医学理由，或者极其严肃地声称自己是出于良心拒服兵役者，才能得到豁免并以民事服务代替。根

第二章　争夺青年才俊

据我收到的信件，好像兵役和民事替代役同样枯燥无味。毕竟那还是20世纪90年代中期，西欧正沉浸在后冷战时代的和平气氛中，把服役期限从18个月缩短到1年甚至更短的压力持续增大。到2011年，这种惯性以及疏漏走向尾声。德国军队转变为全部由志愿兵组成，使这与在美国一样，成为一项职业选择，而且往往是一种暂时的选择。2018年，德国的基民盟（CDU）①提出恢复征兵制度以弥补军队数量骤减的想法，这主要是为了拉拢支持此项行动的极右翼而做出的一种姿态。所有人对此都嗤之以鼻。

对待兵役制度的态度呈现了一种所谓"回归民族主义"的糟糕画面。不论东西方，在很多社会中，代际的鸿沟最明显的体现就是保卫国家的责任。伯特兰·罗素（Bertrand Russell）将爱国主义定义为"愿意为琐屑之事杀人或被杀"。按照这种标准，今天的年轻人就是历史上最不爱国的一代人。

在欧洲各地，年轻人都拒绝接受政府强加在他们神圣的后青春期生活中的任何小小困扰。征兵制度被废止，或者服役时间被大大缩减。即便瑞士——人们说："瑞士没有军队；它就是一支军队。"——也已经迅速降低了参军比例。对于老一代的瑞士人，在军队服役过程中形成的人际关系可以转化为在银行业里的一份收入颇丰的工作。但是今天的年轻人对创业和平民事业更有兴趣，突然之

---

① 全称为德国基督教民主联盟（Christlich Demokratische Union Deutschlands），它是德国主要政党之一。

间，为国家服务好像变成一种时间的浪费。个人机会主义战胜了集体奉献。

在承担服兵役的责任方面，美国人也并不比其他国家的人表现得更加爱国。越南战争之后，美国恢复了纯志愿的兵役制度。今天，30岁以下拥有军队服役经历的美国人不到三分之一。① 全志愿兵制度代表着服兵役已经远远不是一种爱国职责和迈入成年的必经之路。根据兰德公司2018年的一项调查，在美国，职业上的动机（即需要军方作为自己的雇主）远远超过传统的驱动力（服兵役的价值）。入伍者主要志在脱离不健康的环境，获得金钱或教育上的利益。如此一来，为国家服务的想法往往主要激励那些家族中有服役历史的人。"9·11事件"之后的20年来，伊拉克和阿富汗老兵所遭受的创伤，打消了所有潜在入伍者的念头。这些"没完没了的战争"进展如此糟糕，以至于今天的年轻人要千方百计地避免为一场他们并不相信的战争去送死。

即使他们想去，很多美国群众也不适合战斗。有71%的美国人因为健康问题（如肥胖）、犯罪记录或者教育上的欠缺而不具备服兵役的资格。2010年以来，美国陆军有很多体检报告都被冠以"因超重而无法作战"——随后又是"仍因超重而无法作战"——这类触目惊心的标题，（似乎是不断地）警示着肥胖问题给美国国家安全带来

---

① 退伍军人，包括过去20年服役于伊拉克和阿富汗战争的人，构成了他们自己的家庭社会阶层，或许还居住在距离他们服役的基地不远的地方，依靠军人待遇提供的社会服务和福利维持其家庭生活。——作者注

的威胁。(这些东西是不可能编造出来的。)然而,如果把在社交媒体和游戏上花费的时间都用来为网络战职业生涯做准备,那么未来的军队就有大量新兵可用了。或许正因如此,人们现在开始积极利用抖音国际版(TikTok)来招募更多的Z世代志愿兵(直到TikTok不再受人青睐)。2020年初,有传言说军队想要恢复征兵制,倍感恐惧的年轻人紧张地去谷歌上搜索,导致兵役登记网站崩溃。今天的美国青年并不愿意响应战斗的号角。

俄罗斯显然是一个民族主义国家,忠诚的士兵组成的强大军队对于确保其地位至关重要。但俄罗斯也在2008年将义务兵役年限从2年削减到1年。普京做出的一项承诺维持了他在年轻人心目中的地位:一旦俄罗斯有能力代之以一支专业化的军队,他就会完全废除征兵制度。截至2016年,每年只有26万名新兵加入俄罗斯军队,而实际上有近40万名合同兵——其实就是各种年龄的国内雇佣兵在寻找工作,不管是在全国各地维护军事设施还是驻扎在国外的设施。与美国一样,俄罗斯的年轻人大多是在需要钱的情况下才去参军。

即使是在更强硬的中东和亚洲国家,年轻人对服兵役也毫无兴致。举例来说,土耳其和韩国都属于面临着天然战略风险的、爱国主义盛行的社会。与欧洲一样,来自公众的压力已经导致土耳其的服役期限从1年缩短到6个月。但是即便如此,这个要求依然太高了。2018年8月,土耳其政府允许年轻人支付5 000里拉(lira)(约合900美元),以换取将服役时间从6个月缩短到3个月。登记入口上线以后的两周之内,就有34万土耳其人申请豁免。这一年里,还有 18 万人没有向军队报到。对土耳其那些十几岁的男孩子来说,逃避为国服役已经成为最重要的储蓄目的。如果不这样做,他们就会被派往叙利亚。2020 年,土耳其签署了一项协议,与沙特阿拉伯和也门的做法一致,为愿意服兵役的巴基斯坦人提供获得其国籍的机会。

这种情况与韩国类似,83% 的韩国人说如果有可能,他们就会躲避征兵。人员的流失导致军队缩减至 8 万人。上了年纪的韩国人倾向于把朝鲜视作一个现实的威胁,而年青一代则支持文在寅的统一进程。事实上,政府努力打开朝鲜大门的一个动机就是为众多失业的青年男子创造就业机会,把他们作为国家的建设者,而不是士兵派往朝鲜。首尔最近提出要努力多征集女兵——这也受到男性的强烈支持,作为对该国 "MeToo" 运动的一种报复。鉴于他们的低生育率和流行的"不婚"米姆行为(Meme)①,妇女无法以家庭生活作为借口。日本的情况也同样如此,那里的生育率之低使得自卫队也尝试劝说女性入伍,但是应者寥寥。

军队的根本意义何在呢?像墨西哥这类国家正在权衡是否遣散其军队,以一支强有力的国民警卫队取而代之,以便集中力量对付毒品和犯罪,并控制非法移民。华盛顿强烈要求墨西哥投入更多力量阻止中美洲人到达里奥格兰德河(Rio Grande)②,导致数十万危地

---

① 指一种模仿传递行为,即在同一个文化氛围中,人与人之间传播的思想、行为或者风格。
② 这条河是美国的得克萨斯州与墨西哥之间的天然界河。

第二章 争夺青年才俊

马拉人和洪都拉斯人滞留在墨西哥边境内。官方说，这个国家有近200万居民出生在外国，而非官方的数字要多一倍。巴西也是不存在外国军事威胁的国家，其军队的最大用途是守卫亚马孙河。与此同时，肯尼亚和埃塞俄比亚正集结空军与亿万只蝗虫搏斗，而不是向彼此开战。在世界各地应对新冠肺炎疫情的斗争中，军人都扮演了重要的角色，战舰变身为医院，军队支起了医疗帐篷。

美国的军队也需要重新聚焦于现有的国内任务。从佛罗里达到内布拉斯加再到阿拉斯加，越来越多的基地受到洪水、飓风和野火的威胁，武装部队正为维持自身的运转而付出更多的时间和金钱。[8] 经历了这一年来对新冠肺炎疫情的尴尬而致命的应对不善以后，为了支持疫苗的生产和应用，能力出众、纪律严明的国防部加快实施了它的"曲速行动"（Operation Warp Speed）。或许应当把民族主义重新界定为"意识到我们往往正是自己的最大敌人，并对此采取一些行动"。

大多数国家可以而且应当要求男女两性进行为期一年的国民服务，以应对事关社会凝聚力和公民文化的紧迫需要，如养老、移民同化和帮助身体不适者的复原。1992年，比尔·克林顿把国民服务作为其选战的一项核心内容。30年后，美国依然没有这样的义务项目。"为美国教书"（Teach for America）项目既有竞争力又受到尊敬，但是它规模很小而且资金匮乏。有很多方式将爱国主义与实践行动相结合。实行国民服务的社会拥有更高的凝聚力，而没有国民服务，民族主义最终将失去意义。

宗教怎么样

当今，如果说民族主义夸大了敌意，那么宗教则同样如此。究其本义，宗教身份是不分国别的。基督徒和穆斯林可以算是世界上最大的两个人群，估计前者的总数约有22亿，后者则大约有18亿，都在全世界分布广泛。而实际上，基督徒和穆斯林（或者持有其他信仰的人）对民族身份的认同强于或弱于他们对宗教信仰身份的认同。[①] 对大多数人来说，民族主义和宗教同样都是具有观赏性的体育运动——而且实际上大多数人的确在真正的体育运动上花的时间更多（无论亲身从事还是仅仅观看）。这也就解释了越来越多年轻的阿拉伯人躲到马来西亚和印度尼西亚的原因：在那里做穆斯林不会遭受政治压迫。

宗教作为一种地缘政治因素，其作用之微弱已经被一次次地证明。最明显的例证就是巴勒斯坦人的困境，尽管他们巧舌如簧，但是所唤起的同情远多于来自阿拉伯穆斯林同胞的实际行动。他们对犹太地方主义的软弱回应给巴勒斯坦人带来了严重后果，使穆斯林和基督徒都到国外寻求庇护。伴随着以色列并吞约旦河谷地，同时明确拒绝给予这里的居民以色列公民身份，将会有越来越多的巴勒斯坦人迁往约旦本土，那边的难民社群已经达到了200多万人。

---

① 这本身就证明了身份是多重和叠加的。由此，具有讽刺意味的是，民族主义者指责许多普通的宗教人士是极端分子，而事实上他们最熟悉持有多种身份所带来的挑战。民族主义者才是极端分子，局限于单一身份的简单化的思想方法。——作者注

第二章 争夺青年才俊

在掩盖更为世俗的、关乎领土的议题方面，宗教多数主义是一项非常有用的工具。宗教迫害已经把大量基督徒赶出了印度，与其说它所消除掉的是精神上的麻烦，不如说更是一些政治上的麻烦。超过110万穆斯林罗兴亚人（Rohingya）被逐出缅甸，只能作为难民胆战心惊地生活在孟加拉国。在那里，还包括斯里兰卡，军人政权曾经对民族和宗教上的少数人群加以迫害，并非因为他们的信仰带来了威胁，而是因为他们坐拥的土地和资源。

新冠肺炎疫情也使得宗教退居次席，将优先权让与俗世的当务之急。从韩国的教堂到巴基斯坦的清真寺和以色列的犹太会堂，宗教场所成为疾病的超级传播地。沙特阿拉伯甚至对穆斯林强行关闭了麦加。佛教徒认为疫情是与贫穷、战争、贪婪和干旱同样的一种天灾。面对这种巨大的灾变，人们会不会诉诸宗教，祈祷不要再出现更大的灾难？有些人一定会的，这也肯定会成为新闻。然而，大多数人会以一种更多人尝试、经受过更多考验的方式自救：他们会移动。

第三章
代际移动

全球化的第一代

恰好是在 25 年前,我是联合国青年部门的一名正式实习生,而且是团队里唯一真正的青年。部门的大部分经费用于召集和培训年轻的活跃分子,游说其各自政府在制定社会政策时包含他们的观点。这些千禧一代已经成为进步的市长和部长,运营社会正义团体的"跨界人才"(Cause-Mopolitans),多边人道主义组织的管理者,以及推动利益相关者参与、可持续供应链和社会影响力投资(Impact Investment)①基金的"企业内部领袖"(Intra-Praneurs)。想要从事这些工作的年轻人太多了,以至于商学院、法学院和政策学院为了满

---

① 社会影响力投资是指在产生积极、可衡量的社会和环境影响的同时获取财务回报的投资行为。

足他们的需求，都进行了大规模的课程升级。

我记得，在20世纪90年代那些以青年为中心的实习中，有一个难忘的观察结果是，尽管每位代表都专注于各自的国家变革，但他们有着同代人之间的感情。他们的政治认同也如是，与国家间的差别相比，具有更多的代际特征。正如卡尔·曼海姆（Karl Mannheim）在20世纪20年代所解释的那样，世代并非只具有生物学意义，而且还有社会学意义，共同的经历塑造了他们的思想。[1] 但只是在过去的30年中，才真正有了作为不同世代标记物的全球性事件：1991年苏联解体，2001年的恐怖分子袭击，2008年的次贷危机和2020年的新冠肺炎全球大流行。在同一时间框架中，移民数量爆炸性增长，移动电话和互联网在全球普及，气候变化成为关乎人类生存的全球性威胁。已故的社会学家乌尔里希·贝克（Ulrich Beck）说得没错，技术使自我意识超越了地理位置和阶层。1968年的学生示威，在全球性和广泛性上，都无法与今天的"MeToo"运动、气候行动及种族平等运动相提并论。

事实上，如今的年轻人抱持着更加超越地理局限的共同观点，而他们前辈的共同观点只限于自己的国家中。我们倾向于认为一个国家具有共同的心态，但是千禧一代和Z世代是在全球范围内共享价值观——特别是连接、移动和可持续的权利。[2] 对于此前的任何一代人，我们都不能如此笃定地说他们与今天的亿万年轻人一样具有这样或那样的共同特征。因此，世界上最大的分野不是东方与西方或南方与北方，而是青年与老年（见图3-1）。

年轻人的困境令我感同身受。在过去20年里，我曾问过无数的企业家和活动家、学生和教授、政治家和媒体人、掮客和翻译，在他们的国家里，年轻人的生活是什么样子的。近两年的研究和讨论中，我有机会与数百位年轻的专业人士进行小组谈话。我发现，他们对任何事情的看法几乎都与我们不同：地缘政治对抗（毫不相干），金融资本主义（憎恨），选举民主（无关紧要），房屋所有权（一种拖累），婚姻（真要结婚的话，以后再说），甚至是大学教育（过于昂贵）。

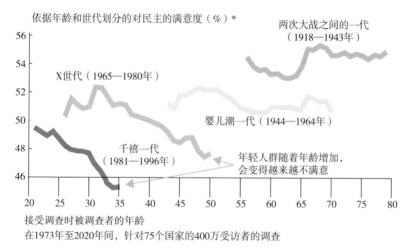

在1973年至2020年间，针对75个国家的400万受访者的调查

各个年轻世代越来越对民主失去幻想；千禧一代受访者对他们政府的满意度最低。

图 3-1　政府的最佳形式

在所有这些会谈中，他们总是会问我这样一个问题：哪一项技能对他们的成功最为重要？我的回答从来都是：不管你有什么技能，一定要保证它是可移动的，要随时为移动做准备。我觉得自己可能对移动略知一二。平均来说，每三四年我就会改变一下自己的生活。在我得到一本强有力的护照之前，作为一个印度人，我的家庭更是经常迁移，从少年时期开始，每次我在美国、欧洲和亚洲之间搬家，都会因地理位置的转移而获得更多智识和职业上的收益。

或许是出于一些无意识的偏见，以为其他人可能和我们一样很享受在自己家乡的生活，所以我们低估了人们离开故国的愿望。历史上，人们的确倾向于定居在靠近本族部落的地方。即使那些冒险远行的人也会回来照顾年迈的父母或组建家庭。例如，海外的中国人常说，这种"文化上的认同"或"寻根"情结吸引着他们回家。但是，没有孩子的年轻人不需要为了以特定方式养育孩子而回"家"，也不需要父母在这方面的帮助。无论如何，如今的祖父母们不再指望孩子回来，他们搬进专业的护理中心，而不是去做全职保姆。也许最重要的是，当今世界中的年轻人可以在很多地方共同创造他们的社会环境，而不必再屈从某种预设的文化背景。

即使是在生活水平有很大差别的国家之间，年轻人也面临着相似的经济挑战。举例来说，美国的工资水平自20世纪90年代以来一直停滞不前，而房屋的价格已经翻了一番，医疗保健费用增长了280%，大学学费上涨了500%。美国的千禧一代和Z世代欠下了大约1.5万亿美元的学生贷款及信用卡欠款。一份2019年的联邦储备委员会报告指出，千禧一代"在收入、资产和财富水平上都低于此前几代人在年轻时的状况"。[3]尽管美国拥有强大的军事实力、深厚的金融市场、创新型的人才和企业家的活力，但是这个国家的年轻人无精打采、储蓄率低、对未来缺乏信心。

与之相反，中国年轻人的境况远比其父辈想象得好。邓小平在20世纪80年代的改革迅速将中国塑造为一座世界工厂，经济增长领先，取得历史上最大规模的脱贫成果，使底层50%人口的收入达到原来的4倍。不过总体而言，他们与美国人一样，每天都在关注着优质工作岗位的缺乏和生活成本的上升。[4]

对于城市里具备熟练技能的年轻人来说，中国仍然是一片充满了机会的土地。受教育程度较高且没有子女的千禧一代可以把钱花在这里的任何地方；（和美国一样）这一代人在巨大的国内市场上占据主导地位。他们在中国的巨无霸企业间更换工作，或者义无反顾地自主创业。但是，在必要的时候，他们也乐意告别一线城市。中国的众多城市都在快速发展，纷纷涌入的年轻人将这些二线城市变成新兴的一线城市。长沙、昆明和重庆正在变得和奥斯汀、匹兹堡和亚特兰大一样——但是比后者要大上10倍。中国的年轻人珍惜国家的稳定，这是他们实现身体和职业可移动性的基础。按照牛津大学历史学家拉纳·米特（Rana Mitter）的观点，正因如此，很多中国年轻人被中国特色社会主义思想所吸引。

全世界的千禧一代都被零工经济的辛苦工作弄得疲惫不堪。记者马尔科姆·哈里斯（Malcom Harris）将这些朝不保夕的美国年轻人形容为整日忙乱的自由职业者，总是处于运转当中"。[5]很多人放弃了这种生活，搬到另外一个地方开始放慢脚步。这些失业的人，因为搬到了更便宜的地方，损失相对较小。与此类似，当中国的标

第三章 代际移动

志性大人物马云赞颂"996"的工作状态——每周6天从早9点工作到晚9点——千百万中国的"蚁族"找不到与其教育背景相匹配的工作,只能凭借最低的工资勉强维持城市边缘的生活。即使是百年老店式的公司统治着僵化的劳动力市场的日本,现在也有35%的年轻人在做着兼职工作,大企业以此降低管理成本。尽管存在社会流动性扩大的迹象,韩国的"脏勺子"青年(与富裕的"金勺子"相对)仍然受到持续加剧的不平等伤害。难怪奥斯卡获奖影片《寄生虫》(*Parasite*)的导演奉俊昊(Bong Joon Ho)说:"韩国看起来魅力迷人,但年轻人却处在绝望之中。"[6]

经济停滞不前、公司规模缩水以及自动化的趋势,都导致自我雇用变成Z世代的标配。职业不过就是一系列的临时工作和劳务费,无论是送外卖还是给富人跑腿。从圣弗朗西斯科到雅加达,名为"大量工作"的应用程序将有钱无闲的人和无钱有闲的人进行匹配。做10年的零工经济人是一件很乏味的事情,但是并不意味着一份全职工作会自己找上门来。难怪青年人总在博客中重复这句老生常谈:"生命中唯一确定的是不确定性和死亡。"

大多数美国年轻人尚未开始有意识地为退休存钱,但是为了最终完全退休,他们将不得不迁移到更容易负担的地方。很多收入丰厚且努力积蓄的千禧一代正在从加利福尼亚州这些物价昂贵的州,搬到俄勒冈或亚利桑那等物价更低的州。保持一种可移动的状态,并且财产不多、不生孩子,无疑也是一种增加储蓄的办法。[7]对于Z世代,稳定甚至是一种需要避免的状态。即便在新冠肺炎疫情之前,他们在净资产和房产上也落后于千禧一代和X世代。新冠肺炎疫情使他们的境况极大恶化。难怪有很多Z世代求助于心理咨询或转向滥用毒品。当我问一个朋友，他认为自己Z世代的孩子此后10年会是什么样子，他面无表情地回答我："康复治疗。"

无悔的全球化

今天的年轻人何去何从？他们觉得自己是哪里的公民？不仅是出于合法身份和责任的意义，而且是作为不论实际国籍如何，都宣誓效忠的国民。人能不能做"全球公民"或"世界公民"呢？

这两个提法相互关联，又存在差异。"全球公民"这种表达方式通常指向个人对共同人性的认同以及对人权或环境等全球利益的关注。今天有很多组织或运动的名称被冠以"全球公民"，从向贫困开战的非政府组织，到呼吁更多公民参与的领导力训练项目。① 从蒙台梭利幼儿园到精英国际学校，越来越多的学校开设"全球公民"课程，世界各地的高中采用越来越流行的国际中学毕业会考（International Baccalaureate, IB）课程，培养年轻人自视为全球公民。⁸ 世界联合书院（United World College, UWC）运动已经在全球各地拥有12所IB课程学校，成千上万的学生意识到自己是一个更大

---

① "9·11事件"之后，已故政治理论家本杰明·巴伯（Benjamin Barber）发起了一场运动，宣布9月12日为"相互依存日"，作为一场公民运动，甚至还印制了自己的护照，宣称其促进全球公民秩序的原则。——作者注

第三章　代际移动

社群的成员,使命感成为其身份认同的一部分。他们被教导不仅要"拥有身份",而且还要"实际行动"。

总结千禧一代和 Z 世代的心思并不困难:他们工作是为了更好地生活,而非活着就是为了工作。他们希望快乐,自食其力,不要受穷。人们还是会回归到努力工作追求财富的轨道上,但是资本和劳动力之间日益扩大的分野表明,做一个忠于职守的员工并不能保证获得物质或精神上的满足。公司正在留意员工利益的变化趋势,为个人和职业发展提供广泛的机会。瑞士信贷(Credit Suisse)有一项"全球公民"计划,允许在银行取得两年经历的人去实地工作两个月,为该公司支持的红十字会、非洲小额信贷组织、拉丁美洲教育非营利组织或各种其他慈善机构做志愿者。带薪的志愿服务构建了忠诚、毅力和同志情谊,同时也为社会带来实际的效益。

但不幸的是,自 20 世纪 90 年代以来,有人将"全球公民"与不受约束的资本主义精英混为一谈,遭到已故哈佛大学教授、提出"达沃斯人"(Davos Man)这一称谓的塞缪尔·亨廷顿(Samuel Huntington)的嘲笑。认同"全球公民"的非西方人远远多于西方人。实际上,根据英国广播公司"跨越全球"从 2015 年开始的一项调查,绝大多数自称全球公民的人来自尼日利亚、印度、肯尼亚和巴基斯坦这些发展中国家。典型的全球公民并不是坐在私人喷气机中的对冲基金的亿万富翁,而是印度的儿童权利活动家,获得 2014 年诺贝尔和平奖的凯拉什·萨蒂亚尔希(Kailash Satyarthi)。之所以形容自己是一个"全球公民",既出自他的普世性事业,也因为他自己的政府过于玩忽职守。为了寻找崇高的激励,大多数人需要将目光投向国界以外,而最优秀的全球公民也会为此付出英勇的努力。

下一代慈善家们渴望追随乔治·索罗斯(George Soros)和比尔·盖茨(Bill Gates)的脚步,这两位把公司的财富转变为开展人道事业的专项资金。他们认为年轻人和有钱人有义务成为更好的全球公民,并时刻将企业责任与社会正义的双重使命记在心间。现在,各大私人银行都有下一代计划来帮助指导客户的慈善事业,而希奈格(Synergos)①和奈克瑟斯(Nexus)②等组织则面向成功的青年企业家或继承了大笔财富并有心对社会影响力进行投资的年轻人。无论是西方人、亚洲人、阿拉伯人还是非洲人,推动永远无法自行发生的政治转型已成为他们的一项代际使命。

未来的全球公民可以从历史、哲学和文学中得到很多启发。德国启蒙运动哲学家伊曼努尔·康德(Immanuel Kant)认为,任何国家的公民都应当被按照平等的自然法律加以对待。在普世的人道精神感召下,美国革命家和建国之父托马斯·潘恩(Thomas Paine)在他的《人权论》(*The Rights of Man*)中写道:"世界就是我的国家。"康德和潘恩都被尊为世界主义的护身符,这种思想认为道德、文化,甚至政治团体都是超越国家而独立存在的。我们已经存在于已故伦敦经济学院政治理论家戴维·赫尔德(David Held)所谓的"命运

---

① 由洛克菲勒家族成员建立的一个非营利性机构,致力于在全球范围内消除贫困的事业。
② 建立于2011年的一家机构,致力于世界各地年轻创业者、社会活动家和慈善家的沟通交流和能力提升。

相互重叠的社群"中。赫尔德主张,一个普遍的人类社会需要置于国家主权之上的政治和法律权威。与此同时,实现这一点的路径是自下而上的。赫尔德不仅是一个乌托邦的空想家,还是一个活跃的知识分子,被学术界称作"思想创业者"。赫尔德与著名的社会学家安东尼·吉登斯(Anthony Giddens)一起精心创造出"第三条道路"这一社会民主主义概念,引导了20世纪90年代的托尼·布莱尔和比尔·克林顿。他们的议题同样也是国际化的。赫尔德提出一种"世界主义的民主",坚持认为民主政府的理念不应当止步于国家的边界,而应当适用于我们的各个全球性机构。只有到那个时候,我们才能"将民主全球化的同时也使全球化更加民主"。今天,这依然是激励大多数"全球公民"的议题。

与"全球公民"相似,另一个词"世界主义"也被用作表示轻蔑的修饰语。此处,人们又很容易忘记,最先提出世界主义的哲学家、希腊斯多葛派的第欧根尼(Diogenes)宣称自己是"宇宙公民",他并非富人,而是经常睡在一个大陶桶里的乞丐。第欧根尼相信,为了维持道德的高尚,一个人应当践行他所宣扬的内容。在古希腊各个岛屿漫游的过程中,他蔑视那种认为只有自己出生的城邦才是其身份主要来源的假说。相反,他主张,在自己和近亲属之外,一个人还要承担对于人类共有的这个社会更大的道德义务。这就是作为一个全球公民的精髓。

"世界公民"又是怎么回事呢?最简单地说,这一表述广泛地指代那种在很多地方旅行和生活的人。20世纪90年代,这个词和"全球公民"一起成为时尚,表现了越来越多的侨居国外者和全球性游民,无论是学生、背包客、公司高管、企业家,以及其他从跨国经历中得到多元化身份感的人——他们在其国家身份感之外还具有一种对整个世界的忠诚。"世界公民"在追逐无处不在的经验与机会的过程中,也不无骄傲地享受着这个绰号。成为一个"世界公民",就要选择漂泊。如冥想旅行家比科·伊耶(Pico Iyer)在他的《这可能就是家》(*This Could Be Home*)中所表达的,"当我是一个小男孩,向某人提出的第一个问题总是'你从哪里来?',而现在,最要紧的问题则是'你要到哪里去?'"。[9]

年轻一些的千禧一代和年长一些的 Z 世代尤其无拘无束。普林斯顿等常青藤大学鼓励本科生入学之前进行间隔年旅行,甚至还为此提供费用(新冠肺炎疫情使这几乎成为必需)。密涅瓦学院(Minerva Schools)和其他大学在世界各地都有校园,学生可以在其间轮转。孤独星球(Lonely Planet)在《大旅行》(*The Big Trip*)这类图书上生意兴隆,这些书籍对海外求学、间隔年和学术休假提供建议。许多高端协会(如"从自我到我们")促进环境友好的旅行体验,从自拍狂的"自我"转变为更强调集体的"我们"。这些都是对当今年轻世界公民的训练。

或许和针对"达沃斯人"一样,对"世界公民"一词的小小抨击反而更能够提高它的知名度。这一次是英国前首相特蕾莎·梅,她在 2016 年底向其保守党同僚宣布,"如果你相信自己是一个世界公民,你便哪里的公民也不是"。这一讲话中的讽刺意味及时地被

第三章 代际移动

她的同胞抓住了把柄。毕竟保守党主要由联合王国里全球流动的精英人物组成，他们在支持英国脱欧的同时将自己的财产转移到海外。受到脱欧的影响，放弃国籍迁往西班牙、德国和法国的英国人增长了500%以上。[10]这让人们禁不住想起作家苏克图·梅塔（Suketu Mehta）嘲弄的评论："全球化者是手持护照的民族主义者。"[11]

个人、社会团体和各种协会有许多合法手段构建超越同一面国旗的身份——很多都是相互重合的。随之而来的就是，驻在国不再意味着排他性的归属地。伟大的自由主义哲人以赛亚·伯林（Isaiah Berlin）曾发出警告，不要把民族主义当作人类自我认同的主要模式，因为家庭、种族、商业、宗教等纽带关系之间复杂的相互作用决定了我们的个人生活。忠诚依然存在，但它是有差异的和多层次的。身份认同是多重的，而非单一的，不只是因继承而来，更是出于自我的定义。身份，而非教条，是改变事物的神奇力量。

最后，特蕾莎·梅以"你根本不知道公民身份意味着什么"结束了如今已臭名昭著的"哪里的公民也不是"这一顿叱骂。谁知道公民身份的含义呢？它曾经代表着政府和社会之间的一个协定，人们通过工作、纳税和服役为国家的富足做出贡献，以换取法律、政治和社会权利。但是今天的年轻人打破了这种权利义务的平衡，宣称他们有权获得环境可持续性、数据接入、全面医疗保健、教育和恪守国际准则的政府。"多哈辩论"（Doha Debates）是一个独立的民间媒体倡议，它向全世界的年轻人发问，当他们听到"公民身份"这个词时想到了什么。回答者们提到的是"保护"和"特权"——与民族认同或法律义务的术语无关。这些年轻人声称,个人的权利决定了公民身份的含义,而且他们愿意为此而奋斗。

代际冲突

现代的社会契约规定,年轻人应当照顾老年人,以其所缴税款作为养老金,并为年长者支付社会服务的费用,这一过程应当一代一代地重复下去。今天的年轻人理应心存感激,正是婴儿潮一代的勤勉积蓄,才能够有钱支撑基础设施的建设,但他们还以为这都是理所当然的。但老年人也代表着78万亿美元的养老金债务的隐患,没有年轻人愿意为之纳税——至少有些人不愿意,他们自己可以跑到别处,把这笔债务留给其他人。[12]

西方各国有关财政问题的争论中普遍存在这种代际的冲突。婴儿潮一代享受着优厚的退休待遇,而年轻人要求老年人积累下来的储蓄能用在经济适用住房、宽带互联网和技能培训上。此时此刻,上年纪的富人坐拥昂贵的超大住房而拒绝出售,而年轻的零工阶层却付不起房租。[13] 他们认为,一旦老年人去世,开发商便会按照他们对小面积住房的需求而进行重建。难怪一位洛杉矶的Z世代实习生向我慨叹:"我等不及婴儿潮一代离世以后,让我有一个负担得起的住处。"然而,估计要等到21世纪30年代,才会有大批的婴儿潮一代离世。

婴儿潮一代人还活得津津有味,政府正在将退休年龄从65岁提

第三章 代际移动

高到70岁甚至更高，而福利却在缩水，迫使许多人继续留在就业市场，与年轻人争抢优步车费和IT劳务费。在美国，美国退休者协会（AARP）有三分之二的成员报告说在工作场所受到歧视，促使国会在2020年针对老年人歧视进行立法。这提醒我们，很多上了年纪的美国人和年轻人一样，甚至比年轻人更加努力，但是他们已没有足够时间来妥善安排未来。

随着这场代际大戏的展开，在如今的年轻人达到获得回报的年龄以前，这一体系可能就会崩溃，还有多少年轻人愿意终其一生为它承担高额的税负呢？以社会公正的名义，欧洲人已经缴纳了足够多的税款，无法承受更重的负担了。在美国，60%的千禧一代没有足够的积蓄支付他们已经较低的税负（与欧洲相比）。事实是，社会保险金预计将在2034年破产（远早于千禧一代的退休时间），这也是又一个担忧未来的理由。对于今天大多数美国年轻人，继承遗产只能缓解一小部分忧虑。不管他们能不能、何时能继承一座房屋，首先要做的（尤其是兄弟姐妹份额相当的情况下）就是承担巨大的损失把它卖掉，用那笔钱偿付信用卡欠款和学生贷款。

与此同时，预计全球有30万亿美元的财富从婴儿潮一代传递给后代，其中大部分会掌握在美国、欧洲和亚洲的富裕人群手中。美国的超级富豪会把这笔意外之财投资于科技股、度假屋、加密货币，或许还有离岸资产和外国的公民身份。欧洲的财富传统上更多扎根在诸如汽车制造和百货商场这些民族产业上，但是世界上半数的养老金支出都是在欧洲，下一代人可能就会卖掉家族产业前往瑞士。私募基金已经在推动欧洲公司进行裁员、削减成本，这有悖于时下盛行的促进就业的文化。法国推行财产税的措施已经把大约5万名百万富翁赶出了这个国家，英国希望能避免类似情况，尽管遗产税能增加其迫切需要的预算。归根结底，由于经济反弹前景渺茫，英国的年轻人宁愿卖掉自己的遗产，也不愿意眼看着它贬值。法国希望他们如此行事，并受到新设置的经济吸引力部（Ministry of Economic Attractiveness）推出的计划所吸引，包括给予外国投资者的5年免税期。税收是政治上的一个热点问题，也是一个更加难以对付的现实。[14]

在亚洲，向富人加税的呼声促使这些人早早开始筹划他们继承的大笔遗产。2019年，中国和印度消失的百万富翁最多，而澳大利亚和美国受益最大。在韩国，遗产税的税率高达50%，为了避税，连婴儿都被其父母或祖父母的公司授予股份。在这样一个正在老去的国家中，年轻人又能拿这种钱怎么办呢？没什么办法，所以他们纷纷移民新加坡和澳大利亚。如此一来就会造成这样的结果：老龄化的国家养老金将会破产，除非将它们的资金投入到自己的年轻人要去的地方——不论是哪里。

全世界年轻人，团结起来

2005年夏天，我驾驶一辆老旧的大众汽车踏上了一次振奋人心的公路之旅，从波罗的海穿越东欧和巴尔干，跨过土耳其再穿越高

第三章 代际移动

加索进入中亚。土耳其弥漫着乐观的气氛,那是埃尔多安刚担任总理的时候,经济相当活跃,人均国民收入达到了 7 500 美元。在土耳其的广大东部,号称"安纳托利亚之虎"的各个工业城镇制造着纺织品和汽车配件。14 年后再次穿越安纳托利亚,我曾经见证过的那些生机勃勃的城镇,已经被一片荒凉的乡村和废弃的游戏场取代。年轻人都到哪里去了?伊斯坦布尔,他们在那里走上街头挑战埃尔多安,因为他忽视了他们的省份,还任命了反对派的市长。自 2013 年盖齐公园抗议活动①以来,伊斯坦布尔见证了青年与政府之间几乎不间断的紧张关系,汇集了一系列广泛的议题:反腐败、民主化、农村发展、改善教育、妇女权利和反中产阶级化②。

俄罗斯也曾有机会提升自己破败的内陆地区,但是如今,那里仅剩下一些好似世界末日场景的西伯利亚村庄。10 多年前这里就早已人去屋空:简陋的公路被冬季冰雪破坏,每一座木屋都有碎裂的玻璃,铁锈侵蚀着每一处金属表面。普京和埃尔多安一样,要么对本国辽阔东部千百万人的困境不闻不问,要么就以炒掉当地人喜欢的地方长官的方式侵害他们在政治上的尊严。2020 年,几万名哈巴罗夫斯克居民不顾莫斯科的法令,举行反对克里姆林宫的示威活动。

在世界各处,中产阶级反对腐败,工人阶级抗议经济困难。他

---

① 指 2013 年 6 月,因政府强拆盖齐公园在伊斯坦布尔引发的大规模抗议活动。
② 根据《新英汉词典》的词条解释,中产阶级化是指对市区破败地区的改造及随之而来的中产阶级向这类地区的移居。

们共同形成一个群体，其中包括就业不足、教育过度的年轻男女，他们拥有大学学历却从事着卑微的工作；还有加班加点却收入菲薄的蓝领工人，虽然已尽其所能地投入最长的工作时间却依然无法维持生计。他们肯定会为这种不平等感到气愤，但是贫困和缺乏机会是令他们愤怒的更主要原因。科学家彼得·图尔钦（Peter Turchin）认为，现代社会已经制造出太多教育过度的庸人，这是造成国内激烈竞争的一个重要原因。

智利的情况说明了这一点。2019年圣地亚哥地铁票价上涨促使智利在1990年恢复民主后第一次实施紧急状态，并且是皮诺切特（Pinochet）政权倒台后第一次在国内动用军队。创造亿万富翁的采矿业和银行业在经济中占有突出位置，于是，智利极其严重的收入差距便不足为奇。但是缺少了这些行业，智利就会像秘鲁一样贫困，而不可能成为南美洲最富裕的国家（按人均收入标准）。在抗议活动爆发的时候，智利的不平等实际上在减弱，但是普通国民并没有感觉到，因为交通、教育、医疗和住房对大多数人依然很昂贵。持续的骚动收获了回报：2020年，智利人在投票中以压倒性多数支持修改宪法。

对年轻人来说，这种拙劣的治理一下子就可以识别出来。当公共交通成本上涨的时候，学生开始骚乱。当燃气和电力补贴被削减，民众开始抗议。明智的政府不会接二连三地犯下一个个错误。在智利提高交通票价那一年，爱沙尼亚宣布所有公共汽车免费。伊朗经常切断互联网接入，而克罗地亚确保普遍、高速并免费提供这项服

第三章 代际移动

务。但是，拥有能够积极主动地专注于住房、教育和就业的政府的国家并不多。结果便是，全世界持续发生下层阶级的反抗。

即使是在更为恭顺的亚洲社会中，年轻人也在针对权威势力开展巧妙而有重要意义的政治行动。世界上最大的伊斯兰国家印度尼西亚的分析家早就担心伊斯兰主义的崛起，而这个国家最值得注意的新党派——印度尼西亚团结党（Indonesian Solidarity Party, PSI），却不接纳45岁以上的成员，并致力于青年和妇女问题的改善。[15] 印度尼西亚年轻人为了挣够买房的钱，更有兴趣在Go-Jek①超级应用程序中打零工。在泰国，青年领导的未来前进党（Future Forward Party）正公开反对挥霍无度的君主制度，用《饥饿游戏》中三根手指的敬礼作为他们呼吁团结的标志。

讽刺的是，年轻人的抗议往往发生在他们享有最充分的自由和最高生活水准的地方：欧洲。在过去的10年里，像西班牙的"愤怒者运动"（Indignados），法国的"夜间示威"（Uprising At Night）和"黄马甲"（Yellow Vests）运动等，整合了X世代和千禧一代，共同反对腐败、失业、汽油税上涨以及表达其他方面的不满。2011年夏天，警察的一个粗暴行为引发了伦敦和其他十几个城市的骚乱，导致5人死亡，3 000多人被捕。煽动者和抢劫者的怒火并非只朝向警察，而是针对一切。14世纪的黑死病之后，在英格兰的农民起义

---

① 2010年成立于雅加达的印尼第一家独角兽公司，最初只是一款打摩的的软件，后来发展成为提供一系列生活服务的超级APP，得到多方投资，估值已达上百亿美元。

（Peasant Revolt）①中，下层阶级就要求废除贵族农奴制度并降低税率。如果解散欧洲豪华的君主制度的呼声越来越高，我们也不必感到惊讶。这不仅是因为某些皇室成员的肆意妄为，而且正是出于他们拥有的大量土地可以很容易被重新用于真正的公共利益。欧洲还有很多座待攻占的"巴士底狱"。

被剥夺了财产的人憎恨这个把他们排除在外的制度。几百年来，私人房屋所有权都既被视作一项经济权利，也被视为对政治暴行的一种约束。但是在年轻人心目中，房屋所有权的意义已经一落千丈。[16] 即使是租房，用基本工资收入租用主要城市中的一套两居室公寓也难以想象。[17] 年长的房主不愿看到房产价值进一步缩水，而千禧一代和Z世代的结婚比例降低，工作前景暗淡，而且相比前几代人更容易被逮捕。[18] 期待为人父母者往往会变得更遵纪守法，但是如果看不到孩子，我们就会发现更多的邦妮和克莱德（Bonnies and Clydes）②。

男性青年的高失业率和极度不平等，这是两个最能预示内战的因素，它们重叠在一起——再加上枪支泛滥——就构成了一个火药桶。青年阿拉伯圣战者，欧洲的新纳粹民兵，俄罗斯的雇佣兵，巴西贫民窟的街头帮派，墨西哥的毒品贩子，非洲的叛乱集团——其组成人员都是无所事事的千禧一代和Z世代的成年或少年男子。美

---

① 指1381年发生的英国历史上第一次大规模民众起义，又称作瓦特·泰勒起义。
② 指指在20世纪30年代活跃于美国中西部和西南部的劫匪——邦妮·派克（Bonnie Parker）和克莱德·巴罗（Clyde Barrow）。

第三章　代际移动

国则有包括黑人和拉美裔的下层阶级和白人波加洛（Boogaloo）^①新纳粹分子。在伊拉克发生暴动后，因为预见到大城市的贫民窟将出现类似的动荡，五角大楼开始重拾城市游击战的理论——却没有想到2020年本国的街道上也爆发了起义。

再来看看"安蒂法"（Antifa）。20世纪中叶的欧洲反法西斯运动原本已经消亡，直到21世纪10年代，发生在欧洲的反对财政紧缩的抗议和唐纳德·特朗普的当选又让它在大西洋两岸复活。这些集合了共产主义者、社会主义者和无政府主义者的团体反对强权政府和白人至上运动，但他们是各自为战的。"安蒂法"的成员并不惧怕各自政府，却引发了他们所反对的极端暴行。波特兰曾是美国最积极的"安蒂法"运动大本营——在2020年的"黑人的命也是命"（Black Lives Matter）的抗议中，它的很多基层单位在美国各地涌现出来——在推特、照片墙（Instagram）和WhatsApp上得到全世界同伴们的启发、激励和怂恿。在抗议者和政府的"猫捉老鼠"游戏中，在线工具会继续发展。他们将以增加透明度的名义非法侵入，为了保持隐私而进行加密，并应用区块链技术建立一个平行世界里的安全身份和交易。具备连接性和移动性的一代人会继续在全世界制造麻烦。

---

① 原本是初创于20世纪60年代的一种街舞，在这里指美国形成于2019年的一场反政府极端主义运动。

像美国的伍德斯托克（Woodstock）[①]和欧洲的六八一代[②]中的很多人那样，千禧一代和Z世代会不会也最终变成保守的成年人呢？那就需要他们获得一些可以依靠的稳定性。今日的大部分年轻人实际上还是旁观者，作为沉默的大多数，乏味地惦记着完成学业并寻找工作。他们等待变革的时间越长，他们就越有可能进行移动，只为寻找一个不以抗议为全职工作的社区，那里的人们对身份与最重要的事情拥有共同的理解。

千禧一代主张生态威权主义吗

2019年底，格蕾塔·通贝里（Greta Thunberg）表示，经过一年来的全球激进主义，各国对气候变化却没有采取任何严肃的行动。在国际外交层面，可能的确没有。也难怪激进主义变成了一项全职工作。30岁以下的美国人在成长过程中目睹着民主制度在气候变化和不平等问题上摇摆不定，不出所料，其中有85%的人希望华盛顿发生"根本性变化"，而不仅仅是让局势"恢复正常"（而65岁以上的人中有70%对此表示支持）。对Z世代来说，"正常"就是一场灾难，他们中有半数人甚至根本不相信自己生活在民主制度中。[19]千禧一代不屑地评论他们的长辈，"好了，千禧一族"（Ok Boomer）话题变成了"无论如何，你们的时代结束了，

[①] 指1969年在纽约州北部的伍德斯托克举行的一次流行音乐节，规模空前，阵容强大，以"和平、反战、博爱、平等"为主题。

[②] 指参加过1968年以法国为首的欧洲各国青年运动的一代人。

让路吧"这样一种说话方式。趁现在还不算太晚，他们想抢先上阵。

虽然西方青年被赋予了自由主义思想，他们却并不反对在一定条件下的生态威权主义。听到年轻人谈论"全球联盟"的必要性也不算出格，这是等同于欧盟的一种超国家体制，将联合国的全球性和"优质能源"结合在一起，迫使对气候变化采取行动。既然这也是不太可能的，千禧一代现在站到了生态恐怖主义的第一线。其全球资金来自众包和亿万富翁的"反抗灭绝"（Extinction Rebellion）组织，以成群的无人机扰乱航班，攻击石油公司的总部，并向政府办公室泼洒假血。反对修建输油管道的抗议者阻断了加拿大各处的重要铁路，铁路公司的首席执行官要求政府对这些"恐怖分子"采取强硬态度。想象一下，一伙伙的年轻人有一天占领了原始状态的动植物栖息地，阻止商业行为，或者组织集体自杀，以激起对气候变化采取行动。对此，格蕾塔·通贝里会作何感想呢？

微型熔炉

在过去40年中，我很幸运地让自己沉浸在世界上最为国际化的几个城市中——迪拜、纽约、柏林、日内瓦、伦敦和新加坡。这些城市都有很高比例的居民出生在外国，它们也都能从这种情况中获益。这类地球村的城市缩影看上去是自发形成的，但其实不然。想要创造一个和谐的多种族环境，让所有人都能在兴旺发达的同时不必畏惧他人，就需要持续的精心呵护。

伦敦的全球化人口结构与更为单一化的英格兰农村地区形成了鲜明的对比，这有助于解释为什么首都对于脱欧的立场迥异于腹地。特别是伦敦，它不仅有大赦国际等全球瞩目的组织的总部，也是伊恩·麦克尤恩（Ian McEwan）和石黑一雄（Kazuo Ishiguro）等许多国际化作家的驻地，他们的作品探讨了文明和跨文化融合的主题。人们认为土耳其小说家艾丽芙·沙法克（Elif Shafak）既是伊斯坦布尔人，也是伦敦人，但最重要的是，她倡导一个开放的社会，在这样的社会中人人都为其公民身份感到自豪。伦敦居民的多样性给这座城市带来繁荣，尽管英国人的集体决定有悖于其自身利益。讽刺的是，虽然鲍里斯·约翰逊担任首相时支持脱欧，但是他担任伦敦市长的时候却提出"伦敦护照"的概念，为这座城市保有一条人才通道。接任其市长职位的萨迪克·汗（Sadiq Khan）正在推动签证"快速通道"，以使伦敦能够引进所需的熟练工人。为了他们自己的利益，英国的其他地区应该期望他取得成功。

纵观历史，伟大的城市总是向贸易和人才敞开大门，深知它们的生存仰赖于此。随着中国人向南方迁移、印度人在大英帝国的范围内流动，新加坡在几百年的时间里形成一个多种族的环境。但是，自从1965年独立以来，由于开国元勋李光耀（Lee Kuan Yew）坚持使用种族混杂的公共住房制度来防止出现民族聚居，这座城市被有意地铸成一座大熔炉。在免费提供的国民服务中，所有民族共享床铺和基础培训，形成跨种族的终生友谊。最终导致的结果是，新加

第三章　代际移动

坡迄今拥有世界上最高的跨族通婚比例（大约三分之一），特别是中印通婚的夫妇生下的"中印"小孩。当混血家庭在社会上司空见惯，基于民族身份的政治诉求便逐渐式微，拥有多重身份成为遗传上的常态。①

新加坡必须处理的紧张关系是，在授予每个民族官方语言、法定假日、践行各种风俗等相关权利的同时，还要坚持不懈地促进跨种族的、无关宗教的国家认同。在这样一个华裔人口占多数的国家里，这种公民身份反映了后殖民国家建设等共同经历，指向了共同繁荣的未来。但是培育社区稳定的任务远远没有完成。新一波来自中国大陆（和少部分来自印度）的移民，在创立企业的过程中没有吸收新加坡公民身份的主要特征，如积极接受多样性和学习英语。为了亡羊补牢，政府加快实施融合计划，避免外国人的飞地生根发芽。

失败带来的教训与成功的经验一样多。虽然中国香港同样吸引着全世界的人才，它在这几十年里却没能建设足够的经济适用住房，解决巨大的收入不平等问题。与此同时，在过去20年中，超过100万中国内地人口的流入带来了认同上的危机，使一些人心中的挫败感开始剧烈升腾。高昂的生活成本不仅削弱了中国香港对外国专业人才的吸引力，而且促使香港人向北涌入深圳，那里现在不但比香

---

① 2019年，美国的良知基金会（Conscience Foundation）承认新加坡是世界上对宗教最为宽容的国家。——作者注

港富裕,而且似乎形成了一种更良好的模式,出现了许多补贴公寓。

今天,你只要年龄在40岁以上,就可以目睹阿联酋的构成发生了多么巨大的变化,它从一个依靠珍珠养殖和与其他海湾部落及伊朗的贸易为生的阿拉伯贝多因人社会转变为世界上最富有的国家之一,有着千百万亚洲客籍工人建造的光芒四射的摩天大楼。1971年建国时,阿联酋的人口只有区区25万人,如今已经增长了40倍。今天,它是迄今为止全球最为后民族化的国家,甚至各个酋长国的国民本身也都成为少数民族,全国的1 000万人口中,这些人只有100万。

考虑到它的游牧历史和主要地理环境,阿联酋曾经被来来去去的长期或短期的新定居者不断定义。中产阶级侨民和契约流动工人同时来到,前者的到来为后者提供了更多的工作机会。反之,当大批侨民因为金融危机和疫情带来的封锁措施而纷纷逃离,对保姆、快递员和保安的需求也随之下降。除非令所有家庭都感觉自己是稳定的利益相关者,否则阿联酋便无法依赖他们的忠诚。

如果这些人中的绝大多数都不会入籍,阿联酋如何能够吸引更多的常住居民呢?几十年来,印度的专业人士占全部人口的三分之一,他们没有居留权的保障,被视作驯顺的临时工人。但是近年来,阿联酋给予越来越多的外国人长期居留权,甚至允许他们在没有当地合作伙伴的情况下全资持有公司。假如他们为年长亲属办理签证的申请被拒,2019年的"侨民法"也允许收入较高的印度人带家人入境。这些老人并非财务上的负担,阿联酋现在为他们提供有空调

第三章 代际移动

的退休营地,同时建设它的医疗旅游产业,吸引欧美人士。如果印度的环境继续恶化——既包括生态环境,也包括政治环境——就会有更多富有的和正在变得富有的印度人移居到阿联酋。

与此类似,在阿联酋长大(像我本人一样)但持有印度护照的印度侨民的子女,最终会为了更好的工作机会和公民身份,迁移到美国和加拿大。他们也认为自己是学者迪帕克·乌尼克里希南(Deepak Unnikrishnan)[①]所称的"临时人员"。但是为了留住一些失去的人才,阿联酋也开始向非阿拉伯人授予国籍,且不论其宗教信仰。阿联酋的印度移民曾经大多数是来自喀拉拉邦(Kerala)或泰米尔邦(Tamil)的穆斯林(也有部分基督徒和印度教徒),以及旁遮普的(Punjabi)印度教徒。于是阿联酋也容忍了基督教堂和印度神庙。在阿布扎比的萨迪亚特岛(Saadiyat Island)上,将安排一个大型的跨宗教建筑群,包括彼此相邻的清真寺、基督教堂和犹太教堂各一座。更广泛地说,阿联酋已经修改了一整套的公民法典,允许未婚情侣同居,根据外国法律办理离婚,以及在公共场合的酒类消费。

这个国家的商业中心——迪拜,就是这种不间断的流动和身份重叠的缩影。在一个名为"拉希德"的人工智能驱动的城市中,法律巩固了稳定,政策促进着和谐;服务员为人们享受迪拜的生活提供向导,向拥有积极的企业文化的公司颁发"幸福文凭",还有一套

[①] 一位来自阿布扎比的作家,所著的《临时人员》(*Temporary People*)等作品关注阿联酋的客籍工人。

名为"乐于付款"的应用程序鼓励人们参加社区服务，代替缴纳交通罚款。

许多城市都面临着允许迁移却没有吸收同化的风险，当更多的移民涌入并纷纷选择阻力最小的路径时，就造成少数族裔聚居区越来越少数族裔化。但是，跨越对"公民身份"的过时理解，让这些非公民群体变为忠诚的利益相关者，现在还为时未晚。就在一代人以前，还很难想象非公民能够获得投票权，但是新西兰现在已经允许常住居民参加所有选举的投票，多伦多也向不论是否具有公民身份的所有合法居民开放了市政选举。纽约和洛杉矶已经跻身于"庇护城市"之列，向非法移民发放身份证明以保护他们免遭驱逐。城市越按照贡献和义务让所有居民成为有效的参与者，对城市的忠诚就会越凌驾于对国家的忠诚之上。

全球互联的城市国家是崭新的后国家全球文明的孵化器，因为这些国家必须实行包容性的而非排他性的政策才能获得成功。他们以包容性的国民多元化和自豪感实现自身的团结。加拿大学者贝淡宁（Daniel Bell）①将这种越发高涨的城市自豪感称作"爱城主义"（Civicism），作为 21 世纪民族主义的对立面，它发端于向所有居民开放政治的古希腊。

当人员、商品和数据的洪流进出全球各地的城市，确定其身份

---

① 加拿大知名哲学家、社会学家，曾任清华大学哲学系教授，现为山东大学政治学与公共管理学院院长。

就变得无比困难。如同叠加在一起的原子,人们在同一时间存在于多种精神状态下,既属于本地,也属于外部世界。对于我们来说,处所与身份同样重要。随着越来越多的人抓住移动的机会塑造自己的命运,移动对命运的影响越发重要。

面对无所顾忌的身份政治,最好的防御堡垒莫过于熔炉一般的城市。拥有多民族的公司,后国家式的劳动力构成和第三文化小孩①的全球化城市,是年轻的世界主义者的温床。从前,那些父母国籍不同的孩子,在每年"联合国日"的庆祝活动中,父母会轮流展示各自的民族服装,现在已经演变成抗议学校造成了身份危机。对全球的年轻人来说,身份是逐渐积累起来的,而不是互相替代的。伴随着越来越多的年轻人凝聚在城市的大熔炉中,我们的共同未来也越来越具有世界性。这些年轻人的心目中,"找到自己"与"回家"无关,而是一种"在家里"的感觉。正如比科·伊耶的妙语所言,"家和过去一样,都是未来的创造"。[20]

后现代的朝圣之旅:作为信仰的感情交融

年轻人中普遍存在的孤独感是我们这个互联互通时代中的一

---

① 第三文化个人(Third Culture Individual),亦作第三文化小孩(Third Culture Kid),简称TCI,它是由美国社会学家、人类学家鲁斯·尤西姆(Ruth Useem)最先提出的一个概念,指的是被父母送到另一个文化中成长起来的人群。所谓"第三文化",意思是这个人的文化背景是由家长的第一文化,和他成长其中的第二文化,二者融合而成的第三文化。

大悖论,但是他们也纷纷走向各种游牧式的交流场合。对于阔佬们来说,就是苏荷之家(SoHo House)俱乐部①或者小小世界(A Small World)②的会员身份。在娱乐领域,则有火人节(Burning Man)、科切拉音乐节(Coachella)和超世代音乐节(Ultra)。各种主题性的异国静修活动也纷纷涌现出来,譬如在冰岛与世隔绝的冰川上举行的、独特的秘密夏至(Secret Solstice)③聚会,或者纳帕谷以厨艺和音乐为主题的瓶摇音乐节(Bottlerock Festival)④。有时候,这些活动的气氛会徘徊于积极进步的融汇交流和世界末日般的享乐主义之间,就像气候变化阴影下的伍德斯托克。

超过1亿的欧洲年轻人似乎都满足于简单的生活方式,支付可承受的房租,骑自行车通勤,偶尔乘坐廉价航班或火车,只考虑6个月之内的生活计划。正如《金融时报》(*Financial Times*)的贾南·加内什(Janan Ganesh)所说,快乐胜过拥有。阔绰的千禧一代和Z世代喜欢在会议当中加入交际和奇遇的元素,比如世界青年领袖系列峰会(One Young World and Summit Series)⑤,还有诸如TED⑥大会及其衍生品等有利于心智的活动。除此之外,一家不错的健身房(或瑜伽馆)使他们得到越发近似宗教的体验。

---

① "9·11事件"之后纽约新建的最大的高端私人会所。
② 一个国际性社交网站,面向高端人群。
③ 指每年夏至前后在冰岛举行的国际音乐节,以极昼中的音乐狂欢为特色。
④ 纳帕谷是加利福尼亚州盛产优质红酒的地方,这个音乐节以美食和美酒为特色。
⑤ One Young World由戴维·琼斯(David Jones)和凯特·罗伯逊(Kate Robertson)于2009年创建,是一家总部位于英国伦敦的非营利性组织。
⑥ 这3个字母是英语中技术、娱乐、设计3个词的缩写,它是美国一家私有非营利机构,该机构以它组织的TED大会著称。

第三章 代际移动

正如数字戒瘾诊所让年轻人能够面对面交流一样,技术沉沦(或痴迷)是新的精神生活的另一个极端。一年一度的拉斯维加斯国际消费类电子产品展览会(Consumer Electronics Show, CES)是技术高手们的梦想之地,每年有超过20万人参会。全球网络峰会(Web Summit)以及苹果和华为的产品发布会也吸引了众多的人群。我们曾有过一位千禧一代的保姆,在我们去过的每一个城市里,从开普敦到迪拜再到首尔,她的首要任务是拜访苹果专卖店。具有讽刺意味的是,与教堂、清真寺或寺庙这些拥有独特地方风格的场所不同,每一个地方的苹果专卖店几乎都一模一样。

如果真有一个接近全球性的信徒社群,那么就是足球。这项运动已经发展成一种新的"宗教",有着许多宗派、分支和铁杆粉丝。它是一种拥有忠实追随者的信仰,这些人把时间和金钱花在温布利、老特拉福德和诺坎普这些圣地一般的球场里,顶礼膜拜他们各自的神灵,如莱昂内尔·梅西和克里斯蒂亚诺·罗纳尔多。一些五旬节派的教堂有大型的弥撒活动,全世界几十个城市每周足球比赛的规模却是无与伦比的。与作为英国后殖民一代全球体育宗教的板球相比,足球拥有一个真正的全球信徒社群,他们花在比赛、观赛、重播、分析以及视频游戏上的时间远比阅读《圣经》《古兰经》或其他各种经文的时间要多。

足球是不分种族的,其实就是依靠移民而茁壮成长起来的一种信仰。引进外国足球人才不仅不会受到责骂,反而还会得到人们的赞美,就仿佛一位新的弥赛亚赶来拯救挣扎之中的本地球队。德国国家足球队有一半是由移民组成的;英格兰足球超级联赛的球员中三分之二是外国人。欧洲的国家队和俱乐部正引领着

> "对种族主义说不"（No Room for Racism）、"向种族主义亮红牌"（Show Racism the Red Card）和"踢开种族主义"（Kick It Out）这一类的全球性运动，迫使协会对存在种族主义行为的球员实施禁赛。古代宗教虽然声称平等，但总是隐藏着深刻的等级制度和不公正待遇，足球教会与之不同，它由（商业化的）精英统治，具有包容性，无关个人的种族与信仰。

从理性经济人到创造者

人们将来会做什么，这在很大程度上取决于他们到哪里去做件事情。它凸显了这样的现实：我们的主要挑战不是人与机器人，而是技能与位置。即便零售、物流、金融、法律等领域的自动化消灭了成千上万的工作岗位，提升我们的基础设施和社会服务对人类才能的需求依然十分庞大。因此，麦肯锡的迈克尔·崔（Michael Chui）[①]主张，解决大规模失业的方法是大规模的重新部署。

可移动的文明要求人们掌握技能，不论这些技能有没有相应的大学文凭要求。一些最重要的领域面临着劳动力缺口，譬如建筑和医疗，从建造和安装拼装式房屋到给老人做理疗，甚至连高中文凭都不需要。无论如何，高等教育都面临着一场完美的风暴。2008年次贷危机和2019新冠肺炎疫情共同造成几十所大学停办，因为学

[①] 该姓氏为音译。

第三章 代际移动

费超过其声誉,或者未能实现数字化,抑或二者兼而有之。到 2026 年,还将有几百所大学不复存在,之后肯定还会更糟糕。我们怎么知道的呢?因为 2008 年出生的孩子们正好达到 18 岁,届时美国高中毕业生的人数将会呈断崖式下跌。那些原本打算在附近上大学的人可能就会收拾起行囊永远离开,连同那些没有理由再逗留附近的大学员工,一起将曾经繁荣的城镇变成"灰碗"(dust bowls)[①]。美国南部地区会遭受严重打击,那里的高中生占全美的 45%,同样,那里的多数大学也会关门(毕竟在堪萨斯州只有 56% 的高中生会走进大学)。南方要复兴地方经济,就一定要吸引愿意提升这些衰败社区的人——无论是本国人还是外国人。

流动的专业人士可以通过同样流动的教育进行培训。许多年轻人从九年级开始跟踪自己的学习档案,他们积攒学分的方式有学术和职业课程及校内和课外活动,还包括哈佛大学和麻省理工学院共同创立的非营利网络教育项目 edX,以及斯坦福等大学创办的大型公开在线课程项目 Coursera。有些人在达到申请年龄之前就已经在线完成了工商管理硕士(MBA)的课程。大多数美国人认为,一次在谷歌公司的实习经历给他们的长期发展带来的益处比在哈佛大学获得学位还要多。谷歌新的"职业证书"项目,6 个月的培训相当于大学 4 年的学位,而且得到了大公司的认可。兰布达学院在数据科学、全栈网络开发、用户体验设计等领域开设了为期 9 个月的课程,安排毕

[①] 指 20 世纪 30 年代,美国南部平原遭受了严重沙尘暴的干旱地区。

业生从事技术工作，并以其工资支付学费。这些完全远程的企业课程使地理位置变得无关紧要：它们的业余用户可以选择在自己负担得起的地方同时开展生活、工作和学习。目前有4%的美国青年利用这些有利条件居家学习，未来10年，这一数字将大幅增加。

今天的年轻人知道，他们每到一个地方都需要重新培训提高技能。2020年，白宫广告委员会发起了一个"学做新鲜事"（Do Something New）的运动，号召美国人通过专业培训获得高收入的职位，如航空航天工业工程师、风力发电机技术员、计算机硬件维修人员或注册护士。英国皇家特许测量师学会（Royal Institute of Chartered Surveyors, RICS）有一个培训项目，帮助新入职者做好准备，从事土地开放、房产经营、房地产应用数据分析和混合空间使用策划等工作。工业3D打印操作员的收入要高于一般的大学教师。

对于华盛顿、华尔街、硅谷和常青藤联盟来说，摆在他们面前的代际规划是为创业者和小企业打造一个信用和技术平台组成的生态系统。Z世代不缺少雄心壮志。满脑子都是钞票的X世代曾经用大富翁游戏里的货币经营投资俱乐部，还每周查看股市的情况；如今的青少年是在罗宾汉（Robinhood）[①]的平台上真金白银地交易。《创智赢家》（*Shark Tank*）成为一档广受欢迎的节目，它将"冒险"从一个动词变成一项事业。在新冠肺炎疫情大流行的形势下，新企业申请比上一年提高了77%，说明美国的创业欲望十分强大。

---

① 美国一家零佣金股票交易代理商，创立于2013年，一个非常好的美股入门应用。

但是,增长和创新本身都不是目的。人们总是要建造、销售或做出一些什么东西:这些行为能实现什么更高的目标呢?我们的首要任务一定是摆脱原地踏步的现状,精心筹划未来,从5G基站到城市农场。这种建立可持续的、具有包容性的生活环境的使命,将会吸引那些厌倦了破旧基础设施的年轻人。他们希望创造出有用之物,而不仅仅是消费那些无用的东西。约翰·希利·布朗(John Seely Brown)所说的创造者,即从事制造的人,将取代理性经济人。这就是现实版的"黑客松"(Hackathon)[①]。

人类本身就是资本

机器对人力的替代改变了卡尔·马克思所说的资本的"有机构成"。人不再是生产过程的基本要素,技术才是。尽管一度需要人类来操作它,现在它的运转需要投入的人力很少,抑或根本不需要人力,但这并不意味着人力资本已经无关紧要。当诺贝尔获奖者加里·贝克尔(Gary Becker)提出人类资本的概念时,他试图量化第二次世界大战以后的几十年中,美国中等教育扩张的价值。随后,经济学家们尝试将人力资本概括为劳动生产率等统计数据。即便移动通信和数据云存储这些技术无所不在,极大地提高了我们的效率,生产率统计数据还是低估了它们带来的益处,

---

① 又称编程马拉松,是一个流传于黑客当中的新词汇。在这项活动中,电脑程序员以及其他与软件发展相关的人员,如图形设计师、界面设计师与项目经理,紧密合作开发某项软件。其精髓在于:很多人,在一段特定的时间内,相聚在一起,以他们想要的方式,去做他们想做的事情——整个编程的过程几乎没有任何限制或者方向。

因为这些技术实际上都是免费的。技术所带来的生产率越高，我们就越需要将人力资本视为一种超越了教育文凭和生产率统计数据的自我价值观。

事实上，人力资本已经成为一个人所拥有的终身技能。如此说来，对于提升人力资本，亚里士多德就变成比经济学入门更为有用的切入点。这位古希腊哲学家认为，幸福感——人的发展、福祉和快乐是一个成功社会的关键因素。一系列广泛因素都有助于实现这些社会福利：一种民族精神或气质，社会团结和公正，教育和人才，秩序和安全。从这个意义上说，人力资本就抽象为更难以捉摸的问题，例如，作为一个人，你有多满足？你对社会做出的贡献有多大？类似于谈论爱情或其他难以确定的问题，人们也可以这么谈论人力资本：只有亲眼见到，你才能真正了解它。

第四章
下一个美国梦

摆脱困境

在发生次贷危机后的 10 年时间里,有超过 800 万个美国家庭从取消抵押赎回权的房屋中被赶了出来。很多受到最严重影响的人至今尚未恢复元气,只能在一些"胡佛村"(Hoovervilles)[①] 或众所周知的"特朗普镇"(Trump towns)[②] 里勉强维持生计。甚至早在这场新冠肺炎疫情大流行降低了美国人支付房租和抵押贷款的能力之前,遭驱逐和无家可归的现象就已经开始增多。自有房屋的比例从金融危机之前的 70% 持续下降。与此同时,美国有将近 1 400 万套空置房

[①] 在 1929 年开始的大萧条中,美国大量流浪的失业者聚在一起搭建简易窝棚,在曾经的繁华大街上形成一片片棚户区,被戏称为胡佛村。这个称呼是讽刺时任总统胡佛当局对经济危机束手无策。

[②] 指那些多数人支持特朗普的美国城镇。

屋，特别是在城市区域。[1] 即使全美国所有的流浪者都得到免费住房，所有的囚犯都从监狱中释放出来，而且每年的移民数量恢复到100万，美国依然还是会有闲置的住房。

与世界各地的无数人一样，美国人也会被迫迁移：当公司垮台、金融危机袭来，还有经济陷入衰退的时候，他们不得不寻找新工作，减少住房面积，或者搬到其他城市、州和县。①在超过10年的时间里，千百万美国人已经从锈带地区和东北部搬迁到更容易负担生活成本的南部和西部，在零售、物流或技术领域找到新工作，放弃了物价高企的纽约、圣弗朗西斯科和洛杉矶，而代之以丹佛、奥斯汀和罗利。

虽然据估计有2 000万美国人在2020年进行移动，但是有能力通过搬迁而改变生活命运的人还是太少。从20世纪40年代到60年代，当人口增长并向西部扩张，每年大约有五分之一的美国人进行迁移。然而最近，国内迁移已经停顿。讽刺的是，这是因为不充分就业致使许多年轻人"困在当地"。他们应当搬到住房、医疗和教育更为便宜的地方，但是他们搬不起。[2] 如今有大批的失业青年再次寻找工作，他们不得不通过移动寻找新的机会。

美国梦需要被重新定义。新的理想应当是获得移动性，而不再是拥有一座房子，让每一个美国人都能去往他需要的地方，他的技

---

① 迁移到本县之外的人往往是与工作变动有关（开始一个新工作，或为了找工作而搬迁），同时，在本县区域内的迁移更多与房屋有关（寻求更好的或更负担得起的住房）。——作者注

第四章　下一个美国梦

能可以派上用场的地方，可以带来更高收入的地方。哈佛大学拉贾·切蒂（Raj Chetty）的研究表明，在一代人的时间段里，一旦家庭迁往经济机会更多的地方，社会经济表现就会得以改善。[3]因此，物理位置上的移动是实现经济流动性的最佳途径。

可移动的不动产

2018年秋天，《装备迷》（*Gear Junkie*）杂志的编辑凯尔·诺萨曼（Kyle Nossaman）和妻子锁上他们在明尼阿波利斯的高档公寓的大门，开始踏上为期一年的探寻美国的旅程。他们走访了美国48个州的大部分区域，访问了几乎所有的国家公园。他们在山路上骑着自行车或摩托车，露营、徒步，拜访老友、结交新朋，同时拿出部分时间兼顾工作，甚至一路上还省吃俭用。他们在整个过程中都没有坐过飞机，因为他们一直驾驶并居住在自己改装的一辆校车里。[4]

新冠肺炎疫情封锁对美国的零售业是一场事关生死的灾难，除非你正好是销售活动住房的。索尔工业公司（Thor Industries）的大型露营车在疫情封锁结束之后销量激增，甚至梅赛德斯也在美国推出了已在欧洲流行多年的标志性露营车（可睡4个人）。根据房车行业协会（RV Industry Association）的报告，房车销量跃升到接近2019年同期的200%。[5]拖车屋是一种时尚、经济、可持续的方式，已经成为一种传统居住方式的替代品。"照片墙"上的"校车巴士"（将校车改装成活动住房）和"拼趣"（Pinterest）上的"小房子"之类的热门话题反映了越发流行的可移动的极简生活方式。

拖车屋是美国人新兴的可移动性的终极象征。有25%的活动住房拥有者是千禧一代，随着他们和Z世代逐渐达到购置房产的年龄，活动住房的销量也一同上升。⁶ 换句话说，年轻人有意识地选择不去购买房屋（毕竟他们也买不起），而是抢购房车。因为他们目睹过父母的房屋价值在金融危机中大幅贬值，我们很难怪罪他们对移动性抱有的信心大过房产。⁷ 我们是否正在见证美国梦在量子时代的重塑呢？

活动住房是美国传说的一部分，但也是美国当下和未来的一个令人惊异的特征。老一代房车居民曾在这个国家四处漫游，寻找能提供现金和食物的兼职工作，经常像流动工人一样遭受剥削，就像杰西卡·布鲁德（Jessica Bruder）在她的《无依之地》（*Nomadland*）一书中所记录的那样。根据她这本书改编的电影获得了2021年奥斯卡最佳影片奖。拖车屋社区所特有的认同感和安全感现在也吸引着年轻人。格洛丽亚·斯泰纳姆（Gloria Steinem）① 在她的回忆录《在路上：我生活的故事》（*My Life on the Road*）中，深情而自豪地回忆起亚利桑那州一个全女性拖车营地，那里有以格特鲁德·斯坦（Gertrude Stein）和埃莉诺·罗斯福（Eleanor Roosevelt）的名字命名的街道。对于妇女和性少数群体，拖车营地提供了封闭式居住社区的氛围，同时又避免了被另眼相看。随着美国的学龄儿童越来越少，

---

① 生于1934年，美国记者、作家、著名女权主义运动领袖。

第四章 下一个美国梦

有越来越多的校车可供购买——虽说理想情况下,它们的发动机应该从柴油转换为电力驱动。

"可移动的不动产"已经成为单独的一类资产。一场洪水可能冲走你的房子,一场冰雹可能打穿你的屋顶,或者一个大坑可能突然出现在你的车道尽头。在这样一个世界里,这类资产不失为一项明智的投资。如果你的家就是一辆大汽车,你就幸福多了。水陆两栖拖车有一个随车自带的马达,可以把它变成一条船,非常适合在洪水地带航行。尤其是当你还不知道下一份工作在哪里的时候,一所活动住房意味着你可以在短时间内就位。移动是彻底改变的最高表现形式,或许也是最有效的一种形式。

美国青年不应当再把自己与房屋捆绑在一起,他们既不需要也负担不起,而且这些房子的位置也不符合他们的需求。相反,我们应该为一个不断移动的时代进行设计和建造。不动产开发商继续大量建造麦克豪宅(McMansions)①,甚至声称全国范围内住房缺口达到250万套。但是,他们的水晶球能告诉他们,人们在未来5年希望居住在什么地方吗?他们知道工作机会在哪里吗?他们是否确定正在气候适应性较强的地区进行建设呢?

人口的大幅减少意味着不动产价格一定会暴跌,而来自预制房屋的竞争将进一步加剧这种下跌。为住房市场提供资金流动性的房地美(Freddie Mac)已经推出了一系列计划,鼓励首次购房者投资于价格大

---

① 这是一个含有贬义的说法,指大量建造而缺乏品位的超大豪华住房。

为低廉的预制房屋,即使这会令市政当局和银行坐拥数万亿美元的闲置房屋。难怪沃伦·巴菲特(Warren Buffett)这样的投资人已经悄悄地变成了克莱顿房屋(Clayton Homes)之类的"精装预制"房屋建筑公司的大股东。即使在房价较低的州,一套工厂制造的房屋价格不到一套两居室公寓的一半,租金则只有后者的三分之一。[8]

这种预制房屋的最大好处是什么呢?它们可以用卡车进行交付,也可以移动。3D打印微型房屋的时代即将到来。亚马逊出售自己动手的造房套件,价格低至2万美元,可采用太阳能供电或连接当地电网。伟建公司(Mighty Buildings)3D打印出来的"精致套房"或"老年公寓"可以存放在后院里,能满足千百万年长的低收入租客和并不宽裕的年轻人的需求。博克瑟堡(Boxabl)和天福工程(Ten Fold)等公司生产的房屋,可以在几分钟内扩展到相当于它的包装体积3倍的大小。上百万个废弃的海运集装箱本身很容易翻新改造成(可移动的)住房。一家爱沙尼亚的初创公司建造出以拖车装载的预制单元房屋。它可以用于居住、办公、商业、仓储、咖啡店、社区活动空间,还有很多其他功能。仅需一块平坦的土地就可以安置它们。

哪些国家将为3D房屋营地提供土地、补贴成本、支持,甚至要求向它们提供公共服务呢?在这项具有进步意义的社会政策上,荷兰和法国已经走在了前列,而瑞典家具制造商宜家公司和建筑商斯堪斯卡公司(Skanska)合作创立了平价屋公司(BoKlok),并已经在斯堪的纳维亚建造了1万多套住房。在他们于英国进行的试验项目中,新居民可以根据自己的承受能力在平价屋公司选择任何价格的产品。你

第四章 下一个美国梦

不必再堆满一屋子的宜家商品,而是直接从宜家买一栋房子。

可移动房屋正在通过一种全新的生产工艺从装配线上推出来,其过程结合了3D打印技术、再生材料和机器人的高效。在一些人口过剩、地理环境存在隐患的国家,由软银集团(SoftBank)投资的凯特拉公司(Katerra)在短时间内为整个城镇做出交钥匙型的住宅设计和施工;同时,艾肯公司(Icon)已经在墨西哥3D打印出整座村庄,并为奥斯汀周边住在帐篷中的人打印了坚固的住房。但是,这些房屋之所以能够抵御灾难,还有一个原因就是,人们可能不得不再次移动。为适应潮水的上涨,自给自足的太阳能集装箱住房装有轮子以便移动,便携式厕所用微生物将人类排泄物转化为无味的肥料,而不是采用冲水的方式(这种技术甚至还应用在珠穆朗玛峰上)。这对于一个季节性迁徙的世界来说是非常有意义的。在这个世界里,气候变化和自然灾害以及职业偏好都决定着我们生活在哪里。对于那些选择了轮式居所这种生活方式的人来说,建筑师正在设计一种微型住房,配备有柴炉,还有屋顶集水设施,堆肥厕所,独立的厨房、卧室和起居空间,以及大尺寸的窗户。它们的主人可以将每一幅新景观都传到照片墙App上。

杰出的移动性成就伟大的国家

移动本身的可预测性掩盖了它对于日常生活的影响,比如上班通勤或走路上学。甚至在某个单独的地点,移动性也决定着我们的幸福。大多数繁荣的城市都拥有稠密的公共交通网络,如轨道交通、公共汽车和点对点的顺风车平台，作为城市移动系统的组成部分同时发挥作用。相反，在道路拥堵、公共交通不足的城市，移动就是一种痛苦，它会拖垮个人和国家（经济）的健康。

往返于重要的城市中心的通勤是几亿人民和整个国家经济的日常命脉。纽约和洛杉矶是美国两个最为重要的地理和经济枢纽，它们都依靠千百万上班族每天上下班和进出郊区的移动。在黎巴嫩、格鲁吉亚和阿联酋这样的小国家，任何特定的一天里，一半或以上的国民都要进行往返首都或最大商业城市的通勤，白天挣钱，晚上把钱带回位于贫困地区的家。

杰出的移动性成就伟大的国家。美国的州际公路系统为上百万美国人铺就了定居西部的道路，让他们为这个国家的辽阔大陆感到自豪。德国的高速公路不仅是一套不限速的公路网，它代表着推动战后的德国经济奇迹的一根根大动脉，而且当下也是欧洲经济的发动机。还有中国的高速铁路网，如今已经比欧洲还要密集，使中国人在广袤的国土上便捷地往来。

美妙的气候度假区

随着新冠肺炎疫情期间远程工作政策的实施，曼哈顿的金融富豪们几乎毫不迟疑地开始抢购免税的佛罗里达海滩上的不动产，确保自己尽可能少待在纽约的高楼大厦里。佛罗里达州的"追逐阳光"运动取得了巨大成功，但是再过多久，这些移动精英就会放弃他们的海滨豪宅呢？

第四章 下一个美国梦

自然灾害正在迫使越来越多的美国人迁移。当海平面的上升侵蚀着大西洋和太平洋的沿海地区，海滨生活正在从必要的仪式转变为轻率的奢侈。美国4个人口最多的州，加利福尼亚、得克萨斯、佛罗里达和纽约州，全都面临着气候问题。按资产价值所面临的风险排名，在全球所有沿海城市中，纽约和迈阿密分别排在第一位和第二位。纽约还未做好准备迎接下一场像飓风桑迪一样的超级风暴，那会给它的滨海和内陆地铁及街道带来更大的洪水，它也还没有对电网进行升级，2019年热浪期间曾发生过严重的停电事故，甚至造成重要的铁人三项赛被取消。迈阿密的南海滩、市中心，甚至连接其港口的新建隧道都被洪水淹没；"佛罗里达钥匙"（Florida Keys）①将沉入水底，那里的住房很少，不值得花钱抬高路面。精神上和经济上受到的打击要严重得多。每一次有关气候灾难的故事从佛罗里达传来，计划去购置房产，甚至只是想去拜访那里的人都会减少。

然而，佛罗里达可能成为越来越多来自加勒比地区的气候难民的家园，在2010年海地大地震之后它就曾接收过很多受灾者。2017年的飓风玛利亚造成大面积破坏后的一年时间里，有超过20万波多黎各人逃到了美国本土，即使不是全部，也是大多数。尽管巴哈马从旅游业和离岸金融上获得了很高的收入，在2019年飓风多里安来袭之后，大巴哈马岛还是宣布"停摆"。这个国家的40万居民中有数千人已经在佛罗里达和其他几个州重新定居，或许最后该国所有人

---

① 指佛罗里达南部狭长的一串珊瑚岛群。

都会这样做。

一个多世纪以前,几百万得到解放的非裔美国人佃农去往中西部,融入大迁徙的行列中。2005年,飓风卡特里娜促使将近10万贫困的非裔美国人离开路易斯安那州——在该州对于新冠肺炎疫情的不当处理之后,或许还会有更多的人离去。亚特兰大、达拉斯、夏洛特和奥斯汀这些城市,已经在接收来自美国南部其他地区的气候移民。[9]下一次大迁徙正在提速。

每当一个美国家庭变得一无所有,他们搬家的可能性就会大大增加。用不了10年时间,美国大批房地产的价值就会缩水。当海平面上升,从康涅狄格州到路易斯安那州的"新海岸"沿线城镇将不得不为筹资修筑海堤而提高税收,而且它们只能自己掏钱修海堤,因为巨灾保险正在枯竭。目前,美国环保署(EPA)将亚拉巴马、密西西比、佛罗里达、佐治亚和南北卡罗来纳各州列为在应对气候灾害方面最缺乏准备的州,而飓风的影响正从美国的大西洋和墨西哥湾沿岸逐步深入内陆。但有20多个州也遭受着来自密苏里河和密西西比河内陆洪水的折磨,洪水冲垮道路和桥梁,摧毁无数房屋,甚至威胁到核反应堆。根据贝莱德集团(BlackRock)的说法,美国大多数密西西比河以西的不动产位于缺水地区。大平原地区的各州,如南北达科他、内布拉斯加和俄克拉荷马,作为美国的粮仓,该地区是玉米、大豆、棉花、苜蓿和牲畜(牛、猪、羊、鸡)的主要产区。但是,虽然它们处于远离大海的安全地带,却受到改变耕种季节的洪水和令人难以忍受的夏季热浪的共同危害。加在一起,这些

第四章 下一个美国梦

气候风险使得财产保险要么费率高昂负担不起，要么无人愿意承保。业主和工人们自己权衡一下这些数字，结论是：搬家更划算（也更明智）。

联邦政府最终采取了实用主义的立场。在从2005年以来的5 000亿美元与救灾相关的开支之后，不再值得继续为增强适应性花钱。联邦应急管理局（FEMA）、住房和城市发展部（HUD）及陆军工程兵团（ACE）等机构正在携手推动一项针对受威胁的沿海地区，特别是大西洋和墨西哥湾沿岸地区"大规模移民或搬迁"的一揽子计划。下一步，他们将行使征用权，拆除有风险的房屋，并向搬走的居住者提供收购要约。[10]

金融行业越是对气候风险进行量化，就越会激发人们迁移的决心。婴儿潮一代已经开始考虑退休后到哪里去，既为了他们自己，也是为了避免将要传给他们子女的资产贬值（或不复存在）。年纪更大的美国人倾向于选择好一个地方生活就固定不动，但这并不像看上去那么容易。曾经，退休就意味着要跑去海边，但现在越来越意味着要向内陆或山区移动。

一幅美国和加拿大的人口密度地图提醒着我们，为了寻找适宜居住的地理位置定居下来，我们需要分散到多么广大的空间。在这个最为工业化的国家中，有三分之二的美国人口生活在城市里，这些城市的面积仅占全部领土的百分之三。一半的美国人口仅生活在9个州里，但是到了2030年、2040年和2050年，这9个州的名字将会有所改变。有哪些州能同时具有年轻美国人寻求的气候适应性、就业创造力和开明的政治呢?

虽然加利福尼亚州在自由主义治理甚至(具有讽刺意味的)排放法规方面一直居于领先地位,但是该州在应对气候挑战方面的准备并不充分。美国西部正遭受长达20年的特大干旱,炎热的空气从地面吸收更多的水分,而降水量却在减少,使加利福尼亚州及其南部相邻的内华达州和亚利桑那州变成了火药桶。每年都出现的越发严重的高温与野火,说明加利福尼亚州同时面临着水、能源和住房各方面的危机。从湾区到洛杉矶,几千座富人和穷人所居的住房被烧毁,保险公司的赔付时间延后了几十年,资金缺口达几十亿美元。作为加利福尼亚州的公用事业巨头,太平洋燃气电力公司(PG&E)预先切断电力供应,以防止山火沿烧毁的输电线蔓延。但是,为了能够继续收取电费,他们也阻挠房屋所有者改用无需电网的太阳能,实际上即便是最富有的美国人也因此断电数日。与此同时,洛杉矶县继续批准在有火灾风险的地区新建房屋。但是气候变化或新冠肺炎疫情对好莱坞制片厂和拍摄场景的干扰越多,娱乐精英们就越有可能逃往提供税收减免、生活方式更健康的欧洲国家。

加利福尼亚州正在变得与大西洋和墨西哥湾沿岸所对应的城市一样:一个幸存的社会,一个围绕自我重建的经济。为了应对内华达山脉(Sierra Nevada)融雪和降雨的减少,该州抽取的用于农业生产的地下水越来越多。但是,除非能够让米德湖和鲍威尔湖重新蓄满水以解决加利福尼亚州的用水危机,否则生活在那里就不再是一种有利条件,而是成了麻烦。对很多人来说,离开那里到其他生

第四章 下一个美国梦

活负担更小的地方重新开始生活,在经济上很划算。很长时间以来,加利福尼亚州都是美国的应许之地,而它现在已经不是了。

很多加利福尼亚州人已经迁往西部的内陆地区,但是从蒙大拿州的冰川国家公园到加利福尼亚州的优胜美地(Yosemite),这些他们想要靠近的主要公园都因为野火而关闭了长达数月的时间。周边地区当局将需要更多资金吸引从海滨地区新来的迁入者——还要防止他们的新家被烧,因为他们原来在加利福尼亚州的房子就已经毁于野火。杜克大学的研究人员针对美国不同生活环境的复杂性进行建模,对人类、当地动物物种、土壤和植物、林木覆盖、排放以及生态系统的其他要素之间的相互作用进行预测。结果显示了我们所谓的那种"正常"的微妙平衡状态有多么容易受到温度上升、人口增加等因素的搅扰。[11] 我们移动的同时,也带来了风险。

适应气候的家庭作坊式产业正在落基山脉地区逐渐开始盛行。科罗拉多州的海拔、水资源和开明的政治吸引了越来越多的千禧一代。丹佛市已经扩建了机场,在市中心建设一套轻轨网络,并推出一个名为世界贸易中心的商务园区。该州的滑雪季正在变短,但是它全年都吸引着人们前来徒步或举办文化节。博尔德(Boulder)不再建设高楼大厦,这让它更有"美国最幸福城镇"的氛围。[12] 但是,随着气温的上升,科罗拉多州也面临着很多问题,冬季降雨和融雪加速,夏季干旱,供养着美国西南部4 000万人口的科罗拉多河水量逐渐下降。不过,只要在有降雪的情况下,该州就依然只能以它作为最重要的水源。

在中西部，内布拉斯加州、堪萨斯州和俄克拉荷马州这几个作为重要谷物生产基地的州，也面临地下水迅速消耗的问题。美国南部和墨西哥尤其被列为世界上水资源最紧张的地区，但是其中也有例外。作为美国最繁忙的港口城市之一和石油中心，休斯顿每年迁入大约10万人，而它的排水系统还处于降雨很少的那个年代的水平。这也就难怪很多地区尚未从2017年的飓风哈维和2019年的热带风暴伊梅尔达中恢复过来，两次风暴都造成了5英尺（1英尺＝0.3048米）深的积水。

气候变化的复杂性意味着，我们不能对任何一个地方在极端气候条件下的安全性抱有太大的信心。举例来说，自然保育协会（Nature Conservancy）一份2012年的报告，将长期废弃的阿巴拉契亚地区确定为应对气候变化的"天然堡垒"。那时，人们可能会以为徒步季节会更长而滑雪季会变短，除此之外，中期之内不会再有重大的负面影响。但更近期的研究认为，阿巴拉契亚中部地区实际呈现的是气温显著上升，生物多样性下降，且森林火灾更为频发。

大湖区周边有一个大致的长方形或菱形的范围，从明尼阿波利斯向下到西边的堪萨斯城，然后向东到匹兹堡，再折向东北到波基普西（Poughkeepsie），北方就是魁北克和安大略这两个加拿大最有活力的省份，该地区享有丰富的淡水资源，冬季气候比较温和。广阔的锈带地区的人口自从金融危机以来一直在流失，但是将在气候移民大潮中重新增加。如今的伊利诺伊州是一个财政困顿的典型，芝加哥被列为美国最大的破产城市，可是一旦美国人为寻求更稳定

第四章 下一个美国梦

的气候而涌向这里，所有这些困难就都无关紧要了。明尼苏达的德卢斯已经赢得了"气候难民营"的绰号，而且正为扩充仅有的 10 万人口进行自我宣传。[13] 俄亥俄州托莱多的居民深知所在的地理位置十分有利，他们一直敦促制定一项《伊利湖权利法案》(*Lake Erie Bill of Rights*)，让他们可以起诉污染者。在更多居民迁到那里之前，如果没有事先加强环境保护，这即便不算犯罪，也将是一个严重的错误。

为了将来能成为新兴的工业中心，其他一些气候适应性较强的区域正在进行自我改造。明尼阿波利斯和堪萨斯城是这个行列里的新兵，而代顿正在复兴以"拱廊"(Arcade)闻名的历史悠久的中心区，虽然它已经歇业几十年了。布法罗等废弃的公司城镇吸引着来自阿拉伯的寻求庇护者、波多黎各的气候难民和初来乍到的印度家庭。像纽约州第三大城市罗切斯特，还有坐落着卡内基梅隆大学在内 30 多家高等教育机构的匹兹堡，这样的大学城镇正在大力建设创新区，升级供水管线和污水处理系统，以迎接未来的新增人口。在密歇根州的安阿伯，大学人口占其 12 万总人口的三分之一，它也需要做好这些准备工作，因为此类大学城镇很适合吸收来自南方的学术和气候难民。密歇根州大急流城的城区有接近 100 万人口（从 2000 年的 75 万人增长至此），并正在为汽车和生物医学行业构建一个多用途技术人员的产业生态体系。

颇具讽刺意味的是，对于退休者来讲，卖掉哈德逊河谷的房子，从罗切斯特北部搬到奥尔巴尼是多么困难。虽然可以理解，年轻家庭没有经济实力投资纽约市通勤范围以外的大型住宅（特别是从IBM到百事可乐这些公司都缩减了总部规模），但很少有地区能像这样兼具海拔、淡水、林木覆盖、安全和其他优势。气候变化和新冠疫情预示着这些气候宜居地区的复兴，就像新兴的居家办公一族努力寻找绿树成荫、空间开阔的郊区。即使在新冠肺炎疫情之前，佛蒙特州等很多"精明"的州就已实施税收减免计划，吸引远程办公的人群。俄克拉荷马州的塔尔萨会给每个新来的居民1万美元。其他生活成本较低的州，如阿拉斯加、田纳西、爱达荷、怀俄明和北达科他州，也很容易采取同样行动。

在气候危机发生后，如果当地政府不会犹疑不决，而是能够全面把控形势，人们也会迁移到这样的地方。据预计，到2030年，波士顿每年将有30天的高潮洪水，洛根机场将是美国第一个沉入大海的机场。[14]尽管遭遇地方政治上的阻力，该市的政府当局已经计划购买并重新规划土地，建设一座新机场。相比之下，各州应当明智地避免人口流失和一波市政破产的浪潮，他们会与华盛顿博弈，但终将落败，其陈旧的公共服务体系将进一步削弱。从北卡罗来纳州到得克萨斯州，一些小镇上的垃圾将不再有人收拾，小镇会被各州放弃，而大城市只会掏钱维护自己的公路和卫生设施。

美国在基础设施更新上的资金匮乏情况会有所好转吗？美国各地遍布着成千上万座被遗弃的桥梁、水坝和输电线路。这个国家仅有10%的能源是风能和太阳能等可再生能源，并且有3个独立的电网（东部、西部和得克萨斯州电网），绿色新政似乎还任重道远。新

第四章　下一个美国梦

的基础设施计划会包含气候评估并优先考虑可再生能源，以及位于最有可能实现人口增长的南达科他、密苏里和宾夕法尼亚等州的道路和居住区。首先对它们进行全面的整改，就可以使美国未来的地理环境更为合理。

新型社交距离

当乏力的经济与无数的年轻人及大流行偏执狂发生冲突，美国的主要城市会是什么状况呢？早在新冠肺炎疫情之前，高企的住房成本、糟糕的移民政策和全球化的数字劳动大军就足以让科技创业者巴拉吉·斯里尼瓦桑（Balaji Srinivasan）预言硅谷的"退场"。这种"技术出走"几年前就开始了，当时这些公司在硅谷筹资，但是将人力资源分布在全球各地。很多科技公司的主管人员把公司迁到温哥华，他们把不列颠哥伦比亚省（British Columbia）描绘成"新加利福尼亚"。新冠肺炎疫情促使大型科技公司（暂时）转入远程办公，这让硅谷的房屋销售量猛增。为了让深处纠结之中的人才留在硅谷并保持对公司的忠诚，各大科技企业都提供了收入共享协议和融资，帮助雇员偿还学生贷款并攒钱买房。[15] 谷歌、Meta、苹果等公司也已承诺投资40亿美元在湾区建设住房，但实际需要的资金是该数字的200倍。无论如何，年轻人对公司奴役和精神上的倦怠深恶痛绝。他们重视城市化和社区化，但并不意味着他们为了实现这一目标就要居于他人生活的边缘。

纽约市和洛杉矶的情况与此类似，只是规模要大得多。近年来，新的一波野心勃勃、勇于冒险或富裕的年轻人回填了从这两个沿海大都市流出的人口。可是，大公司在缩小总部的规模，由较小的卫星式办公场所和远程办公取代——数字化战胜了集聚化。在新冠肺炎疫情大流行之前，只有4%的美国员工居家办公。以后几年中，这一数字至少会增长4倍。比起把钱花在昂贵的商业地产上，很多公司更愿意为那些家中拥有良好连接性的远程工作人员支付工资，或向其提供咨询服务合同。

年轻人会选择什么样的地方作为他们的活动枢纽、安寝之处、交友场合和打发闲暇的场所呢？美国共有20多个大都市区，它们之间都在相互竞争，保持或提升各自的定位，留住并吸引新的居民。千禧一代和Z世代变聪明了，他们在决定到哪里找工作之前会先计算税后的生活成本。[16]他们曾在新罕布什尔、密苏里和爱达荷抢购房屋，这让高科技领域向盐湖城、亚特兰大、印第安纳波利斯和凤凰城加速蔓延。[17]另一项行之有效的标准是"18小时城市"，如丹佛、夏洛特、纳什维尔、波特兰、圣安东尼奥①、亚特兰大和圣地亚哥，它们的市中心都有着活跃的下班后文化。[18]拉斯维加斯也以其服务全面的生活方式吸引了寻求刺激的年轻人，它的第15区拥有快闪式零售和未来派的娱乐方式。明尼阿波利斯宣布了一项2040年计划，通过消除对独居住房的地区偏见并建造更多的经济适用房来减少住房不平等。这些城市

---

① 位于得克萨斯州中南部，是该州第二大城市。

第四章 下一个美国梦

可能会成为适应未来人口特征的国内典型。

美国人在国家内部的迁移,会增加企业和投资的密集度。纽约和加利福尼亚州聚集了全国将近一半的中小型商业机构,但低税收的"阳光地带"的市场正吸引着它们,比如得克萨斯、佛罗里达、北卡罗来纳、科罗拉多和佐治亚等州。西海岸和波士顿不再能够独占风险投资和高科技工作岗位,奥斯汀、匹兹堡、纳什维尔和夏洛特正在扩张成为亚马逊这类蓝筹公司的生活实验室。[19] 他们还将吸引即插即用(Plug & Play)或初创500(500 Startups)这类科技孵化机构。美国在线创始人史蒂夫·凯斯(Steve Case)的革命基金(Revolution)致力于促进全国各地一些被忽视的城市的科技生态系统建设。

如今,各州可以分为低税收低管制(如得克萨斯州)与高税收高管制(如加利福尼亚州)。然而,赢得未来的可能是低税收高管制的地方,譬如华盛顿州。在美国前50个最大的城市中,西雅图的人口增长最快,但是它在轨道交通、公交系统和自行车道上的巨大投入保证了交通的畅通。其产业系统中包括一些以西雅图为基地的企业巨头,如波音、微软、亚马逊和星巴克,还有几千家较小的企业,它们形成一股合力,推动这座城市跻身全美前十的重量级都市区。

城市生活成本上升,新冠肺炎疫情封锁和居家办公的爆炸性增长,也可能带来潜在的近郊区复兴。当大城市的居民减少,郊区可能会重新成为远程办公的高收入管理人员的全时绿洲。在新冠肺炎疫情中,有近50万富人从城市中心逃到他们的第二个家,如纽约郊外的汉普顿(Hampton)一带和卡茨基尔(Catskill)地区,圣弗朗西斯科以北的纳帕谷,以及欧洲的大西洋或地中海沿岸。整个夏季,纽约市各个区几千名居民在纽约上州(Upstate New York)[①]、长岛和新泽西购置了房屋,计划永久移居到城外。曾经的度假屋或乡村住宅正在进行改造(特别是加装光纤宽带),作为远离城市封锁和抗议活动的首选住宅。大城市居民过去常常对乡下亲戚夸耀他们优越的生活质量,现在可能会反过来了。不过,也可能不会:一些在2020夏天从圣弗朗西斯科逃往纳帕谷的人因为山火而被迫重新回到圣弗朗西斯科。汉普顿地区可能也逃不过下一次袭击东北部的超级风暴。

同时,即便只是10%的人从城市转向郊区生活,也会对美国的2.7万亿不动产市场造成巨大的(负面)影响。如果郊区成为空间宽敞、服务齐全、经济活动更为频繁的飞地,新的郊区居民就会把城市仅仅当作计次付费的场所,并将他们的税收用于建设本县的当地社区和学校。年轻人在寻找富于魅力的社群,当他们与大城市的生活格格不入时,美国的小镇理想就越发受到追捧。

不管怎样,从次贷危机以来,很多千禧一代的主要目的地是他们在父母家中的那间童年卧室。现在,他们那些Z世代的弟弟妹妹也加入进来:截至2020年9月,有52%成年的美国年轻人与父母同住。对那些无力搬出去的人来说,远程办公可能足以鼓励他们待在家里享受免费住宿的生活,即便有可能要帮助父母偿还一部分抵押贷款。美国的住房已经越来越大,而家庭规模却在变小,但也许郊

---

① 美国人习惯上对纽约州除了纽约市及长岛以外地区的泛指,并无官方或正式的行政界线。

区的家庭住宅将作为一种负担得起的几代同堂的模式卷土重来。很多年轻人将被迫从事郊区的服务行业——厨师、保洁、保姆、健身教练,以及服务于新定居阶层的其他工作。火种(Tinder)①之类的应用会为年轻人匹配每个邮编区内的工作机会。年轻人并无其他选择,只能循金钱而去。

美国的下一批美国人

有许多原因可以让人敬畏美国,如规模、财富,还有自由。但是其中并不包括文化冲击。毕竟,美国拥有全世界最大的移民群体,有5 000多万人来自世界各地。不论你来自何方,在美国的某一个地方(或者很多地方),都能找到和你一样的人群。

因此很容易出现一种错误看法,即认为减少移民可以让美国集中精力改善种族关系并提振就业。幸好,即使在上层观点要求收紧移民政策的地方,自下而上的现实也在使移民规模不断扩大。看一看禁止华人移民的1882年《排华法案》(*Exclusion Act*),它执行了几代人的时间,但是今天美国的亚裔人口中,华人占比最高,而亚裔又是所有新移民中增长最快的。从19世纪的霍乱暴发到2020年新冠病毒的全球大流行,亚裔美国人一直是种族主义者攻击的目标,

---

① 起源于美国的一个手机应用,按照用户的地理位置每日推荐一定距离内的朋友,须绑定脸书使用。

可他们的数量还是在持续增长，已经达到了2 000多万。

白人民族主义可能是美国政治中一股强大的力量，但是它无法改变这一事实：只有29%的美国年轻人是白人基督徒，而到2045年，非裔人口和亚裔人口加在一起有望达到全部美国人口的一半。千禧一代中只有18%不是白人，Z世代中则有48%不是白人（以非裔美国人、拉丁美洲人和亚裔为主）。以在州议会大厦前挥动武器抗议新冠病毒封锁而闻名的"骄傲男孩"（Proud Boys）①，以及其他类似的白人民族主义者和自由民兵相信自己已经被美国抛弃，并转向"战争资讯"（Infowars）、"美国复兴"（American Renaissance）和"风暴前线"（Stormfront）等网站，在不满者中寻找拥趸，但这一群体正在消亡（往往是死于自己之手）。"基地"（Base）是一个羽翼未丰的新纳粹团体，试图利用"爱趣"（iFunny）这一类Z世代社交媒体平台招募好奇的成员。无论仅仅允许白人移民，还是以"雅利安国"（Aryan Nation）②取代联邦政府，白人民族主义的目标都与伊斯兰国类似，后者企图成为一个新的全球性的哈里发国。

一个社会对其民族身份拥有很强的共识，它也就拥有接纳更多移民的共同信心。但是，如果一个国家不能对其身份认同达成一致，那么它在移民问题上的争论就注定会失控。年轻人肯定不会因犯罪问题指责移民，或把工作岗位的丧失归咎于全球化。2020年对美国

---

① 一个白人极右翼组织，由一个加拿大人于2016年在美国创立，在美加各地都有分支，已经被加拿大政府宣布为恐怖组织。

② 一个可以追溯到20世纪70年代的老牌新纳粹组织。

第四章　下一个美国梦

的一项盖洛普调查显示，支持更大规模移民的比例达到前所未有的77%。[20] 这不应该令人惊奇，因为正是有了几十年的大规模移民，年轻人才能在一个比其长辈记忆中更为种族多样化的国家中长大；年轻人并不会简单地仅从种族的角度来看待国籍。2020年，参加国会议员竞选的非洲裔、拉丁裔、亚裔、阿拉伯裔达到了300人，创下历史新高。

分裂的身份政治正在造成事与愿违的结果，其佐证就是，当教育程度较高的各种各样的年轻人纷纷来到一些历史上的"红"州的城市，包括科罗拉多、亚利桑那、佐治亚、佛罗里达，甚至是得克萨斯在内的这些州，正越来越倾向于变"蓝"。得克萨斯州的问题并不在于白人原住居民和移民之间在总体上相处得如何，而是墨西哥裔和印度裔相处得怎么样。圣安东尼奥的情况似乎还不错。更大的麻烦是白人民族主义者：在各州中，得克萨斯州发生的枪击案最多。面对右翼民兵组织和"安提法"（以及持枪牧场主和警察）之间的暴力对峙，移民们为了换一个平和的环境，大量涌入俄勒冈州和华盛顿州。美国在新冠肺炎疫情中的混乱操作，乔治·弗洛伊德（George Floyd）事件引发的抗议在社会上点燃的导火索，都令很多移民开始重新思考他们当初来到美国的决定是否正确。

但从总体上看，拉丁裔和亚裔移民拥有重新做美国人的热情。根据卡托研究所（CATO Institute）①的调查，四分之三已获国籍的移

---

① 一家位于华盛顿特区的自由意志主义智库。

民说他们对成为美国人感到"非常骄傲",这一比例高于土生土长的美国人。[21] 印度移民作为美国人的爱国程度极高,以至于印度极右翼的"印度民族志工组织"(RSS Hindu)将他们中的很多人视为叛徒。由于他们更有可能保持婚姻状态,生活在双收入家庭中,进入大学的概率也更高,也就对"美国价值观"起到了强化的作用。任何有关"美国身份"的非种族主义观点都应当充分支持移民对重塑美国精神的贡献。

在现阶段移民减少的情况下,富裕的美国人(城市白人和亚裔)很可能将与这个国家中的其他人群渐行渐远。高科技制造业的复兴使大多数工业生产自动化,却剥夺了许多低收入的非裔美国人、拉丁美洲人和白人所依赖的大部分基本零售和物流行业的工作岗位。主要城市里非裔美国人的边缘化造就了又一代迷惘的非裔青年,他们无法在其聚居区之外很好地生存。随着白人和少数族裔的融合,通婚的越来越多,但是白人的逃离同样也是如此,白人家庭从非裔美国人、拉丁人和亚洲人(担心亚裔们学习过于刻苦)逐渐增多的地区转移出去。[22] 就这样,血统混杂和种族聚居这两个特征,在美国表现得越来越明显。低技能的移民被允许照护老年人,但是1亿以上的美国人需要政府在基本医疗和住房上予以支持。人们凭借享受特权的新中世纪飞地对抗被剥夺权利的境况,不仅在政治上,而且在生活的各个方面都是联邦化的。这样的美国会规模更大,但不会更富有。

情况在开始好转之前可能还会继续恶化,但是,所谓"好转"看上去是什么样子呢?大于其各个组成部分之和的美国,将通过对基础设施、技能和移动性的大规模投资实现自我再生,将财富转化为所有人的机会。而且它还将包括人口结构的更新。200多年来,移民已经使得每一代美国人都更加多样化,对这个国家的认同也越来越复杂。在今天的美国,你很难说谁是、谁又不是"美国人"。只有当一切都为时已晚的时候,这个国家才会认识到,最好让人们前来变成美国人,而不应当提前判定外国人不够美国化。用学者本尼迪克特·安德森(Benedict Anderson)的话来说,国家是"想象中的共同体",每一代人都有权利想象一个新的国家。

年轻人,去北方吧

当美国人在移民政策上激烈争执的时候,它那幅员辽阔的北方邻居却甚少担忧。加拿大已经进入移民大国的行列,以自身的3 000万人口每年接纳35万移民,远远高于美国的年度百分比。加拿大的"世纪倡议"(Century Initiative)公开宣布,要把人口增加到1亿。加拿大能成为21世纪吸引移民的磁石吗?

在20世纪70年代,加拿大内部的文化割裂主要是围绕着半独立的法语省份魁北克。皮埃尔·特鲁多(Pierre Trudeau)政府推动的加拿大认同,不仅包含盎格鲁—法兰西的二元性,也包括所有少数族裔,如本地的因纽特人和日渐增多的南亚人。从那时起,几代加拿大人在一个官方认可的多元文化国度中成长。多元文化主义属于加拿大人的认同。新入籍的加拿大人有时候在冰球馆里举行入籍仪式

（这在加拿大是最接近公众仪式的场合），球迷们热情地欢呼，欢迎他们的新同胞。加拿大人知道，他们目前对移民的接纳构成了一项大规模的社会工程。为了取得这项实验的成功，国家在政治层面和社会层面的支持必须坚决抵制那种激励美国和欧洲政治的民粹主义。这个国家还需要一项战略性的人口计划，不能仅局限于特鲁多家族父子二人的愿景与魅力。

加拿大体现了移民政策作为一项经济政策的事实。该国的老年人口需要照护者；东部和沿海省份需要通过互联网和水电等新兴产业实现复苏；它那逐渐融化的边疆地区需要精力充沛的劳动者去开发富饶的物产，还要建设把一片片的石油产区和耕地与全球市场连接在一起的输油管道和大型货运铁路。加拿大几乎没有足够的人手来实现这一切。目前加拿大五分之一的人口是移民，他们占据加拿大人口增长的主要部分，而且很快就会是全部，特别是其中的南亚人和中国人。如果加拿大的移民继续保持这种高速增长的趋势，到2036年，这个国家中将有一半人口出生在国外，或者父母中至少有一方是移民。加拿大人预见到未来将"既是白色的，也是棕色的"。

在大多伦多地区的布兰普顿市，棕色早已经超过了白色。但是，布兰普顿的旁遮普人并没有建立自治飞地，而是在参与竞选公职，要求在公共部门的工作中有更多的代表。事实上，具有移民背景的议员占据着众议院中15%的席位，这说明加拿大已经义无反顾地迈向了种族融合的未来。

面对即将成为非白人占多数国家的现实，加拿大要比美国坦然得

第四章 下一个美国梦

多。它可能还会在下一波移民—创新的关联中夺得先机。加拿大在搜罗人才的同时也试图寻求经济的多样化，而印度人是容易到手的目标。每年来到加拿大的印度移民数量从2016年到2019年翻了一番，已经接近9万人，超过了进入美国的移民数量。特朗普2020年暂停H–1B签证计划的行政命令，被其批评者称为"加拿大创造就业法案"。接下来，加拿大可以从仅在硅谷就有50万人的印度裔居民中任意挑选。美国的民族主义者不应当将其国内涌现出来的创新与产生这些创新的不同民族的大脑区别开来。如果没有后者，前者将会大为减少。

越来越多的美国人已经被这种加拿大模式唤醒。毕竟，"加拿大梦"要比美国梦更容易实现。加拿大不仅可以作为一个大规模移民和融入的研究案例，而且还是一个努力减少不平等的政策实验室。加拿大社会流动性的排名远高于美国：有将近20%的美国人出生于贫困线以下的家庭中，加拿大的这一数字仅有不到8%。在这里，无家可归者可以得到住房，同时还有工作机会能让饿肚子的人糊口。与此同时，美国在10年里已发生第二次驱逐危机，它进一步加剧了贫困与饥饿。

两个世纪以来，美国人和加拿大人一直相当轻松地跨越横贯两大洋的漫长边界。100多年以前，大型农业的扩张将75万美国人吸引到加拿大的各个草原省——阿尔伯塔、马尼托巴和萨斯喀彻温。今天，有多达200万美国人生活在边境以北，其数量还在继续增加。2016年之后，特朗普的当选带来又一波向北跨境的浪潮。2020年，在新冠肺炎疫情的最高峰，美国人盲目购进房产，造成了加拿大不动产网站的堵塞。加拿大人开玩笑说，他们应当沿着边境建一堵墙，把美国人挡住。至少他们在 2020 年明智地禁止了攻击性武器，将这个"最可恶"的美国特征拒之门外。

欧洲人的数量与美国人一起增长。与美国一样，加拿大也有一个很大的东欧移民社群，当这些人的家乡人口持续减少，失业率居高不下的时候，很多失业者跨过大西洋与他们的亲属团聚。不要忘记，在议会制的政府组织形式和福利制度上，加拿大与英美不同，而是与欧洲大陆各国更为相似。这在一定程度上解释了，自次贷危机以来为什么加拿大的政治一直坚持荷兰、法国和德国的"中间路线"，而不是美国和英国那种充满敌意的民粹民族主义。

还有另外一个原因使得年轻人更青睐加拿大：大多数新增的工作机会是全职工作，而不是临时性的。实际上，加拿大的移民高潮是与石油的崩溃同时发生的，意味着该国专心致力于建设一个更加多元化的经济体，同时聚焦于制造业和服务业。为了应对增长的人口并防止反移民情绪的强烈抵制，加拿大需要建设更多的居住区、学校和医院。加拿大的大多数移民集中于靠近美国边境的大城市，如多伦多、蒙特利尔和温哥华，但是，即便在温哥华这个世界上最热门的房地产市场，海平面上升和森林火灾也对它的温和气候和昂贵的不动产构成了威胁。

于是，新老加拿大人可能会分散到越来越远的北方。随着气候变暖，加拿大的安大略和马尼托巴这些内陆省份的城镇，如马尼托巴省的丘吉尔市，正在变得更加令人向往，而且哈德逊湾也变成了北极地区的一个宽大入口。大多数加拿大人并不熟悉他们的北方省份——育空、西北领地和努纳武特，以为它们只是一片广阔的空旷之地，但是这里蕴藏着极为丰富的能源和矿产，而且还有大片的北方针叶林（俄罗斯人称之为泰加林），包括针叶类的松树和云杉。加拿大人在未来几年将更加意识到他们的物产是多么富饶。随着气候变暖，加拿大的农业产量已经增加，数百万公顷（1公顷=10 000平方米）的有机农业和轮流耕作，使小麦、豆类、小米、亚麻和燕麦的产量达到史上最高。富含蛋白质的大豆种植面积在整个加拿大范围内加速增长。闪电造林公司（Flash Forest）的一架无人机每个月可以植树10万棵，这意味着到2030年将长出几十亿棵树。加拿大的能源、农业和科技行业正在随着它的人口规模同步扩张。

但是加拿大也不是没有气候风险。纽芬兰省的大西洋沿岸的海平面正在上升，森林火灾的发生率也在提高，而且如果美国（违反2008年协定）过度使用五大湖的水资源，加拿大可能就不得不利用其南部的淡水盆地和落基山脉的冰川淡水。虽然当前的农业繁荣前景光明，但未来的道路并不平坦。气温上升速度是全球平均水平的两倍，今天的农场明天可能会变成一片沙尘，新的农业带能够保持稳定的时间也会缩短。

因此，有人建议加拿大选择一条"零增长"的道路：维持较低的人口数量，稳定排放总量，集中精力于国内社会问题。一定时期内，经济增长可能会变慢，但是最终会得以稳定。同时，以提升科技水平而非引入人员的方式使现有人口的生活水准最终得以提高。

加拿大也可以单纯利用现有技术实现有毒的油砂开采的绿色化，以减少其碳足迹。不必回到曾经那种少移民社会，也可以做到这一点，或者干脆就放弃这个世界需要加拿大选择的那条多移民社会的路径。

第五章
欧洲联邦

欧洲道路

有时候人们需要时间去习惯一面新的旗帜。12颗星的欧盟旗帜是在20世纪80年代中期开始使用的,但是直到1992年的《马斯特里赫特条约》(*Maastricht Treaty*)之后,它才在欧盟各地的建筑物上飘扬起来。我记得在"欧洲2020"会议上那一片兴高采烈的气氛,我们喧闹地模拟着欧洲的外交仪式,而把"模联"(Model UN)① 丢到了一边。但是,因为欧洲青年已经忘记了欧盟成立之前的那个时代,他们也开始认为这是天经地义的。¹只有在最近开始的进一步统一财政的行动之后——或许也是瞥了一眼大西洋对岸的情况之后——欧

---

① 即模拟联合国(Model United Nations),是对联合国大会和其他多边机构的仿真学术模拟,作为一种对青年人的教育活动,学生扮演不同国家的代表,按照联合国机构的议事规则参与围绕国际热点问题召开的会议。

盟的声望才得以恢复。根据皮尤（Pew）①的一项调查，从 2012 年到 2019 年，在普遍质疑欧盟的希腊，对欧盟的支持率上升 26 个百分点，达到了 53%。在德国、西班牙、瑞典和荷兰，欧盟的支持率接近 70%；在波兰则有 80%。讽刺的是，在英国脱欧 4 年后，欧盟在英国的声望反而呈现出历史新高。²

当下，欧盟人口远多于美国，其中青少年和低龄成年人的数量是美国（1.8 亿）的两倍。美国人蔑视欧洲在地缘政治上的脆弱，而欧洲人嘲讽美国那冷漠愚蠢的不平等，双方存在根本的分歧——彼此之间的观察密切到足以令各自的理念相互影响。亚历山德里娅·奥卡西奥 – 科尔特斯（Alexandria Ocasio-Cortez）所推动的"民主社会主义"，不过是几亿欧洲人已经享受了几十年的社会民主主义福利国家的一个翻版而已。与此同时，从"占领华尔街"到谷歌的行动②，欧洲人受到美国无限的社会活力与创新精神的鼓舞。

但是在反映年轻人的偏好上，欧洲比美国更具有内在的优势。最明显的就是，美国对国会参众两院成员和当选总统有最低年龄的要求（分别是 25 岁、30 岁和 35 岁以上），而欧洲却没有这种限制。在欧洲，成为市长、议员甚至首相的年轻人数量远比美国能想象的多得多。欧洲还拥有多党的政治体制，而不是美国那种僵硬的两党垄断，表明了联盟内部的妥协对于避免僵局至关重要。这也意

---

① 指皮尤研究中心（Pew Research Center），总部设在华盛顿特区的一家美国独立民调机构。

② 指谷歌在 2020 年的 BLM 运动中的一系列支持行为。

味着,美国的年轻政治家因此就不得不遵守党内纪律,而欧洲人则可以组建新的党派,比如海盗党(Pirate Party)①就在欧洲北部和东部取得了成功。所有这些也有助于解释绿党最近在法国和整个欧洲的急速上升势头。在德国和奥地利的一些省份,出现了保守党和绿党的"黑绿"联盟②,迫使这貌似相悖的两派在提高退休年龄、支持更灵活的员工保险和推广清洁能源等问题上进行合作。这些政治上的区别根植于不同的思想基础,并给普通人带来有着显著差异的结果。美国的《权利法案》③和宪法列举了联邦政府和各州政府对个人的保护,而欧洲的宪法④则规定了人民享有言论、福利和不受权力滥用伤害的权利。欧洲国家用于社会服务的资金平均占到 GDP 的 30%,远高于美国的 15%。于是,欧洲人享有免费的教育和医疗,同时银行不会对他们进行盘剥,高科技公司不会窃取他们的个人数据,能源公司也不会污染他们的土地和水体。在新冠肺炎疫情封锁中,欧洲政府保证失业者能得到大部分工资,而不必像美国人那样等着寄来一张金额微薄的支票。很多公司调整为德国人所说的"短时工

---

① 一个国际政党组织联盟,也被称为盗版党,2006 年发端于瑞典,2010 年在比利时布鲁塞尔召开的海盗党国际会议上正式创立。他们主张改革著作权和专利法律,倡导网络自由下载,加强隐私保护,提高政府部门的透明度等,它充分利用了社交网络媒体,取消了政党内常见的严格等级制度。

② 德国基督教民主联盟(基民盟,CDU)和巴伐利亚基督教社会联盟(基社盟,CSU),二者长期联合,形成偏保守的政治派别,以黑色为象征;绿党则以绿色为象征。

③ 又译《人权法案》,指美国宪法第一至第十修正案,1791 年获得通过。

④ 即《欧盟宪法》,又称《欧盟宪法条约》,2004 年 6 月,欧盟 25 个成员国一致通过,并在同年 10 月签署。

作"（Kurzarbeit），全体雇员减少工作时长以避免任何人被解雇。欧洲人不会放弃以提高"竞争性"的名义而采取的开明的管理方式。

对于美国人来说，欧洲的社会架构就像是乌托邦：全面医疗保健，基本收入保障，大学学费补贴，以及储蓄账户。在教育水平、经济适用住房和公共交通方面，欧洲国家也表现得更好，而这些都是使社会流动成为可能的关键性因素。①"全球和平指数"（Global Peace Index）②显示，前25个最安全的国家几乎都在欧洲（此外还包括日本、新西兰、新加坡和不丹）。

可是欧洲人并不习惯于零工经济。结果便是，与他们的美国同伴一样，大部分欧洲人都没有储蓄或储蓄金额太低，不足以应付3个月的花销。但与美国人不同，他们大多没有负债累累的信用卡，而只是节俭地依靠借记卡，并利用 Revolut 和 Klarna③ 之类的银行移动服务进行分期或延期付款。而且，与父母共同生活的欧洲人更多，具有更稳定的基础。欧洲千禧一代的生活是文明而有教养的，但是也充满了无聊和倦怠。

---

① 从1980年以来，美国底层50%人口的收入仅增长了3%，而同样居于社会中下层的欧洲人收入增长了40%。按照乔治敦大学2019年发表的一项研究，美国是一个"干得好不如生得好"的国家。参考文献：Abigail Hess, "Georgetown Study: 'To Succeed in America, It's Better to Be Born Rich Than Smart,'" CNBC, May 29, 2019.——作者注

② 一套用来测量特定国家或地区和平程度的指标，由名为英国经济学人信息社（Economist Intelligence Unit）的专家小组维护并发布。

③ 前者是英国的一个线上金融平台，提供传统银行服务和加密货币交易；后者是瑞典的支付服务公司，为消费者和商家提供中间的付款桥梁，类似于中国的支付宝。

第五章 欧洲联邦

欧洲人已经过于习惯免费教育、稳定工作和全民福利，在福利水平上的限制会遭到工会和学生的大规模街头抗议。但是，欧洲也是真正能实现终身社会稳定性的地方。例如，芬兰的终身账户机制对储蓄免税，荷兰政府运营的简便的养老金由雇主提供资金。欧洲国家不仅有针对员工个人工资的缓冲机制，而且为中小型企业而非大型公司提供着强有力的支持。虽然欧洲人的平均纳税水平相当于收入的40%—60%，但是这些国家在沃顿（Wharton）[1]排名的自主经营最佳国家中占据了全部领先位置。

欧洲并没有创新科技巨头，但是它将创新用于公共福祉。举例来说，高性能的开源操作系统"莱纳克斯"（Linux）就是在芬兰创建的。美国和中国是由公司或国家控制数据，而欧洲则不同，它在个人数据保护上最为开明，允许亲民的数据交易市场发展壮大。联合办公比维沃珂（WeWork）[2]的创建早太多了。比利时的联合办公领先者IWG〔前身为雷格斯（Regus）〕于1989年在比利时创立，其普及程度远远超过维沃珂这种浮华的独角兽，也没有各种金融欺诈行为。在欧洲新冠肺炎疫情后的复苏计划中，将有几十亿美元用于提高清洁能源、互联网技术和其他欧洲的领先行业，以摆脱对美国和中国的依赖。可笑的是，当世界上大多数人想要仿效欧洲模式的时

---

[1] 指创立于1881年的美国宾夕法尼亚大学沃顿商学院，它被誉为现代工商管理硕士（MBA）的发源地。

[2] 总部位于美国纽约的一家所谓众创空间公司，在世界各地为不同规模的团队打造提升效率、节约成本的办公空间解决方案。

候，华盛顿的那些人还在谈论这个世界上存在两种模式。

人们从来不会去赌美国失败，但是对它的成功要有足够的耐心。在过去 10 年间从美国迁移到欧洲的大批人群都抱有这种想法，他们抛弃了美国那种破坏性的过度创新和满腔愤怒的政治活动，转而支持有监管的资本主义和适当约束下的自由。很多美国人不愿再等待美国变成欧洲式的福利体制——他们直接搬到欧洲去享受这种体制。越来越多的美国学生在高中毕业之后直接前往欧洲，通过英语课程完成全部本科学业，而不是留在美国积攒起高达 6 位数的债务。同时，由于欧洲的教师薪水更高，也吸引了越来越多大西洋彼岸的英语教师。

移居欧洲的美国人数量每年都在跃升，如今总数已经超过 100 万人。英国是大多数美国侨民的所在地，但是德、法两国也越发受到青睐。[①] 无数的网站和博客上充斥着沾沾自喜的美国人的故事，他们凭着一张单程机票来到爱尔兰、荷兰、意大利等国家，赞美着欧洲的公共安全、平价医疗、消费者友好型的管理措施和家庭友好型的就业政策等优点，并对如何步其后尘提供详细具体的辅导。19 世纪，欧洲移民为美国的工业和社会发展带来劳动力的巨大增幅，在 21 世纪，美国人也会对欧洲做出同样的贡献吗？

---

① 据估计有 80 万美国人生活在欧洲，其中 21.6 万人在英国，12.7 万人在德国，大约 5 万人在法国、意大利和西班牙，另有 5 万人散布在东欧。参考文献：United Nations, "International Migrant Stock by Origin and Destination," Department of Economic and Social Affairs, Population Division, 2019.——作者注

第五章 欧洲联邦

亚裔欧洲人的兴起

过去30年间，在吸引苏联（特别是俄罗斯）最优秀和最聪明的人才方面，西欧国家之间一直存在着一种软性的竞争，而德国和英国（另外还有美国和以色列）显然成为赢家。但是对于亚洲人，美国从日本、韩国、中国和印度获得的人才是最多的。亚裔美国人的总数超过2 000万，是"亚裔欧洲人"的两倍，这也是为什么"亚裔欧洲人"这个词语一度不存在。但是在未来几年中，我们将会见证亚裔欧洲人口的激增，不仅使其本身成为一个类别，而且可能使亚裔美国人在数量上相形见绌。

当大批东欧人背井离乡去往西欧的时候，他们的故乡就变成了来自更东边的、正在向西迁移的那些移民的沃土。然而，为了保持土地的肥沃，需要采取一些行动：2020年，干旱迫使波兰和罗马尼亚禁止谷物出口。这两个国家以及该地区的其他国家需要在水利工程项目上加大投资，以保持其同时作为东欧和西欧粮仓的地位。但是随着来自西方的资金减少，更多资金将会来自东方——还有更多的农民和其他移民。

罗马尼亚正在成为测试这些措施结果的案例。这个国家已经把自己打造为低成本的技术中心，与印度的信息产业一样，它的工资水平适中。实际上，克卢日县（Cluj）已经邀请了印度软件管理人员和工程师来指导他们成为罗马尼亚版的班加罗尔。该国还面临着约100万熟练和非熟练员工的缺口,于是他们计划从印度、巴基斯坦、斯里兰卡和越南吸引这些数量的人来从事建筑、医药、科技和农业生产。[3] 其中会有多少人返回亚洲呢?

捷克共和国已经是欧洲一个热门的迁移目的地,外国人占这个国家劳动人口的10%。这些新来的移民大多是俄罗斯、乌克兰和美国人,后者巩固了布拉格作为热门海外求学中心的地位。该国已经有四分之一学生人口来自国外。当捷克的教育体系随之转向英语授课的时候,会有更多来自世界各地的学生,他们看中的是这里"物美价廉"的学位。此外,与其他欧洲社会一样,捷克的生育水平极低。虽然政府甚至为最多3次体外受精提供资金,但此事对生育率的影响微乎其微,只是让体外受精行业蓬勃发展,迎合了那些对价格敏感的准父母们。

这种学生和年轻家庭的涌入有助于保守的欧洲小国从开放的政策中获益,同时也填补了劳动力的短缺。它也让外国人在这个社会中站稳了脚跟,此处比他们迁出的地方稳定得多。

颇有讽刺意味的是,虽然欧洲的出生率很低,但是世界上几乎所有在育儿方面(基于女性赋权运动和婴儿营养水平等多种变量)排名靠前的国家都在欧洲。有着如此庞大的闲置房屋存量和高质量的基础设施,我们的子孙后代却无法享受欧洲所建立的生活方式的好处,这将是一个遗憾。事实上,欧洲国家维持其慷慨的福利国家——即便只是为了他们自己——的唯一办法就是引进新的纳税人,让这些人承担自己所享受的福利。

只有波兰已经开始想方设法稳定其人口,主要途径是希望从邻国吸引 20 万乌克兰人。为了扭转人才流失的现状,他们也取消了年轻员工的所得税。波兰和克罗地亚已经成为一些最热门的网络学习方面的初创公司所在地,而乌克兰(以及最近发生动荡之前的白俄罗斯)作为低成本的技术后台吸引了爱沙尼亚和俄罗斯的投资。"一带一路"倡议使中国成为很多东欧国家中的最大投资方,也为亚洲商业人口的长期流入打开了大门。

这样,东欧国家之间也开始了软性的竞争,不再阻挡有才能的外国人,而要将他们吸引进来。但是,即便俄罗斯的年轻人向西方寻求更为自由的生活,也没有足够的斯拉夫年轻人来重新占据东西欧。然而,再向东边去,那里还有好几亿技术熟练和半熟练的亚洲人正渴望成为亚裔欧洲人。

待售的南欧

1968 年 1 月,一场地震袭击了意大利的宝岛西西里,造成 200 多人死亡,超过 10 万人无家可归。有些城镇,如波焦雷亚莱的损失十分惨重,罗马因此派出著名设计师完全重新设计一座新城以安置幸存者。邻近的萨莱米市市长却有另外的主意:他可以通过实际赠送房屋来吸引市民前来重建他的城镇。40 年后的 2008 年,其继任者更新了该政策,为了跟上这个国家的新潮流,正式发起一项计划,以 1 欧元的价格出售那些废弃房屋。

起初这只是当地的一个小把戏，现在却已演变为全国范围内的各个村庄、城镇和中等城市为吸引新居民而展开的竞赛——这些地方都面临着从该国地图上消失的风险。有些地方提供税收优惠，甚至向任何有意开办企业的人给予 2.5 万欧元的补贴。多数此类措施的出台首先针对本国人口，但是效果不佳。如果不能说服更多的外国人将意大利南部的空置省份当作他们的新家，那么这里就不会再作为有人居住的地区而继续存在。卡拉布里亚和阿布鲁齐两个省的很多城镇在新冠肺炎疫情中毫发无损，当大批欧洲人到空旷之处寻求安全的时候，辛克弗隆迪镇开展的一场"美丽行动"风头正劲。意大利人想要的不只是个人或夫妻，而是能够随后带来更多亲朋好友的人：你可以在一个被废弃的意大利小镇上重新建立你的整个社交圈子。

即使像西班牙的加泰罗尼亚这样人口稠密的富裕地区也受到启发，开始施行自身版本的意大利项目。在那里，你可以只用 28 万欧元买下一整个村庄的 80 公顷土地和 14 座房屋，就能自动成为镇长。不管怎么说，你拥有了这块地方。自从承办 1992 年的夏季奥运会以后，巴塞罗那便经历了一次重要的复兴，再加上其丰富的历史，使得它成为西班牙最具世界性的城市。然而最近，其过度监管的房地产市场，由于建设成本过高、租赁权过于宽松，让西班牙的开发商们望而却步。结果，即使是在风景迷人的港口旁的巴塞洛内塔区这样的黄金地段，也是到处破破烂烂，年迈的（甚至已故的）业主依

第五章　欧洲联邦

然守着破旧的建筑。为什么不能为年轻员工和有才华的企业家建造经济适用的可持续住房呢？

这不是西班牙第一次需要引入勤劳的移民补充劳动力的短缺。在20世纪90年代和21世纪初，很多年轻的巴基斯坦人以短期许可的方式进入这个国家，随着时间的推移，他们逐渐被巴塞罗那的海滨气候所吸引，到那里定居并建立家庭，还学会了讲西班牙语和一点加泰罗尼亚语。现在，他们努力经营着电器商店和药店，过着舒适的工薪阶层生活。在最近一次走访中，整整一个星期的时间里，我只遇到一个不是巴基斯坦裔的出租车司机。巴塞罗那的拉瓦尔区紧靠着著名的兰布拉大道，这里已经变成了一个哥特式的拉合尔[①]。

西班牙继续忙不迭地努力拼凑出它的下一代。这个国家共有250万拉丁美洲人，但是还可以再轻易吸引更多的墨西哥人和哥伦比亚人。与德国和意大利一样，出生获权的政策正在调整为让那些共享国家传统的人更容易获得公民权。迁移至西班牙的人在此定居10年之后就可以获得公民权，而且根据2015年通过的一项法律，基于文化和历史上的联系，西班牙也将公民身份授予曾在15世纪被驱逐的塞法迪犹太人。

对于寻求长期稳定的欧洲和其他地方的人来说，葡萄牙具备充

[①] 巴基斯坦第二大城市，是一座有2 000多年历史的古城，曾是莫卧儿帝国的首都。现在它是巴基斯坦的文化艺术中心。

足的理由成为一个更受追捧的目的国。据估计,气候变化对其淡水资源的影响不是很大,因为北部的波尔图周边和南部的阿尔加维地区都有充足的淡水。葡萄牙的偏社会党政府已经扭转了危机之后的经济下降趋势,加大了在铁路和地铁上的公共投资,并提升了工资水平。他们还试图把200万海外葡萄牙人吸引回国。在21世纪初,穷困潦倒的葡萄牙人到他们曾经的殖民地——当时一派繁荣的巴西——去寻找工作,如今的情况正好颠倒过来了。在新冠肺炎疫情封锁期间,葡萄牙对该国内部所有移民和避难者给予充分的权利,让他们能够接受新冠病毒检测。其他国家应当学习这种开明的社会主义政策。

在同化移民和人口断崖式下跌之间,欧洲面临着抉择。与美国一样,欧洲需要非熟练的移民维护基础设施、收集垃圾、照护老人、帮助其他外国人融入,还有其他数不清的各种用途。欧洲依靠着波兰的水管工、罗马尼亚的农民和非洲的清洁工。尽管英国的失业率上升,但是缺少7万名收割庄稼的工人。在新冠肺炎疫情封锁中,政府号召人们从事农业工作,可是只有区区100人做出回应。不接受必要数量和类别的移民以填补劳动力短缺,社会终究会陷入进一步的贫穷。

甚至欧盟南部的希腊、意大利和西班牙等成员国也存在农民、厨房工作人员和街道清洁人员的短缺。相比于用机关枪扫射装满叙利亚避难者的小船,应当找到办法充分发挥这些人的作用。来自遥远的阿富汗和尼日利亚的难民占据了雅典的空屋,但当他们开始寻

第五章 欧洲联邦

找工作的时候,希腊政府把他们驱逐,都赶进帐篷营地,让这些人在那里无所事事。与这种做法相反,政府应当根据各地需求、就业情况和房屋容量,将移民分配到各个省份和城市,平衡各地的负担,不仅能让移民带来的好处得到分享,而且避免形成死气沉沉的少数族裔聚居区。

从西班牙到意大利,再到保加利亚,欧洲南部是擅入者的天堂,那些被人们放弃的村镇成了谁捡到就归谁的地方。其实,大片肥沃的土地和能够修葺好的房屋迫切需要有几千万移民来使用,他们由此可以获得稳定的新生活,同时为正在衰退的经济注入新的活力。最终会使这片土地发挥更高的功效,而不是成为一块伤感的墓园。为了将一座人口减少的岛屿用作阿拉伯难民的庇护所,埃及亿万富翁纳吉布·萨维里斯(Naguib Sawiris)向意大利出价1亿美元。一座无人居住的岛屿的主权难道比它的实际用途更重要吗?

一场同化的危机

在过去的10年里,有超过100万叙利亚和利比亚等国家的阿拉伯人和100万非洲人(多数来自刚果、厄立特里亚、索马里和苏丹),已经设法进入了欧洲,大部分是取道土耳其或横渡地中海。但是,欧洲总体上更欢迎斯拉夫人和巴尔干人,这就使得他们一般会更难吸收阿拉伯、非洲和穆斯林移民。事实上,如果要打开欧洲内部的边境,就必须切断地中海这一通道。

但是欧洲不得不设法解决中部地区已经入境的几百万移民的问题。阿拉伯年轻人游荡在城市中心，经常外出活动的非洲人分享着有关哪些城镇变得更加宽容而不会对他们恶语相向的种种传闻。毒品交易、抢劫等犯罪大幅度增加。多功能的城市设计和便利交通的数据传感器，为巴塞罗那赢得了"智慧城市"的美名，但是许多旅游网站也发出预警，这座城市还是"世界扒手之都"。迄今为止，西班牙当局仍然拒绝采用纽约那种令人更反感的"智能"方法：无处不在的警方监控摄像头。巴塞罗那的魅力所带来的负面效应，要求以更加有力的治理措施维护法律和秩序。

尽管英国在某种程度上已经变成了监控之下的社会，那里的犯罪率依然在上升。2018年，仅持刀攻击事件就发生了4万起，主要是由非洲裔或穆斯林青年男性所为。酸液袭击也在增加，主要罪犯和受害者是白人、非洲裔加勒比人或巴基斯坦人。显然，很多移民的确逃离了没有自由的国家，但这并不意味着他们就不会怀有自己的褊狭倾向，不会在重新安顿下来以后产生这种态度。

在英国，老一代的巴基斯坦人和阿拉伯人已经建立了他们自己的一个平行社交圈子，将事实上的包办婚姻强加于他们那些已经西方化的子女。从近郊区争夺势力范围的打斗到所谓"养成帮"（Grooming Gangs）①的未成年卖淫，英国的巴基斯坦穆斯林社群有很多人似乎完全没有意识到他们生活的国家以其人权和法律约束为骄

---

① 指近年在英国出现的少数族裔犯罪分子形成的强迫白人少女卖淫的犯罪团伙。

傲。在伦敦东区,"反十字军穆斯林"(Muslims Against the Crusades)的巴基斯坦极端分子推动伊斯兰教法的自我管制,实际上要求建立他们自己的伊斯兰酋长国,禁止饮酒、赌博和音乐,通奸将被处以石刑,偷窃会被砍掉双手。所有这些都解释了2005年7月7日杀死52人的伦敦爆炸案中,为什么4名罪犯中会有3个人都是生在英国、长在英国,并参加伊斯兰激进组织的巴基斯坦人。

不论移民来自哪里,如何吸收和同化都是对一代人的挑战——而且很不幸的是,早在一代人之前它就应该得以解决。就像在美国的拉丁美洲人一样,欧洲的阿拉伯和非洲移民一般都会比预期停留的时间要长,而且生育率比本地人口更高。穆斯林人口最多的城市,如布鲁塞尔、伯明翰、安特卫普、阿姆斯特丹、马赛和马尔默,都有全部由移民构成的区域。仇视伊斯兰教的恐怖活动抬头,反对移民的组织焚烧清真寺、水烟吧等穆斯林聚集的场所。与此同时,在不同的移民群体之间也存在着紧张关系。2019年,一段广为传播的在拥挤的伦敦双层巴士上拍摄的视频中,一个头戴穆斯林面纱的索马里妇女对着一名印度男子咆哮,谴责对方身上的气味,并要求他回老家去。双方有可能都是英国公民。国籍并不能保证一个人的教养。

叙利亚人和土耳其人、印度人和巴基斯坦人,他们在欧洲安顿下来以后,却并未放下各自国家间的争斗。相反,他们的敌意演变成在欧洲街头上演的内部纠纷。20世纪90年代,库尔德人和土耳其人向对方的商店和加油站投掷炸弹;今天的库尔德人走上街头抗议土耳其对叙利亚的入侵。欧洲的土耳其人根据对埃尔多安总统的态度分为不同派别，当欧洲国家政府严厉批评其威权主义的时候，土耳其裔的足球运动员耻于在公众场合向他敬礼。在雅典卫城的阴影下，一个原本平静的日子里，见怪不怪的人们看到一队穿着传统服装的巴基斯坦人行进在一辆面包车后面，车上的扩音器大声赞美着真主，谴责印度在克什米尔的行为——使用的是在雅典没人听得懂的乌尔都语。

在欧洲城市的街道上有时像是在上演文明的冲突，谁该为此负责呢？错误既在于那些未被同化的父母，也在于本土的沙文主义不能平等地接受来自前殖民地或直接说来自任何地方的人。不论怎样，将千百万移民更好地融入自身的一个办法就是，让法律执行机构雇用更多少数族裔背景的男女，这些人能够更好地理解他们所保护的不同人群之间细微的文化差异。另一个显而易见的、早该采取的措施就是资助大规模语言强化培训项目，使他们能够做好准备，成为能够自食其力、适合被雇用的人。

欧洲不存在移民的问题。它的问题在于吸收同化，这是可以通过明智的社会经济政策加以解决的。在人口下降和迎接同化的挑战之间，后者应当是更好的选择。移民将会持续——唯一的问题是文化上的吸收同化能否成功。

第五章 欧洲联邦

新德意志人

2015—2016年,德国接收了超过100万来自阿拉伯的寻求庇护者,惊人地展现了这个国家受到全世界赞誉的"欢迎文化"①,凭借其闻名于世的后勤能力,将移民分配到德国各地的城镇并热情欢迎,柏林在冷战时期使用的滕珀尔霍夫机场也用作临时庇护所。但是当聚光灯熄灭时,处理这几十万期限未定的新居民的任务还远没有结束。在这个曾经与种族身份认同画等号的国家里,我们如何吸收同化几百万外来移民呢?

在德国的土耳其人代表了一个最稳定的移民社群,尽管它在精神层面上从来没有完全安定下来。战后的第一代外籍劳工为了获得德国社会的接纳而努力工作,他们为土耳其语言和文化得到更多官方认可做出了贡献。这就催生了双文化背景的X世代人群,其中有受人尊敬的演员、运动员和政治家,但是总体上来讲,他们仍然属于一个平行的土耳其社区。更多的千禧一代土耳其裔德国人不确定他们是否应该被称为德国土耳其人。他们不敢放弃与生俱来的德国公民身份而接受土耳其公民身份,更何况他们的德语比土耳其语说得要流利。

---

① 指德国全社会,包括个人、企业和教育机构等对外来移民的开放与包容的精神。

土耳其裔现在占德国人口的5%，是重要的移民社群，以至于埃尔多安政府指示土耳其领事机构和各种协会，试图通过积极向这些土耳其青年推广土耳其语和《古兰经》课程来对其施加影响。为了抵制土耳其的影响力，许多德国公立学校也开始教授土耳其语，但他们缺少能够加强土耳其青年"母语"技能的土耳其语教师。鉴于埃尔多安当前对土耳其自由派人士的打压，大量土耳其教师有意移居国外，这意味着还会有更多土耳其人定居德国，土耳其人的双重身份认同在德国将继续存在。

德国的政治局势提醒我们，有关移民政策的争论的确同时关乎文化与经济问题。欧洲其他首都城市同时也是经济引擎（想一想伦敦和巴黎），而贫穷的柏林充斥着反资本家的民粹主义。时髦的年轻人赶走了谷歌，虽然这家公司本可以创造数千个工作岗位。他们声称为"社群"赢得了胜利，但是他们的主要成就只是保持了他们自己对这个债务累累的市政府的依赖。因为房租过高，柏林居民在2019年提出一项动议，要将该市最大的私人房地产主Deutsche Wohnen国有化，而当地立法机构在2020年通过了一项为期5年的房租冻结的规定。尽管它在名义上为这座城市赢得了一些时间，把大量闲置土地用于经济适用住房，但是它仍然需要吸引更多的居民，使开发商能够证明其建设项目的合理性。迟缓的政治和糟糕的经济是问题之所在，通过投资吸引移民才是出路。

柏林已经证明自己具有一个与欧洲大陆上的任何其他城市相比都更为国际化的城市环境。在柏林墙倒塌之后的30年里，这座城市

第五章　欧洲联邦

不断地吸引着一波又一波土耳其人和东欧人、西德和西欧的雅皮士、亚洲的留学生，现在还有阿拉伯的移民和难民。虽然德国的总体生育水平偏低，柏林却有着所有欧洲城市中最高的出生率，从东柏林的千禧一代聚居的地区里不断开业的日托中心就可见一斑。这座城市的人口终于赶上了100年前的水平。当一些政客大声抱怨在很多街道上听不到德语的时候，大量居民都已将英语作为他们的共同特性。对于柏林的年轻人来说，"德式英语"这种掺杂了一半英语的表达方式就是德语。

将柏林与其周边地区对比一下。环绕这座城市的是从前的东德地区，低生育率和人口流失交织在一起，导致几十座城镇被废弃，很少再有德国人会主动搬回去。德国统一以后，已经投资了几万亿美元来提振前东德的经济前景，但是随着劳动人口的萎缩，政府不再有兴趣继续投入。同时，很多来到这里的勤奋的移民却被右翼的德国选择党（Alternative fuer Deutschland，AfD）吓跑。

如果要研究为什么不应当把那种并不存在的一致性归咎于民粹主义政党，德国选择党是一个重要的案例。尽管它的崛起令人困扰，但是其大多数支持者——与支持英国脱欧或特朗普的人一样——都正在老去，且居住在人口较少的地区，如最大城市为莱比锡和德累斯顿的萨克森州。20世纪90年代末，当我去德累斯顿拜访一位朋友的时候，那里还是一个生机勃勃的大学城，热闹的广场到处是晚间歌舞表演，相当于《周六夜现场》(*Saturday Night Live*)①。但是，与其他前东德地区一样，德累斯顿的人口状况已经崩溃。该市官方未能付出巨大努力吸引新的居民，反而在2019年因为极右翼党派的日渐崛起而被迫宣布实施"纳粹紧急状态"(Nazi emergency)。德国选择党反移民情绪获得了正合他们心愿的回报：没有人迁移到德累斯顿，但是，在其他地方找到机会的人也都迁走了。当德累斯顿一片凋敝，德国选择党又变成了准社会主义者，向给它投票的仇外者承诺，即便使用者所剩无几，游泳池和图书馆也将保持开放。德国选择党以反欧盟和反移民起家，现在它又开始反对风力发电了。

人口和政治两方面的达尔文主义最终将给德国选择党带来它应得的下场。或许用不了多久，这些仇外分子就都会过世，被他们抛弃的城镇将成为100万甚至更多移民的家园。在马格德堡等城市中，已经有几万名阿富汗和叙利亚的寻求庇护者在那些空置的公寓楼中安顿下来。如果德国批准了他们的庇护申请，并允许他们工作，那他们就可以修复德国那些老旧的基础设施，而且还可能为重建他们自己的国家提供政治和财政上的支持。另一幅场景则是，中年的反移民分子和年轻的新纳粹极端主义者，蜷缩在德国东部的一块块飞地中，在那里他们可以感受到纯粹感——而一旦他们老去，便会开始感激那些前来照顾他们的移民。

---

① 美国全国广播公司（NBC）在20世纪70年代创办的一个电视栏目，在每个星期六的晚间11:30播出。

第五章 欧洲联邦

极右翼政党很少在人口稠密的德国城市里引起注意，如柏林和汉堡——那里已经接收了大量的移民。它们也没有给斯图加特周边的西南部重要工业地区巴登-符腾堡带来政治上的冲击，成千上万的难民和移民已在那里接受了汽车和机车制造的专业培训，直接服务于该州最重要的出口产业。正是因为有了这些城市，以及那些蜂拥而来的移民，经过了30年的时间，德国的劳动力规模才终于在2018年又实现了增长。

德国的金融中心法兰克福，也为我们讲述了一个移民带来的复兴传奇。长期以来，这座城市拥有闪耀的写字楼，却缺少文化上的活力。现在，英国的脱欧侨民、金融科技创业者，加上成群的亚洲和阿拉伯移民，共同促成了国际学校、餐馆、夜生活场所和艺术活动的繁荣。欧洲最大的软件公司思爱普（SAP）的总部感觉就像是硅谷的思科公司（Cisco），一个光洁透亮的工业化的小印度[①]。尤其是在过去的10年里，年轻的印度知识型员工已经在德国的中世纪学术中心海德堡过着安居乐业的生活，他们的孩子进入了当地的学校。德国为亚洲科技人才提供几乎没有上限的"蓝卡"——并进而使他们可以进入欧盟其他地区——新一代的亚洲人正在扎根欧洲，他们要比伦敦绍索尔区那些南亚小店主成功得多。德国反移民运动过去常用的一句口号是"要孩子，不要印度人"，但是在今天，比起生孩子，德国人更擅长发挥印度人的作用。

---

① 指新加坡的印度族群聚集地，其显著的印度风情仿佛是一个印度的缩影。

德法两国都有反移民的运动，但事实是，经过几代人的时间，这两个国家已经更多地被其移民社会所定义。在移民问题上出现激烈反应的原因恰恰是它来得太晚了。不要忘记法国对女士头巾的禁令，德国对移民职业的匹配计划，以及荷兰对语言的要求，这些都很难说是排斥性的战略，反而是一种同化政策。而且在很大程度上，这些措施都发挥了作用。

德国在总体上认可移民的贡献，很多移民都已经跃升到部长和政治党派领袖的位置，还在2014年男足世界杯的夺冠队伍中占到了一半的比例。从夺得1998年世界杯的那支球队中的阿尔及利亚人齐内迪纳·齐达内（Zinedine Zidane），到2018年率队再次取得胜利的基利安·姆巴佩（Kylian Mbappé），法国国家足球队也完全是多种族构成的，而且显然因此而获益匪浅。今天德国的音乐版图中，顶尖的说唱歌手有着土耳其、中国和厄立特里亚背景。对一个民族的"自我"的部落化定义已经不再是多元文化主义所反对的一个标准，实际情况正好相反。

德国已经是几百万土耳其人和波斯人的家园，他们从一出生就拥有德国护照，虽然他们并不具备历史上典型的德国特质。20%的德国人口拥有移民背景（不论是来自欧盟中的各个邻国、巴尔干、俄罗斯还是中东），而且每10个人里就有1个是外国公民（其中半数来自其他欧盟国家，另外一半来自世界上其他地区）。据估计，德国有100万非洲人后裔，这一群体已经相当庞大，因此他们在2020年要求进行正式的非洲裔人口普查。

第五章　欧洲联邦

如今，印度人、阿拉伯人和越南人都加入了向"新德国人"迈进的过程。每一个社会都会经历从名词向形容词转换的历史过程：从"美国"到"美国的"，从"德国"到"德国的"，从"加拿大"到"加拿大的"，等等。但是经过几十年的人口稀释，这种身份如今成为人们移动的目的。德国并没有假定每个人都必须符合陈旧过时的民族典型，而是在认真讨论德国特质的真正意义。达到什么要求才能算是一个德国人呢？喜欢足球、汽车和香肠就足够了吗？人们常说，移民过多会对一个国家的价值观带来冒犯，但是很少有人能说清楚这些价值观的确切含义。

毫无疑问，随着移民增多，文化冲突也大量存在。例如，在德国的穆斯林中已经发生了几十起"荣誉谋杀"①。穆斯林来到欧洲之后，随着时间的推移，似乎很大一部分会实际上放弃伊斯兰教。尽管欧洲一些由萨拉菲派（Salafist）②资助的清真寺仍然很活跃，但荷兰和德国政府正在主动对它们进行监控，并支持其更温和的竞争对手。在柏林，土裔德国女权主义者塞伊兰·阿泰什（Seyran Ateş）是第一位女性伊玛目，她所在的清真寺以中世纪伊斯兰哲学家伊本·路世德（Ibn Rushd）和德国诗人约翰·沃尔夫冈·冯·歌德（Johann Wolfgang von Goethe）这两个人的名字共同命名。它欢迎同

---

① 指穆斯林男性成员为维护家族荣誉，杀死被他们认为存在有损名誉的行为的女性家庭成员。

② 伊斯兰教极端主义教派，信奉没有删减或更改的伊斯兰教原初教义，拥有极端主义武装组织，主张建立正统宗教国家，持反以和反西方的立场，已被联合国列为恐怖组织。

性恋人群，而且有男女共同参加的祈祷仪式。德国现在希望所有新任的伊玛目都能讲德语。

如果移民不会讲这个国家的语言，他们就既不能服务社会，也无法维护他们自身的利益，针对他们的仇恨也会因此而增加。安格拉·默克尔支持移民，但是也承认德国多元文化主义的失败，因为外国人学习德语的速度尚不足以实现融入。有新移民在2019年宣称，他发现德国社会不够宽容，并列举了出租车司机不友好等不愉快的经历。但毫无疑问的是，如果新移民能与这些来自波斯尼亚、土耳其、波斯和阿拉伯的出租车司机们以他们通用的德语进行交流，他们的互动就会更加愉快。人们从来都不喜欢在法兰克福机场转机，可是近年来，无论什么时候经过那里，每次偷听到机场员工——那些来自尼日利亚或伊朗的新德国人——用德语分享他们的生活故事，我总是抑制不住内心的喜悦。

阿尔卑斯绿洲

根据气候模型的预测，欧洲中纬度地区的雨季将会缩短，降水量减少或出现短暂的洪水，无论是哪种情况，随后都会出现更长、更热的干旱期。尽管有欧洲大陆部分的夏季热浪，阿尔卑斯山仍是世界上最接近纬度和态度的理想结合点的地方，还要加上海拔高度这一优点。

阿尔卑斯山地区的国家——瑞士、奥地利、德国、法国和意大利——都享受着世界上最洁净的水源地（这些国家无疑也是世界上瓶装水的顶级来源地）。随着阿尔卑斯冰川的加速融化，会有更多的水从山上流淌下来——最终也会带走它们的滑雪产业。一些度假村流行的在大雪天坐飞机的怪异时尚，也会受到限制。

在世界各地具有冰川淡水资源的高山地区中，包括安第斯、阿尔卑斯和喜马拉雅山脉，只有阿尔卑斯山地区的国家具有足够的工程能力并曾经取得过跨国合作的相应业绩，将冰川融水蓄于水库中（特别是储存于地下以避免蒸发），再通过管道服务于当地人口——今后几年中该地区人口一定会不断增加。虽然输油管道在欧洲越来越过剩，但是为了将水源从阿尔卑斯山和比利牛斯山送到西班牙和意大利南部极为干旱的地区，将有必要建设输水管道。

但是瑞士和奥地利也属于要塞型的国家。因为狭小的国土和多样化的经济，瑞士已经成为外国出生人口最多的欧洲国家之一，但是严格的移民政策具有广泛的政治基础，有才之士和富人才能申请。瑞士的20多个行政区域，即它的各个州都以30万瑞士法郎的高价出售一年的居住权，却并不包括居留权。作为一位个人投资移民，你每年都要投入大致相当的金额，除非有一家公司雇用你在瑞士工作。

或许瑞士也会考虑实施更容易实现的，类似斯洛文尼亚的那种投资者居留权项目。斯洛文尼亚位于阿尔卑斯山脉的东部边缘，它是南斯拉夫各个共和国中第一个加入欧盟的国家，并已跻身于世界上最为公平和可持续发展的国家之列。缴纳7 500欧元就能在斯洛文尼亚获得投资居留权，5年之后便可以申请公民身份。最先采取行动的是一些意大利公司，它们是为了利用这个国家较低的公司税率。而意大利北部也将变成一个阿尔卑斯地区的多民族混杂的大熔炉。

帕达尼亚欢迎你

一天清早，我在博洛尼亚街头慢跑，看着年轻的非洲男孩站在指定的角落里，观察并等待着。这座城市有世界上最古老的一所大学，也有着青春的喧嚣忙碌，但是尼日利亚黑帮也在留意寻找那些即将去世的老人，准备占据他们腾出的公寓。日近黄昏时，这些男孩把有用的信息报告给他们的老板和来值夜班的同龄人——与他们在拉各斯的作为一模一样。

早在这最后一批阿拉伯和非洲人移入之前很久，意大利在同化外国人方面就遇到了严重的困难。想一想，20万罗姆人（即吉卜赛人）是如何在隔离的棚户区中生活了几十年，虽然其中有一半拥有意大利国籍（另外一半是从巴尔干国家涌来的）。依照法律，他们并不能被驱逐，所以政府没有对他们采取行动。但事实上，政府不但没有平等地给罗姆人提供社会福利住房，还启动了一项"游民计划"，将罗姆人从主要城市附近的非正式定居点强行驱逐，安置在农村地区的营地中。

众所周知，意大利公民法十分严格，即便对出生在这个国家里的人也是如此：在公民身份上，血缘关系远比出生地更为重要。就像在2018年，法律更加严格地从根本上减少了可以申请公民身份的

第五章 欧洲联邦

移民或其子女的数量。但是，一旦第一代移民在当地扎下根来，并获得了居留权，他们的孩子就会逐渐习惯这个新家，而不再是他们的祖居之地。举例来说，意大利北部已经是来自印度旁遮普的锡克教徒长期居住的地方。一个个锡克家庭被吸引到平坦肥沃的波河谷地，从20世纪80年代起在那里饲养奶牛、生产奶酪，其产量如今在意大利出口的帕尔马干酪中已经占到了60%。作为回报，诺维拉腊镇的锡克社群获得许可，建起了一座"古德瓦拉"（Gurdwara）①神庙。就像那里的女市长自己所说的那样："没有这些印度人的支持，这个产业简直无从谈起。"[4]

对于北部的"帕达尼亚"（Padania）②地区——即延伸在意大利北部的主要省份之间的波河谷地——重新成为这个国家跳动的心脏，这些移民是一个重要的原因，无论他们是否曾被授予意大利的公民身份。但是由于移民战略在联邦政府内部引发的争论太多，帕达尼亚各省采取的行动更像是一个自治的城市国家。毕竟，帕达尼亚确实曾在1996年象征性地宣布脱离意大利而独立。

如果说帕达尼亚有一个"首都"，那当然非米兰莫属。这座城市在20世纪90年代开始衰退，到21世纪初已失去其重要地位，但是随着公共交通的改善，自行车道的扩展，新的活动场所和现代化的经济适用住房的建设，它又重新开始突飞猛进。适宜的气候，来自

---

① 又称作"谒师所"，指印度锡克教徒的礼拜场所。
② 意大利北部波河平原地区的代称，20世纪90年代之后，主张意大利北部独立（现在已改为提议实施联邦制）北方联盟开始以这一词作为独立的意大利北部地区的名称。

阿尔卑斯山的淡水资源，重要的工业企业，以及改善后连接法国和瑞士的公路及铁路，都使得米兰在意大利的未来中比罗马更为重要。毫不奇怪，米兰吸收的移民，尤其是18岁到35岁的移民，已经远远多于意大利的其他城市。

米兰和其他当地城镇每周六上午的跳蚤市场标志着意大利北部新的全球性人口特征。来自意大利、非洲和阿拉伯的夫妻档一个挨着一个，把尼龙裤、塑料凉鞋和家用物品出售给对价格敏感的老人和学生，或者互相交易。不远处是白天营业的孟加拉国的食品店主，而隔壁是中国人开的干洗店。虽然白天是邻居，但是他们晚上会回到各自越来越稠密的少数族群聚居区。米兰的唐人街据估计有3万居民，城里还有越来越多的菲律宾人和数量不断增加的斯里兰卡人。当意大利人去世或迁移到北部，就会有分别来自南方和东方的非洲人和亚洲人填补他们的位置。这个中世纪欧洲的心脏地区，已经变成一个新中世纪的典型，流动的汹涌人潮将地中海和中国的南海连接在一起。

意大利的年青一代已经习惯于多元文化的城市生活。最近有一部艺术电影《孟加拉》（*Bangla*），它讲述了一个第二代孟加拉裔意大利小伙子和一个勇敢的意大利本地姑娘的浪漫爱情。这部电影完美地表现出很多移民已经变得多么主流化和意大利化，就像是在美国的印度人，虽然自己的文化信仰与当地风俗相互冲突，但最终还是得以和解。最重要的是，在这个新的族群图景中，最年轻的居民——米兰幼儿园中，那些父母来自意大利、非洲、委内瑞拉和南亚的蹒跚学步的儿童——将来几乎不会意识到曾经有一个只有意大利人居住的意大利。他们眼中接受多元文化之前的意大利，就像是数字一代眼中互联网之前的世界一样，早已过时了。

如今，受到良好教育的意大利孩子将成为医生、工程师、教师、记者、政治家、官员、军官、运动员、建筑师和时尚设计师。但是，他们依赖移民作为他们的垃圾清运工和美发师、出租车司机和杂役。就在米兰城外的贝加莫，有一所"民族融合学院"招收来自尼日利亚和巴基斯坦的移民，让他们在一座培训营中学习意大利语和基本技能，从衣物熨烫到前台接待，再到垃圾车操作，使他们能够找到工作，以便获得申请居留权所必需的经济独立。然后，到了下一代，成为这个国家的医生和运动员的就会是他们的孩子。

不列颠还能再次伟大吗

2016年的脱欧公投持续扰动着英国的政治局势，但是，它最终对英国人口构成的影响可能微不足道。2018年，有30万移民进入联合王国，这一年度人口流入数量仅仅排在美国和加拿大之后。按照现在的趋势，这个国家的人口在2050年有望达到8 000万左右（在本书成稿时是6 600万）。[5] 如果脱欧会带来对边境和移民的控制，英国还能不能实现这一目标呢？

牛津大学的已故哲学家迈克尔·杜梅特（Michael Dummett）相信，一个国家应当只能拒绝犯罪分子入境，或者对可能导致人口过剩或湮灭其文化的大规模移民加以限制。他认为这种情况十分少见，可是这一逻辑却悄悄地成为脱欧派的反移民偏执症的遮羞布。然而，随着工业基础变得日益老旧，英国将不得不对其经济进行调整，更多地聚焦于服务业，并且需要有更多的人来从事服务业。从医疗保健到公用事业，劳动力短缺显然已经十分严重，说明英国承担不起脱欧造成的每年8万或更多的本国人口流失，除非能够引进至少同样数量的财富和人才。

英国需要更多移民的原因之一是想要发挥英格兰中部的气候优势。伦敦及英格兰南部地区面临着长时间的干热气候和淡水的不足，甚至伦敦有20%的居民面临着被泰晤士河口的潮水淹没的风险。这座城市需要分散它的财富。英国的"其他"地区经历了几十年对基础设施的忽视和人才外流，受过良好教育的年轻英国人被吸引到曼彻斯特、利物浦和伯明翰，进入那些也转向节约成本的工程和科技公司。在脱欧和新冠肺炎疫情之前，这种状况才刚刚有所改善。现在，英国将不得不在外国投资减少的情况下勉力支撑，不过，来自法国的投资不在减少的范围内，法国人正在将英国的农田改造成葡萄园，因为他们自己国家的气候已不再适合种植酿酒葡萄。

对英国来说，推进从利兹到利物浦的更为一体化的"北方走廊"这一长期规划将是一种明智之举，特别是考虑到英国年轻人对大城市生活的渴望已下降到只略高于20%。与之相反，新冠肺炎疫情封锁触发了对农村房地产兴趣的一轮激增。英国人可能会回归他们的起源之地。在英国，经济最为贫困的当然是靠近苏格兰边界的那几个县，如果更多的工人投入农业和轻工业，它们将会受益。

考虑到丰富的石油资源和水资源，苏格兰本身就能认识到气候上的机遇。正因苏格兰已经有幸拥有3万个淡水湖泊（苏格兰语称作"loch"，里面并没有怪物），其降水量有了巨大的增长，且每年植树量达到2 000万棵以上。爱丁堡是一个拥有自由思想、历史名胜和各国美食的国际中心，吸引着来自全世界的顶尖学生和学者。苏格兰人正在积极开展一项北极战略，将他们的港口与加拿大和斯堪的纳维亚地区的港口联系起来。如果英国不能充分考虑苏格兰的利益，分离主义运动就会再一次愈演愈烈。与此同时，北爱尔兰可能会重新与它那更加务实的亲戚联合。英国已经离开了欧盟，但可能很快就会被欧盟成员四面包围。英国脱欧将会有名无实。

天生的北欧人

即使按照欧洲的标准，北欧人的生活也算不错。由于经济富足、有凝聚力，挪威、丹麦、冰岛、芬兰和瑞典这几个北欧国家长期位列世界上"最幸福"的国度。在它们的平等主义社会政策中，有很多东西值得羡慕，这令当地居民满怀骄傲，外国人也庆幸能够来到这里。瑞典私营部门的员工可以享受为期6个月的休假，去尝试自主创业，之后再返回工作岗位而没有任何影响。芬兰为无家可归的人提供永久性住房，并帮助他们就业。丹麦以安排民众参加音乐会的办法来对抗孤独和抑郁。丰厚的养老金和负担得起的全民医疗保健是该地区的通行准则——这是国民的一项权利，而非赐予他们的恩惠——虽然需要进行财政改革来解决成本的上升。斯堪的纳维亚人明白，按照最基础的经济学，在税基萎缩的情况下，要么削减福利，要么引进纳税人。他们一直以来都明智地选择了后一种办法。

北欧国家的面积都很大，但是每个国家的人口都很少。尽管其社会具有同质化的特点，但它们一直对增加移民持相当开放的态度，即便也存在明显的文化冲突。可是，在养老金领取者老龄化、低增长、高债务和种族多样性增加的情况下，它们对这项自由社会契约的承诺能否持续下去呢？

丹麦青年，像柏林和米兰的年轻人一样，都是在有移民的社会中长大的，他们喜欢日常生活中接触到的外国食物和音乐。相对于反对移民，他们更坚持严肃地做好同化工作，即便这意味着禁止穆斯林妇女佩戴头巾。为了保持对开放边境的支持，丹麦人认为必须巩固自己所珍视的自由主义。

瑞典的面积大得多，而且人口数量是丹麦的两倍，它已想方设法把出生率提升到欧洲的最高水平。几十年前，瑞典就开始接收阿拉伯移民，在其主流社会中，有阿拉伯裔的著名演员、音乐家和运动员。虽然如此，它在 2015 年接收 16 万名来自叙利亚、伊拉克和阿富汗这些国家的寻求庇护者后，还是出现了危机。移民社群内部出现了暴行，还伴随有攻击庇护中心这类仇恨犯罪。2020 年 8 月，在右翼团伙焚烧了一本《古兰经》后，马尔默爆发了骚乱。极右翼政党在 2018 年选举中夺走了将近四分之一的选票。一旦瑞典认为这些

第五章 欧洲联邦

寻求庇护者的祖国足够安全，就会把他们遣返。

瑞典和挪威也是几万名印度和巴基斯坦人的安家之处，两个国家中每年分别有大约 1 000 名印度人申请入籍。在挪威，巴基斯坦人是第三大移民团体，排在波兰人和瑞典人之后，远超过印度人。18 世纪 60 年代，有一批最早到来的旁遮普人，随后几十年里他们的大家庭又赶来团聚，几代人都已经被同化为挪威人，有人甚至跃升到了政治高层。在奥斯陆或斯德哥尔摩，你遇到的出租车司机中，每 3 个人里会有 2 个来自南亚。直到我们在斯堪的纳维亚度假之前，我的孩子们一直以为，只有在印度、巴基斯坦、迪拜和新加坡，才用得上印地语和乌尔都语。

芬兰的面积与挪威和瑞典大致相当，但是人口只有 500 万。因为在历史上曾经开展过军事动员以及从俄罗斯边境后撤，它已经建立了一个质量极佳的国家基础设施网络，使其能够比邻国瑞典更好地控制自然灾害（如森林火灾）。它还计划把铁路延伸到挪威北部，与希尔克内斯相连，以促进对亚洲的出口。然而，随着人口的老龄化，所有这些工作都需要更大规模的移民。在阿拉伯难民危机以前，仅仅 4 000 名索马里人成了芬兰最大的非欧洲少数民族，而且保守党政府还对移民问题采取了强硬的立场。与此同时，芬兰最有价值的全球性产业却需要更多的外国劳动力。举例来说，移动技术的先驱诺基亚不仅有一位印度裔的首席执行官，而且还需要大批来自印度的互联网技术员工，以及大量人力，在建设全球 5G 网络中同华为展开竞争。

北欧作为一个魅力十足的全年旅游目的地受到人们的广泛关注，这里的气候冬天不冷、夏天不热，旅游业蓬勃发展。为了暂时避开令人难以忍受的地中海和欧洲大陆的炎热，南欧人开始纷纷来到北方，很像是瑞典人从前的行为被颠倒过来。冬季运动从阿尔卑斯山转移到挪威、瑞典和芬兰的北部地区，夏季的户外活动也一并得到发展。北极游轮、露营和生存训练营每年都能吸引几万名新来的游客。位于芬俄边境上的卡累利阿地区保持着一尘不染的原始状态，拥有6万多个湖泊，可以在冬季提供为期一周的雪橇之旅，还有夏季的露营和垂钓活动。幸运的是，即使有新的游客涌入，富裕的北欧国家也有能力维持可持续的生活环境。

从挪威北部的希尔克内斯到丹麦首都哥本哈根，在北欧各地的旅行中人们可以发现，即使是这个世界上同质化最高的角落，也正发展为一个蓬勃发展的多民族社群。如果斯堪的纳维亚对气候难民的欢迎程度与对政治和经济难民一样，那么这一进程就会像滚雪球一般发展。格雷塔·通贝里这样的斯堪的纳维亚人已经成为促进应对气候变化的全球偶像，但是鉴于气候变化对该地区的影响会比较温和，真正考验斯堪的纳维亚人与世界团结的将是他们愿意接纳多少气候移民。北欧地区总共不到3 000万人。他们愿意将人口增加到现在的4倍吗？

如果斯堪的纳维亚真的成为数百万新移民的家园，这几个国家将需要像加拿大一样，设计出一种后民族的身份认同。既然英语已经被广泛使用，它们有可能成为以英语为共同语言的多语言融合之

第五章 欧洲联邦

地。这些可能只是向北迁移过程中最直接的一个方面。事实上,大规模向北欧国家转移远比向该地区各个美丽的首都城市画一条直线复杂得多。一方面,尽管哥本哈根、斯德哥尔摩和赫尔辛基都雄心勃勃地计划实现碳中和,但是它们本身也面临海平面上升的风险。这些城市在粮食供应本地化和有效利用可再生能源方面取得的成功,很有可能最终将对远离波罗的海的更北部和内陆地区最为有效。其实,瑞典最北端的北博滕县已经完全实现了由氢能和风力发电。还有一项严格的法律规定,斯堪的纳维亚国家不允许外国人拥有土地。实际上,瑞典已经宣布,拥有大片土地的人不得禁止他人穿越其地产去享受大自然。宜居的空间已经变成了宝贵的公共产品,也包括在其间自由移动的权利。

第六章

桥梁地区

在高加索保持冷静

几千年来，坐落在土耳其东部偏远高原地区的那些湖泊，都充当着美索不达米亚文明的生命线。正如美国人离开加利福尼亚州前往落基山脉一样，土耳其的企业家也蜂拥来到这片覆盖着浓密橡树和松树的多雾地区，对埃尔祖鲁姆等城镇进行改造。这个地方已经成为安纳托利亚地区的阿斯彭①，是一年到头都有各种体育活动的高山滑雪中心。

但是，当底格里斯河与幼发拉底河的上游源头不断浇灌着风景如画的安纳托利亚东部地区，下游的土地却再也不是最早出现定居农业的"肥沃新月"了。4 000 年前，干旱造成了阿卡德帝国

---

① 美国科罗拉多州的一个滑雪度假胜地。

第六章 桥梁地区

（Akkadian Empire）①的毁灭，今天，位于该地区的叙利亚、伊拉克、伊朗和巴基斯坦等国再次遭遇严重的干旱。随着经济匮乏和内部动乱冲击土耳其的整条南部边界，伊拉克和伊朗部分地区的气温超过了70摄氏度，难道人们还无法想象阿拉伯和波斯难民到高原上寻找出路，并定居在这片安纳托利亚绿洲上吗？

沿着黑海向东，安纳托利亚过渡到高加索地区。那一带曾是很多奥斯曼保护国的所在地，后来演变为三个同质化程度相当深的苏联加盟共和国：格鲁吉亚、亚美尼亚和阿塞拜疆。在20世纪90年代和21世纪初的大部分时间里，格鲁吉亚都自诩因其基督教传统而优越于土耳其这个邻居，而现实中，它只是一个无足轻重的失败国家。在过去10年中，很少有国家像它一样实现了如此戏剧性的转变。在首都第比利斯，仍然存在大量的政治纷争、反政府示威和宪法混乱，俄罗斯也还占领着它20%的领土。然而，格鲁吉亚成功改善了公路网络，成为土耳其和阿塞拜疆之间重要的铁路运输走廊，并建设起富有成效的制造业园区。这个国家在一年内举办了多达20次欧洲风格的文化节，并且正在努力敲开欧盟的大门，以恢复入盟谈判。

今天的第比利斯既散发着古老的魅力，又充满现代的时尚气息。其技术娴熟的泥瓦匠为德国开发商打工，将上一次世纪之交的建筑

---

① 存续时间为大约前2334—前2154年，是闪米特语族的分支于美索不达米亚北部阿卡德地区建立的帝国，为后世君主树立了在整个美索不达米亚建立统一国家的先例。

升级为精品公寓和酒店。与生动活泼的东柏林一样，这里也变为西方年轻人低成本的、讲英语的集散地。正位于俄罗斯边境上的欧洲最高峰厄尔布鲁士山上的20多条冰川为它的河流系统提供了水源，所以格鲁吉亚也在很大程度上受到气候变化的影响。今日的格鲁吉亚只是背包客们的"他"国，明日可能就会变为他们的家国，特别是考虑到该国最近开始实施的一项有吸引力的"游民签证"计划。

经济和环境的变化趋势能够促使大量移民来到一个被世界遗忘的角落，阿塞拜疆更有意思地证明了这一点。这个国家的人口相当于格鲁吉亚的4倍，石油财富也使阿塞拜疆的人均财富达到其邻国的4倍。跨过积雪覆盖的高加索山脉，一路来到它的首都巴库城外的荒漠，阿塞拜疆囊括了密林和湿地在内地球上的各种微气候类型。为了抵制沙漠的侵蚀，它发起了一场大规模的植树运动，并用管道把高加索山上的冷水引下来，用于灌溉和城市降温。

巴库的大规模再开发让它收获了"里海迪拜"的美名，作为海湾地区炎热气候的避难者，再加上他们要享受阿塞拜疆更为自由的饮酒法令，一大批阿联酋人（还有沙特人和卡塔尔人）已经在这里购置了很多昂贵的房产。鉴于阿塞拜疆人在种族和语言上属于突厥人，但在宗教上属于什叶派，与伊朗有密切的联系，这个国家便成为海湾地区阿拉伯人和伊朗开展贸易的一个重要门户。

伊朗人可能也把阿塞拜疆当作一个逃离本国政治和炎热气候的安全港湾。在伊朗的阿塞拜疆人已经比在它本国的还多，主要分布在伊朗北部的边境省份。叙利亚内战之前，伊朗人都是到大马士革的使馆去谋取西方国家的签证，如今则改在巴库——这座城市标榜自己是里海地区的外交中心。19世纪70年代的石油繁荣吸引大批欧洲人来到巴库，给它在里海边的滨海大道带来熠熠生辉的维多利亚式面貌。经过精心的整修，今天这里又在接待来自阿拉伯和土耳其、法国和德国的代表团，以及印度和中国的贸易与承包商。听着这些融入巴库中世纪古城中的人们鼓噪不休，我们不由得想到高加索地区再一次扮演着丝绸之路上东西和南北两个方向的走廊角色。虽然在19世纪，这些不同民族的人讲着各自的语言时，远比现在要更为幸福欢乐。

亚美尼亚是3个高加索国家中最穷的。这个多山的内陆国以干旱的气候为特征，而在未来，干旱还会加剧。鉴于它与两个强大的邻国——土耳其和阿塞拜疆的敌对关系，包括2020年底落入后者手中的具有战略意义的领土，亚美尼亚一直依靠俄罗斯提供军事和经济支援。实际上，定居俄罗斯的亚美尼亚人已经比亚美尼亚国内还多。除了计划将森林覆盖的国土面积提高一倍，对于亚美尼亚目前的300多万人口来说，适应气候变化的最佳战略可能就是迁移到俄罗斯。亚美尼亚的另外一项战略是追随爱沙尼亚的脚步，将自己的国家数字化。前总统阿尔缅·萨尔基相（Armen Sarkissian）是一位理论物理学家和计算机科学家，他希望这个国家分散的移民社群能够在云端保持统一。他对该国下一阶段的称呼为"量子国家"。

下一场俄国革命

这个世界上面积最大的国家希望重新振兴自己薄弱的黑海地区。2014年,俄罗斯在黑海度假胜地索契举办了冬季奥运会。最近,为了应对莫斯科与东部靠近中国的边境地区之间的巨大货运量,它完成了伏尔加河上蜿蜒的伏尔加格勒旁路和桥梁的修建。尽管俄罗斯人口减少、经济衰退,但它依然占据着世界上十分之一的陆地面积,拥有着巨大的石油和天然气储备,这对于欧洲特别是中国的工业生产具有关键作用。即使世界最终进入后石油时代,俄罗斯的石化工业依旧对塑料、橡胶、纤维和其他原材料的生产至关重要。而且,它占有全世界核反应堆所必需的铀矿储量的巨大份额。从传统意义上讲,俄罗斯不再是一个超级大国,但是在地理环境的作用方面,其重要性没有哪个国家可以与其相提并论。

俄罗斯肯定会成就一段比20世纪更为引人入胜的叙事,尤其是当北极地区的重要性日益显著的时候。按照地缘政治的说法,俄罗斯是欧亚大陆"心脏地带"的大国,过去常年无法进入无冰海域,但在未来10年之内,其核动力破冰船队就会被用来做其他事情,因为到时候可能已无冰可破。几个世纪以来的精心谋划,只为能进入遥远的南方海域,而气候变化正在让俄罗斯不费一枪一弹便获得了"边缘"(海洋)大国的地位。

第六章 桥梁地区

从挪威边境上的摩尔曼斯克州,到隔着白令海峡与阿拉斯加相望的楚科奇联邦区,俄罗斯正在将绵延几千千米的北极海岸线军事化,部署新的军营,升级北方舰队,并利用浮动核电站为将近200万人提供稳定的电力,这些人在冬季与更南边的公路相隔绝。北极地区的矿产资源开采创造了俄罗斯20%的GDP,而随着永久冻土层的融化,还会有更多资源有待发现和开采。俄罗斯生态前景的潜力开始浮现,而它正是要充分发挥其国土的作用。

可是,它缺乏的是实现这些的人手。虽然目前俄罗斯的人口比加拿大多出3倍,但是老龄化、酗酒和大量流失都促使其人口数量以惊人的速度减少。加拿大努力成为一个移民的超级大国,而俄罗斯则热切地渴望成为7亿欧洲人和40亿亚洲人之间的一座紧密联系的桥梁。为了实现新的欧亚雄心,俄罗斯也不得不利用移民,主要包括土耳其、中国、印度,以及阿拉伯国家的劳动力。今天在政治上看来不可能的事情,明天可能就会司空见惯:俄罗斯需要变成欧亚大陆上的加拿大。

然而,如果现在移居到中西伯利亚城市雅库茨克,你仍然会发现冬天冷得让人无法忍受,春天地面沉降,夏天饱受热浪侵袭,还有无法控制的野火(这会增加并从土壤里释放出更多的碳)。永久冻土层快速融化,导致居民们正在增加房屋下方支柱的高度,而在其他地方,沼泽消失、湖泊干涸,露出巨大的坑穴。几百万平方千米曾经坚实的大地变成糊状的沼泽,地面无法再支撑开采地下的巨量天然气所需的道路和机械。原油溢出和有毒化学品的泄漏都在毒害曾经纯洁无瑕的地带，几百千米范围内都没有公用设施能够将它清理干净。

可是，美国航空航天局（NASA）预测，此后几十年里，西伯利亚会有多达85%的地区变得十分宜居且足够肥沃，不仅能出产小麦，还有苹果、葡萄、玉米和豆类。俄罗斯已经名列植被面积增加的领先地区，它的辽阔森林（占世界森林总面积的20%，而加拿大则占30%）是非常重要的碳汇。荷兰科学家和贸易商以及加拿大农业综合企业提供了大量来自类似纬度地区的经验，所有类别的种子都可以种植和孕育，从而促进北极地区的农业生产，世界粮食供应既需要加拿大，也同样需要俄罗斯。

在几十年的忽视以后，俄罗斯终于开始利用中国的基础设施投资和资源潜力，重新思考其空间布局和人口上的需求。西伯利亚大铁路得到升级，由中国资助的新铁路线使欧亚贸易效率提高。在南边靠近哈萨克斯坦和蒙古国边境的俄罗斯城市，如新西伯利亚、克拉斯诺亚尔斯克和伊尔库茨克，政府已经有了修建高速公路、铁路和内河港口的计划，并正将苏联时期的秘密核设施改造成"科学城"。因为气候有所改善，当年父母一辈曾经放弃的地方出现了青年才俊们愿意从事的工作。新西伯利亚和克拉斯诺亚尔斯克都拥有在俄罗斯排名前10位的大学，到处都是希望以数字科学实现经济多样化的学生（他们还利用充足的电力供应挖掘比特币和其他加密货币）。正如我在各地所见，年轻的技术官僚承担了管理基础设施、电信、城市规划、金融监管和其他重要领域的任务。他们不想生活在一个人口匮乏的失败国家里。

第六章 桥梁地区

俄罗斯最富足的,可能就是资源丰富却几乎空无一人的土地。俄罗斯西部有几个坐落在伏尔加河与乌拉尔山之间的水资源丰富的共和国,包括鞑靼斯坦和以丰富的植物群落及野蜂蜜闻名的巴什科尔托斯坦。再向东的阿尔泰地区,是俄罗斯、中国、蒙古和哈萨克斯坦交汇的真正偏远的四角地带。俄罗斯的阿尔泰共和国(行政上属于西伯利亚的一部分)只有20万人,它是全俄罗斯人口最稀疏的一个地区。阿尔泰也是一个有着壮观的冰川山脉的地区,卡通河与比亚河汇流成鄂博河,向北注入北冰洋。还有巨大的淡水湖泊,更不用说金矿、银矿和锂矿。因为冬季漫长,而且接近50%的人口来自突厥语族的阿尔泰部族,该地区一直处于被密切监视之下。然而今天,它的美丽富饶已经吸引了商品经纪人和房地产开发商,以及俄罗斯新兴暴发户的频频造访。随着连接性和气候变化,这个共和国将更为宜居,此地的居民数量很快就会变成现在的10倍。

俄罗斯的远东地区如今也处于类似的人口稀少的状况,但是将来有可能变得人口更为密集、结构更为复杂。苏联解体之后,马加丹等港口城市已经流失了一半的人口,但是当寒冷的冬天缩短到只有两三个月,就会有年轻人来发挥该地区的巨大矿藏优势。俄罗斯已经公布其自身版本的土地法,类似于美国1862年的《宅地法》(*Homestead Act*)①。当时,美国的那部法律给予西部定居者160公顷

---

① 又译作《份地法》,美国南北战争期间,林肯总统于1862年颁布的一部向广大移民无偿分配西部国有土地的法令。

土地，并且，如果在 5 年内对土地进行生产性使用，就可获得土地所有权。最近，还要再加上一条：在这些人口稀疏的地区，容易保持社交距离。可是，会有多少俄罗斯人接受这个条件呢？

更有可能的是，俄罗斯的远东地区将吸引大量面临缺水和粮食紧张的亚洲国家的人。他们在一年中的大部分时间都待在俄罗斯的土地上，而在冬季返回家乡。俄罗斯拥有世界第二大的淡水资源，排在巴西之后，但是巴西的淡水很难转运到其他大陆，而俄罗斯的河流则有可能被引入中国东部的天然或人工河流。

目前，俄罗斯吸引了更多的日本投资，而 2019 年在符拉迪沃斯托克，弗拉基米尔·普京邀请印度的纳伦德拉·莫迪作为远东论坛的主宾。在远东地区，印度企业已经开始升级轧钢厂，建立制药企业，对农场和食品批发中心进行现代化改造。俄罗斯一度尝试从遥远的南非招募农民，但印度曾是俄国人的老朋友，印度农民把俄罗斯人当作"北方的旁遮普人"。

在接下来几代人的时间里，各种各样的民族将在这片广阔的西伯利亚边远地区繁衍出亚洲混血人群。这种事情不是第一次发生，早在 3 万多年以前，欧亚西部和东亚的人种就曾在这里融合成一个种族。贝加尔湖附近发现的 1.4 万年前的牙齿化石表明，这些古老的亚洲人曾首先跨过白令海峡到达阿拉斯加，并且与美洲土著人存在着关联。[1] 俄罗斯的远东地区可能再一次变成亚洲共同的边疆，布满崎岖火山岩的堪察加半岛很快将会成为一个全年的大型滑雪和徒步胜地，这预示着可能会有大量居民涌入来享受这里的多雨气候和肥沃土壤。符拉迪沃斯托克亚洲人的中产阶级化可能让它成为太平洋彼岸温哥华的一个镜像。

俄罗斯并未流露出对大规模移民的渴望，但是当它想要的时候，就大笔一挥吸引外来的工人。有200万乌克兰人生活在俄罗斯，估计每年都有30万人向东迁移。乌兹别克斯坦新政府没有同意俄罗斯的关税同盟计划，于是普京向所有想要迁入俄罗斯的乌兹别克斯坦人发放护照以示对其政府的惩戒。2020年，俄罗斯通过了一项双重国籍法，以说服更多人在无须放弃原有国籍的前提下接受俄罗斯的国籍〔美国吹哨人爱德华·斯诺登（Edward Snowden）就是较早接受俄罗斯国籍的人〕。俄罗斯也同样卷入了人才争夺战，既有来自苏联时代加盟共和国的，也有其他国家的人才。

下一次的俄国革命将无关谁来统治俄罗斯，而是谁会占据这片土地。与一个世纪之前布尔什维克迅速夺取政权不同，当前的革命是一部慢动作的史诗，俄罗斯的人口结构正在变老，地貌越来越绿，而人种将变成棕色和黄色。

你会考虑蒙古吗

蒙古国是新丝绸之路上的一条通道。蒙古国北部的驯鹿养殖户，从气候学角度上看，很可能与西伯利亚南部融为一体，而蒙古国南部的戈壁沙漠地区与中国的内蒙古非常相似，要么将会沙漠化，要么通过借鉴中国"绿色长城"项目等举措恢复植被。蒙古国也启动了一场大规模的植树运动，努力提高已经萎缩到国土

> 面积7%的森林覆盖率。300万人口，加上6 600万头牲畜，一起漫游在广阔草原之上，今天的蒙古国面临着一项重要的抉择：是将地下水资源用于采矿业，还是用来复兴其传统畜牧业和发展以高端羊绒类产品为代表的轻纺工业。气温的上升使苦寒的冬季变得温和，在这种情况下，如果它能够平衡好上述利益关系，就可以使人口发展到与牛群一样的规模。

走进并控制中亚

中亚的古老大地上分布着非常年轻的国家。这片辽阔的草原和荒漠，西至里海，北靠俄罗斯，东接中国，南边则是印度文明。几千年来，它作为定居之地的同时也是一个交叉路口。游牧的粟特人是丝绸之路上最早的抄写员，他们担任波斯语、突厥语和中文翻译，甚至在公元前4世纪亚历山大大帝到来后还包括了希腊语。7—8世纪，来自阿拉伯地区的穆斯林到达这里，此后，在如今乌兹别克斯坦境内的希瓦、布哈拉、撒马尔罕等地的商旅客栈，就成为从土耳其到蒙古的各地商人的休息站点，13世纪，成吉思汗的铁骑就是顺着这条路而来的。在帖木儿（Tamerlane）从蒙古人手中夺回该地区后，他的曾孙巴布尔（Babur）[①] 后来在德里建立了莫卧儿帝国，统治

[①] 帖木儿的六世孙。作为莫卧儿帝国的开国者，他还是一个诗人和察合台语大师。他写的回忆录《巴布尔纳玛》是研究15—16世纪中亚史和印度史的第一手资料。

第六章 桥梁地区

了包括阿富汗和大部分印度的地区。即使过了100多年,在俄国统治下,这里的多民族混杂状况也还是比任何一道边界都更能揭示出中亚地区的本质。

中亚最大的共和国哈萨克斯坦,不仅在国土面积接近澳大利亚,而且也和那里一样人烟稀疏。尽管同为商品驱动型经济,哈萨克斯坦在财富和声望方面都超过了它的邻国。作为通向石油资源丰富的里海地区的重要桥梁,哈萨克斯坦已迅速成为一个重要的横跨欧亚的物流门户,从中国通往欧洲的高速货运列车就从这里经过。它的首都努尔苏丹(原名为阿斯塔纳),是一座迅速发展的地区金融中心,还拥有新建的大学和炫目的建筑,如2017年世界博览会的展馆。

25年来,哈萨克斯坦把专业人员和工人派往国外——大多数是前往俄罗斯,随后这个国家本身也成了该地区的一块磁石。随着俄罗斯经济的冷却,超过300万中亚人在该国蓬勃的建筑行业和其他领域找到了工作。还有一些出生在邻国俄罗斯和中国的哈萨克族人来到这个新生的国家。最近的人口流入表明,它在未来可能是世界上真正的气候绿洲之一。今日的哈萨克斯坦只有2 000万人,它是否做好了再接纳2亿人的准备呢?

坐落在天山脚下的阿拉木图是这个国家的前首都和现商业中心,得益于历任市长们(最早可追溯到俄罗斯军队驻防时期)不断地强制植树造林和对高层建筑进行限制的措施,如今,该市200万居民长期享受着美景:新建的游乐场、步行街、自行车道和凉爽宜人的喷雾设施。

新迁移 | 人口与资源的全球流动浪潮

哈萨克斯坦人日益提高的信心,不仅表现在这个国家相对较高的出生率上,还表现在豪华汽车经销商、漂亮的购物中心、时尚的夜总会和棱角分明的公寓大楼中。日别克若利大街类似于贝尔格莱德的克涅兹米哈伊洛瓦①,各个街角都是乐手、街舞者和街头画家,为越来越多的商务旅客和游人快速兑换本地货币。这是亚洲高原上的一片世界主义沃土。

在阿拉木图一个普通的夏日,很难不去注意一群群的印度游客。他们逃离南亚的灼热,到这里探寻自身的传统。从莫卧儿的遗产到苏联时期流行起来的宝莱坞经典,中亚和印度在文化上的紧密联系越发深入。我只看过一部哈萨克语的肥皂剧,但是其中每一段城市与乡村的方言冲突情节都同样可以发生在孟买。在不远处的乌兹别克斯坦首都塔什干,我遇到好几位店主,他们讲的印地语给我留下深刻的印象。乌兹别克斯坦允许印度人免签入境,中年印度男子很喜欢周末坐着飞机来一趟性旅游。

印度人中的先行者正在稳步地从南向北迁移,定居在他们祖先的土地上,我们是不是正逆着莫卧儿帝国的方向行进呢?勇于进取的印度医生已经在阿拉木图和塔什干开设了私人诊所。印度厨师掌管着那些印度游客最常光顾的酒店的厨房。随着英语国际学校的流行,对优秀印度教师的需求也在增长。印度的宜居程度越差,就会

---

① 位于塞尔维亚首都贝尔格莱德市中心一条著名商业街,有许多19世纪末的代表性建筑,聚集着众多商店和金融、商务和文化机构,是观光、购物和参观各种文化展览的好去处。

有越多的印度人向北寻找温和的气候和创业机会,在这一过程中,他们的脚步方向与祖先正好相反。

哈萨克斯坦和乌兹别克斯坦提供了充分的证据,说明中亚的文化融合可以从该地区的突厥部落吸引许多新的居民,以及潜在的、来自其文化辐射范围内(横跨如今的伊朗、巴基斯坦和中国)的数百万人。在20世纪90年代到21世纪头10年,人们相当担心伊斯兰运动会在该地区获得支持,尤其是考虑到阿富汗的不安局势。但是对于哈萨克斯坦和乌兹别克斯坦合计的5 000万人来说,伊斯兰教更大程度上是一种文化特征,而不是宗教上的束缚。学生们参观清真寺和宗教学校大多是像游客一样去了解历史。

这当然也让伊朗人更安心,他们受到什叶派伊斯兰神权和这个国家的环境危机所遏制。伊朗人传统上是移民到北美或欧洲,但是他们与塔吉克斯坦人在种族和语言上有着最为紧密的亲缘关系——这两个国家曾被形容为"一个心灵下的两副躯体"。伊朗人在塔吉克斯坦建设发电厂和隧道,并努力发展穿越阿富汗北部将二者分割开来的"达里语带"(Dari belt)① 走廊。这条走廊以贸易为目的,但是也很可能变成波斯人所寻求的向高纬度避难的迁徙路线,因为塔吉克斯坦有丰富的冰川。伊朗和中国签订的一项为期25年的战略伙伴关系条约聚焦于商业交易,但随着伊朗气候的急速恶化,他们可能会试图引入帕米尔山脉冰川融化形成的喷赤河(Panj River)的水源,

---

① 达里语是一种主要的现代波斯语方言,又被称为阿富汗波斯语。

以水为纽带，合成一个事实上的由伊朗、阿富汗、塔吉克三方组成的"波斯斯坦"国。

迄今为止，中亚不断增加的移民更多是出于偶然，而并非有意为之。哈萨克斯坦政府赦免了数十万此前没有登记的非法移民，并在其中按地域招收学生。但是，关于这对未来人口状况的深刻影响，公民之间并没有展开积极的讨论。

可是，中亚所吸引的访客和居民越多，其政府就越是把移民视作他们实现经济多元化的商业模式和路线图。对于拓宽道路、修建铁路、建设居住小区、扩大灌溉水渠和建设大规模太阳能发电厂，外籍劳工都十分重要。哈萨克斯坦正在发行绿色债券以吸引对这些项目的投资。

如果中亚的人口从目前的 5 000 万增长 5—6 倍，他们也需要想办法解决每个人的粮食问题。几十年前，苏联强制推行棉花生产带来灾难性的后果，导致咸海几乎完全消失，至今该地区才刚刚恢复过来。哈萨克斯坦正在咸海地区播种数亿颗抗旱种子，以恢复该国农业往日的生机。乌兹别克斯坦有 80% 的面积是灌木丛生的荒漠，该国现在对有能力开采地下含水层，开挖新的输水渠道和建设高效滴灌系统的投资者提供税收减免。温室大棚正在涌现，西瓜、黄瓜、西红柿、石榴、樱桃等水果和蔬菜的生产得到扩大，为延长该国农产品的保质期和扩大市场覆盖率，食品加工业也在升级。阿姆河畔，一排排屋顶带有太阳能板的预制房屋拔地而起，标志着乌兹别克人在未来几十年的炎热气候中，有充足的能源、水和食物来维持生存。

第六章 桥梁地区

中亚的所谓大陆性气候具有季节变化的鲜明特点，夏季气温可以高达35℃，而冬季能降到零下20℃。随着平均气温升高，这一地区的冬天可能就不再那么冷了，但是夏天将更加炎热。在2019年夏季，乌兹别克斯坦政府第一次发布了公共服务通告，警告人们从中午12:00到下午4:00要待在室内（从个人来讲，我建议从上午11:00到下午5:00）。根据我每天持续暴露于40℃高温之下的经验，只要你躲在阴凉中，这种干燥会使炎热尚可容忍；而如果是潮湿条件下的高温，那是无法忍受的。这个地区的夜晚舒适宜人，日落之后街道上才开始活跃起来。

因为纬度较高而海拔高度不同，哈萨克斯坦在适应气候变化上终究会有更好的机会。这个国家现在是全球最大的小麦出口国之一，还种植大麦、向日葵、亚麻和大米。新近来自农业综合企业与合作社的补贴帮助农民获得更好的饲料、化肥和设备，生产出更多的牛奶和粮食。但随着以后干旱季节越来越长，哈萨克斯坦会需要更多的投入，以扩大源自天山山脉的灌溉渠道，并将更多冰川融雪引入水库。

哈萨克斯坦幅员辽阔，这使它很适合进行大气硫处理，以减少太阳眩光，进行云层催化和人工降雨，再种植几十亿棵树。哈萨克斯坦的草原森林地带面积相当于英国的国土面积，在政府对植树造林项目的补贴下得到进一步的扩大。如果以一种可持续的方式改善这片森林地带的破旧基础设施，便能形成一处重要的生态避难所。

虽然中亚地区拥有传奇中的"亚洲水塔"——帕米尔高原和天山

山脉，但是对于像吉尔吉斯斯坦这样污染严重的国家，单是海拔高度还不足以保证它的宜居性。虽然被戏称为"中亚的瑞士"，吉尔吉斯斯坦却未能保护好伊塞克湖这样纯洁质朴的环境。作为一个咸水湖，"高海拔的死海"，伊塞克湖周边在苏联时代发展了很多疗养院式的度假产业。但是过度捕鱼和污染说明一个国家没有能力贯彻环保法律，有鉴于邻近的中国和俄罗斯的影响力，这是一个危险的信号。吉尔吉斯斯坦的前途在于其纬度和海拔高度，但是它的生态环境仍有很大的改进余地。

总体来讲，如果中亚的人口从今天的6 000万攀升到2亿或者更多，这几个国家的名称就会变得不再恰当："斯坦"这一后缀的意思是"……之地"，但是在人口特征上，这些国家将不再由其名中所标示的突厥语部族占据主导地位。相反，他们的国民与外国人的比例将类似于阿联酋，只有十分之一的人口是本国人，而剩下的90%都是外来的移民。阿联酋是一个小部落接纳了多民族的大熔炉，与之相似，哈萨克斯坦也有可能成为一个接纳全球移民的地区。

如果俄罗斯和哈萨克斯坦两国都对强劲的人口增长保持开放态度，那么后者就将成为一个由南向北的中转国。它与俄罗斯之间长度居全世界第二位的7 000千米边界，可能会恢复它在19—20世纪时的流动性，虽然会有强壮的守门人俄罗斯予以严格管控。气候变化给该地区各个政权所带来的严峻职责肯定足以让它们继续采取严厉的措施。与此同时，哈萨克斯坦已经和国际移民组织展开合作，共同促进移民权利。下一步，它可能会请求国际机构协助它共同管理外国人的居住区。

哈萨克斯坦及其邻国的宜居地区满足了所需的条件，能够吸引比现有居民规模大得多的人口。它们都有广阔的空间，需要人力资源实现经济的现代化，可以持续应对未来几十年中的气候变化，并提供一种极有可能的受监管的政治稳定。就目前来看，他们在公路和铁路、农业和食品加工、住房和医疗方面的投资似乎已经充足。但是就未来而言，这些还远远不够。

第七章
北方主义

大陆上的表亲

全世界超过四分之三的人口生活在北半球，北美洲有 5 亿，欧亚大陆上略多于 50 亿。所有强国也都在北半球，其拥有的资源和容量使它们可以充分利用并吸收更多人口。于是，北美和欧亚大陆成为人口统计学和地缘政治学之历史和未来的共同所在。在 19 到 20 世纪，欧洲的技术和移民帮助北美洲获得了财富。到第二次世界大战结束时，美国一个国家的经济规模就占到全世界的一半。但是，由于欧亚大陆上两端的人口都比北美要多得多，也都取得了同样的经济和技术成就，北美洲在全球经济中的比重已经滑落到 15%。

尽管如此，北美的优势在于它的长期稳定性和可控的人口规模。虽然美、加、墨 3 个主要国家在产业政策和移民问题上关系紧张，但美国与加拿大和墨西哥的贸易总额还是比它与中国之间的要高，而

第七章 北方主义

且美国也是这两个国家最大的投资者。这块大陆上的两条主要边境线的象征意义很大,但是各国在能源、农业和工业上广泛的互补性更为重要。美国一些最能适应气候变化的地区,如落基山脉、大平原和大湖区,都是在地理和地形上与加拿大共享的区域——这便进一步强调了,必然要建立一个更加一体化的北美联盟。

美国与墨西哥的人口融合也颠覆了边境藩篱不可逾越的观念。现在,3 700万墨西哥裔美国人和双重国籍公民组成了一个越来越大的二元国民社群,遍布加利福尼亚、亚利桑那、新墨西哥和得克萨斯州的城镇。埃尔帕索和华雷斯①由一座跨越边境的桥梁连接在一起,每天有几千人要么北上去上学、购物或生孩子,要么南下去探亲或寻求廉价医疗。退休的和年轻的美国人都追求便宜的生活方式,住在墨西哥的"美裔墨西哥人"已经从几年前的20万飙升到如今的150万。[1]在未来几十年里,来自中美洲的气候移民可能会以前所未有的规模向北方涌来。[2]

俄勒冈大学著名地理学者亚历克·墨菲(Alec Murphy)认为,随着时间的流逝,人的移动改变了我们将世界各地联系在一起的宏大叙事。通过这一方式,人文地理学让我们可以深入研究这样的问题:在气候变化加速的复杂全球互动中,北美洲及其人口将扮演什么样的角色?

---

① 前者是美国得克萨斯州西部城市,后者是墨西哥东北部边境城市,二者隔着东西流向作为界河的格兰德河相望。

我们也必须带着同样沉重的议题探讨欧亚大陆的未来。苏联解体之后，过去 30 年里人们加速了对中世纪丝绸之路的重新探索。20 世纪 90 年代，我开始乘坐欧洲的火车向南进入巴尔干，目睹欧盟向着俄罗斯东扩，其影响力抵达里海边的高加索各国。在 21 世纪初，沿着中国的公路和输油管道，我从另一个方向穿过哈萨克斯坦，也到达了里海。过去 10 年中，欧洲和俄罗斯、中国积极合作（并相互竞争），促进了连接伦敦和上海的高速货运铁路的升级。

未来几十年中，跨欧亚的基础设施投资将促进经济现代化、城市化，以及勤劳工人的流动。像撒马尔罕这样长期蛰伏的城市可能会再次繁荣起来，来自四面八方的商人会开设店铺并出售他们的货品。加密货币将在边境两侧蓬勃发展，任何地方都可以进行货币流通。大豆、蔬菜和大米将种植在更多样化的地理环境中（见图 7-1），得到改善的物流能确保需求得到满足。除了输气管线和铁路，还有高压电缆在输送太阳能电力，同时人工运河连接着主要河流，所有这些在俄罗斯和印度之间形成一套新的基础设施网络。下一条丝绸之路将会变得四通八达、功能多样，而且绿色环保。

让北极宜居

相比于其他纬度，沿着北纬 27 度线聚居的人数量最多。更宽泛地说，在过去 6 000 年里，我们已经逐渐习惯于北纬 25 度至 45 度最肥沃的土地，这里是人类生活的舒适区域。当气候变化将我们推出

第七章 北方主义

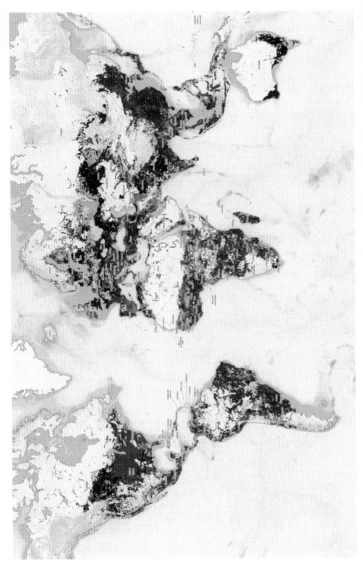

图 7-1 粮食地理学

当今,全球农业在很大程度上与人口分布重叠。除阿拉伯世界外,粮食生产集中在人口最多的地区,如中国、印度、美国和巴西。但气温上升和降雨模式的变化正在使农业使农业生产最理想的地理位置发生改变。

这一最佳范围，在更高纬度地区较低的温度和人口密度下，情况会有所好转吗？杜克大学数学家阿德里安·贝让（Adrian Bejan）在他的《自由与进化》（*Freedom and Evolution*）一书中，解释了各个族群如何像一群人一样从狭小的地点流向广阔的地区。当下人们大量集中在赤道和热带地区，接下来可能会分散到广阔的北部地区。我们的人文地理学注定要以赤道为起源向未来的北方进化。

约 500 年前，在小冰河期的激励下，西班牙人、葡萄牙人、荷兰人和英国人进行探险，使靠近海洋的欧洲国家坐上全球霸主的位置。然而今天，这些昔日的全球帝国的经济都正在衰退。与此同时，曾在小冰河期受到伤害的德国、斯堪的纳维亚半岛的诸国和俄罗斯正在变暖，并吸引着新的人口。北美和欧亚最大的国家——加拿大和俄罗斯——雄踞在广阔的地理跨度上，有条件将其大江、大河及融化的永久冻土中的淡水大量出售给在它们南边的、处于干渴中的邻居——美国和中国。加拿大和俄罗斯还有一个共同点，他们都控制着一个从未在全球地缘政治和人口学中扮演过如此重要角色的地区——北极。

长期以来，科幻文化和外星使命激发了人们这样的愿景——对其他行星进行地球化改造，并将其设计成适宜人类居住场所。而在实现这些梦想之前，必须首先在我们这颗星球上的崎岖不平、人烟稀少的地区准备好大规模的定居点。30 年前人们构想出了亚利桑那州的生物圈设施，旨在模拟人类可能在月球上建设的生态社区。如今，它的用途变为测试我们如何适应干旱和炎热等极端环境条件。

人们不禁会说，解决全球变暖的方法很简单，那就是向北极圈

第七章　北方主义

靠拢（见图7-2）。北极变暖的速度是其他纬度地区的两倍，而且粮食产量（尤其是小麦）正在增加。森林正在向遥远的北方冻土地带扩张。在相当于非洲大陆的面积上只有500万人口，北极地区可以吸收超过10亿人口，这样的潜力看似很有道理。北极地区的城镇快速增长，我们已经看到冬夏两季都有人去游览特罗姆瑟和希尔克内斯这些挪威北部的城镇。这个国家甚至有了葡萄酒产业。

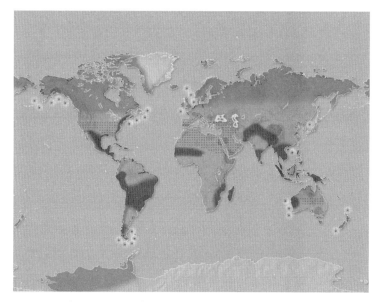

如果气温上升4摄氏度，加拿大、北欧和俄罗斯将是地球上仅存的适合人类全年居住的地区。目前人口最多的国家，如中国、印度和美国，因为干旱和其他环境威胁，将会不再适合居住，尽管美国和世界其他地区仍然可以生产太阳能、风能和其他可再生能源。

图7-2　向北极移动

虽然北极的夏季变得温暖宜人，但不要忘了戴上你的眼罩，因为这里的太阳24小时不落山。冬天虽然不再寒冷难耐，但那里仍然

197

有长期持续的黑夜，不适合患有维生素 D 缺乏症的人生活。冻死的人少了，但是炎热导致的死亡率上升了。从阿拉斯加到北欧国家，都有森林火灾爆发，可是少数的救火站（或其他设施）不敷应对。在挪威，暴雨带来的洪水正在淹没小城镇，而夏季干旱又使牲畜挨饿。那些宜人的岛屿甚至也遇上了麻烦，魅力十足的斯瓦尔巴特群岛正在经历永久冻土融化和雪崩，冰岛的冰川融化造成了河流干涸。

我们也无法完全避开我们在地球上的其他区域所制造的污染，最北端的纯净降雪中现在也含有微塑料。更糟糕的是，在永久冻土和冰层下面有休眠已久的细菌和疾病，包括在几个世纪之前杀死千百万人和动物的瘟疫，它们正在解冻并重新造成感染。融化的冻土层不仅释放出高可燃性的温室气体（如甲烷），还有汞这种危险的神经毒素。与此同时，我们修建的任何道路都会有几个月时间的封冻，然后被流沙一样的泥炭沼泽吞噬。因此，北极地区宜居化的过程将会充满致命的糊状物和化学品。

我们还要继续努力。美国只有阿拉斯加州的一部分地区在北极圈内，阿拉斯加州被美国环保署的气候适应性筛选指数（Climate Resilience Screening Index, CSRI）列为准备应对气候威胁的县最多的地区。因为人口密度很低，这里的新冠病毒感染率在美国各州中最低。但是，因为本土 48 州有更好的工作机会，目前阿拉斯加的人口每年都在流失。毫无疑问，它将吸引那些为了寻求低税率而逃避到这里的吃苦耐劳的美国人，他们将避开炎热的气候，开始新的生活。可是，即便是在阿拉斯加，几十个海岸城镇也处在上涨的太平洋潮水的包围之中，河中的鲑鱼在产卵前死于热浪。在更远的内陆，石油钻探和木材采伐威胁着该州的自然保护区。一次重新启动很可能意味着建设全新的城镇。在那里和加拿大各地，就会新出现一大批北极民族大熔炉。

在欧洲，针对北极地区不动产的"淘金热"已经开始了，这主要是受到了从非洲炎热的撒哈拉沙漠向北袭来的狂风的影响。在2019年那段长时间的炎热开始之前，一位西班牙气象学家宣布："地狱马上降临。"在德国的勃兰登堡地区，一个漫长的干旱季节带来了野火和柏林的灰霾，类似的还有莫斯科在热浪期间出现的暗红色天空。斯堪的纳维亚半岛的不动产开发商热衷于向来自遥远南方的欧洲人推销夏季乡间别墅。如果有一家公司率先宣布，要为在夏季安置其员工建造一座北极前哨基地，他们收件箱中蜂拥而入的简历就会多到需要人工智能来浏览。毕竟，夏季里有长达20多个小时的白昼，会有大把的时间用来工作和娱乐。

北极地区将承担一个新的目的，"要去"就是去那里的理由：在从前只有自然环境的地方为人类建造一些东西。像19世纪美国率先向西迈进的阿米什人，即门诺教派①社群一样，小规模的群体将努力脱离电网生活，利用当地的水源和农业生产来减少对其视野之外混乱世界的依赖。北极也吸引着科学家、工程师、环保主义者和金

---

① 美国和加拿大安大略省的一群基督新教再洗礼派门诺会信徒，戒律严谨，提倡简朴的农耕生活，通常被认为拒绝使用现代科技。

融家来建立研究据点。通过虚拟现实中的模拟架构和无现金区块链合同的交易，他们已经在数字领域为自己的社区编制程序。接下来，他们将从投资者那里筹集资金，并与政府谈判来获批土地，以换取投资并从这些新企业中获益。用巴拉吉·斯里尼瓦桑的话来说，这将是"先云端，后落地"。

北极地区人口变多后，可能会与资源丰富的南美洲大陆相类似——几个世纪以来，原住民、伊比利亚殖民者、非洲奴隶、逃离饥饿的欧洲人和亚洲人，以及逃离内战的阿拉伯人都在南美洲独特的环境中落地生根。随着时间的推移，人们将会看到，北极不仅有欧洲人、俄罗斯人和北美人，还会有叙利亚和印度的农民，中国和土耳其的产业工程师，数十个国家的人会在这里植树、建造定居点并获得原材料。那荒芜而遥远的北方，几个世纪以来一直都是不分国别的区域，还有什么样的地理环境能比它更好地促进人们新的身份认同呢？

与此同时，资源开采、农产品加工业和房地产开发会加速攫取土地。随着冰层的融化，因纽特人和萨米人[①]在陆地和海上的生活已经岌岌可危。新涌入的商业开发可能会进一步迫使他们进入保留地，就像美国的印第安人和澳大利亚的原住民那样。这对加拿大来说将是一个倒退，因为它的第一民族[②]在最近几十年里已经获得了相当大

---

① 分布在斯堪的纳维亚和俄罗斯北极地区的原住民族。
② 在加拿大对于美洲原住民的称呼，基本与印第安人同义，不包括因纽特人。

第七章 北方主义

的自治权。矿业公司、亿万富翁中的环保分子和原住居民,可能会为了主权在法庭和实地展开争夺。

北极的地缘政治也可能会使这个已经变暖的北方路标进一步升温。新的海运航线使北美、欧洲和亚洲的人们能够避开传统的交通瓶颈,如苏伊士运河或马六甲海峡。与此同时,俄罗斯正在部署装甲破冰船与核动力潜艇,以确保在发现矿藏时能够同时宣布主权。北极国家一度对冰盖的主权提出异议,现在他们又要对海床的主权提出不同意见。鉴于北极有着富饶的资源和大量的贸易线路,或许海盗行为也会向北迁移。

将这些趋势整合在一起的图景令我们看到,一个北半球贸易中心的网络正在兴起,最终可能会有几亿人在其中流转。早先的中世纪汉萨同盟,其成员除了汉堡和塔林之外,还包括圣彼得堡、雷克雅未克、希尔克内斯、阿伯丁、努克、丘吉尔[①]等志同道合的货物集散城市。这一同盟的复兴标志着,城邦国家及其商会未来将再次推动务实的贸易大国之间至关重要的全球关系。

我们是否可以预先设计好进入北极地区的行动方式,小心翼翼地,逐渐准备好吸纳人口的地域,而不破坏我们赖以生存的资源?或者我们会像过去在其他地方做的一样,带来贪婪的攫取、肆虐的瘟疫和地缘政治的麻烦?如果不能正确对待北极,我们就不会再有其他选择了。

---

① 加拿大马尼托巴省的一座城镇,坐落于哈得逊湾丘吉尔河的河口。

当格陵兰岛真的变成"绿色的土地"

因为控制北极地区的是美国、加拿大和俄罗斯这几个强国,以及斯堪的纳维亚半岛的富裕国家,他们可以迅速加强这里的公路、机场、住房和发电厂等基础设施。格陵兰岛就是一个很好的例子。自19世纪初以来,这里一直是丹麦的殖民地,尽管它地势崎岖且位置偏远,却已经获得相当高的发展水平。

格陵兰岛从白色变成绿色,这是一个极具讽刺性的毁灭。这个岛上的冰层在体积上仅次于南极大陆,它的融化正给赤道附近的热带岛屿带来生存危机,因为那里的海平面上升得最快。但是对于格陵兰岛,这一过程却标志着重生——随着因纽特人自治信心的增强,或许它可以脱离丹麦。当人们不得不抛弃太平洋上的岛屿时,这座巨大的北极岛屿上的人口可能会从6万猛增到600万甚至6 000万。

和冰岛一样,格陵兰岛也拥有水电、地热和风能的巨大潜力。一年时间里冰层融化形成的淡水足够世界上三分之一人口使用。全球变暖使得岛上的夏季植被迅速扩张(在夏季的热浪中已经发生过野火)。

格陵兰岛变得越绿,它就越会变成地缘政治利益的目标。早在一个多世纪以前,美国就已经试图向丹麦购买格陵兰岛,但是哥本哈根嘲弄地说:"这是非卖品。"虽然美国在原名图勒(Thule)的卡纳克城运营着一座雷达站,但是为了发挥其地理位置上的最大战略价值,该岛的领导层已经在与从军事盟友到采矿公司的多个诉求方周旋。土地投机商们就不必费心了——这里是

第七章 北方主义

> 禁止私人地产所有权的,当地政府聪明得很,不会允许外国房地产商对他们坑蒙拐骗。

格陵兰岛的发展必然使它与加拿大关系变得紧密,而与丹麦"渐行渐远"。格陵兰岛和加拿大拥有共同的因纽特人口和风俗,北极地区的工业化和宜居化所涉及的后勤保障工作将更加需要加拿大的日常合作。最终,格陵兰岛将不再是一块丹麦的殖民地,而会成为新兴的北美联盟中的一员。

四季城市

在2004年大海啸吞噬斯里兰卡海岸的前一个小时,象群就开始迅速从海岸线撤离,迈着沉重的步伐向高处走去。它们的第六感发出了警告:大地的震颤有些不对劲。同行的大象管理员也在汹涌的巨浪中幸存下来。与此同时,海滩上成千上万不知情的游客死在巨浪之下并被卷入大海。

沉浸在现代科技中的人类已经失去了感知这个星球的能力,但是当气候变化来临的时候,我们就不应当再感到惊讶了。我们不仅收到了相当多的提示,还有科学模型告诉我们下一步的趋势。我们可能已经丧失了第六感,但可以利用技术辅助下的自身免疫系统"搏斗或逃离"的本能,逃往内陆和高地以躲避大自然的震怒。在即将到来的几十年里,如果我们要栖息在新的边远地区并与大自然展开斗争，就要拥有我们祖先的生存本能和冒险精神。

如果最早的原始人穿越到当下，他们会有充足的理由相信这是另外一个星球。在他们那个时代，游荡在地球之上只为获得季节性的稳定生活。今天则相反，我们随心所欲地超越大自然开展建设，按照我们的意愿对自然加以改造。但是，我们对大自然的漠视仅仅是一次为时两个世纪的历史中断。现在，大自然发起反击，迫使我们从定居状态回到游牧模式。

对气候的敏感已经迫使鲸、北极熊、海龟和蝴蝶改变它们的迁徙模式。有两种鸟类通过变换不同季节的目的地而保持了它们的庞大数量：北极燕鸥从北极的格陵兰岛迁往南极大陆；短尾鹱从澳大利亚的塔斯马尼亚岛迁徙到俄罗斯的堪察加半岛，然后到阿拉斯加的阿留申群岛，最后再返回。任何物种受到威胁的时候，都通过移动维持生存。人类对于季节性迁徙也非常熟悉，如在美国和墨西哥打工的农民，在落基山和阿尔卑斯山之间穿梭的滑雪教练，将蒙古包从高原迁入都市的蒙古人，以及在都市顶楼、郊区别墅和度假庄园之间轮转的富豪。

在一个量子人的世界里，生活环境会是什么样子呢？答案不会是用10年时间完成的传统房地产项目，它们使用的设计到入住的时候已经过时。我们已经拥有的取暖和降温，水净化和能量储存等技术可以让荒漠、高山、森林、冻土带等任何地方变成宜居之地。我们正需要它们应对移动中的生活。在可以安置模块化3D打印多用途移动公寓和便携式集中太阳能发电机的时候，我们为什么还要继续

第七章 北方主义

建造多余的高楼大厦和承载裸露电缆的铁塔呢？

看一看孟加拉国的气候移民。这个国家的大部分地区只略高于海平面，1.7亿总人口中有超过三分之一经常在飓风和洪水中被迫离开家园。谢赫·哈西娜（Sheikh Hasina）总理说："无助感正强烈地影响着人们。"因此，他们带着太阳能板、移动电话、水过滤设备，还有他们的孩子和衣物，开始了迁移。

但是，大量人口迁移到相对未受破坏的地理环境，可能又会带来更多的人为破坏。解决方案是，以可持续的方式进行建设，并将我们的设施随身携带。可以预先设计好可移动的、自给自足的定居点，而不是留下沉重的城市足迹。这种定居点不会固定在地面上，而是随着土壤的条件进行变化。名为"奥戴城市"（AudaCities）的研究网络已经推出了一个"可移动村庄"的雏形，在移动住房和其他设施中建造了水净化、水培食品设备等必要装置。自给自足的城镇能够用水塔储存来自降雨、海水淡化和大气集水器的水；太阳能发电中心和电池交换站可供家庭使用；还有食品堆肥、污水处理和材料回收中心。为了促进湿地恢复和农业生产，欧洲已经拆除了几千座水坝，它们在当初那个年代曾发挥了重要作用，但是已经年久失修。美国向太阳能、核能和风能的转换速度越快，就会越早地采取同样的行动。

对于那些仅仅适合在特定季节生活的地点，可能会出现弹出式的城市。约旦的扎塔里难民营是一个离网村庄，里面有多户型帐篷、医疗诊所、太阳能发电站、海水淡化设施、学校、职业安置中心等服务设施，供 8 万名以叙利亚人为主的难民使用。它算是一个"营地"还是一个半永久性的村庄呢？另一个例子是印度的大壶节（Kumbh Mela）——每隔 12 年在 4 个"圣城"轮流举行的印度教的宗教节日。超过 700 万人驻扎在节庆场地，整个节日期间有 1 亿多人到访。整套设施，从供电和安保摄像头，到给水和排水，都用竹子、塑料、轻便金属和布料等原材料搭建，过后再完全拆解开来。用哈佛设计学院教授拉胡尔·梅赫罗特拉（Rahul Mehrotra）的话说，这个曼哈顿大小的地方是一座"临时性的超大城市"，而它的设计功能比印度很多城市的水平都高。城市特征应当被视作一种"弹性状态"，聚集在人们所需要的时间和地点，而不是任由永久性的购物中心和体育场馆废弃以后就那样衰败下去。如梅赫罗特拉所言："既然变化成为常态，为什么还要执迷于永久性呢？"[3]

梅赫罗特拉的见解对于富裕和贫困的世界同样有效。具有讽刺意味的是，即便我们曾大大地高估了未来的全球人口，可是对于我们需要的基础设施的规模，不论是电力或住房，仍然还是低估了。从 20 世纪 50 年代到 21 世纪初，在破坏殆尽的战后西欧，在作为超级大国的美国（想想它那州际高速公路网），以及崛起的亚洲（先是日本和"四小龙"，然后是中国和印度），都掀起了持续的基础设施建设高潮。有 100 万亿美元被投入建设高速公路和铁路，输油管道和电网，机场和写字楼，学校和医院，这些都是现代文明的标志。与此同时，大多数发展中国家却从来没有足够的基础设施，尤其是在 20 世纪 50 年代到 21 世纪初，它们的人口增加了两倍的情况下。无

第七章 北方主义

论如何,对这个世界上的大多数地方来说,这还不够,因为不管我们在何地建设什么东西,总会需要持续的维护和升级,采用互联网线等新的技术,并满足不断增长的人口的需要。

而从海滨房产到短路电网,太多基础设施会因气候变化、替代能源和人口转移而归于无用。目前,这些"滞留资产"代表着政府和僵尸公司所欠下的几万亿美元债务。从前的多少文明由于干旱或其他灾难而放弃了高耸的丰碑,我们当前文明模式的残垣断壁中也包含着体现民族自尊的摩天大楼。但是,这些并不是以移动性为导向的人类未来所需要的基础设施。阿拉伯海湾国家再也负担不起它们,中国也已经禁止建造高度超过 500 米的建筑。

我们的建筑物应当适应大自然的变化多端,而不该仅是高耸着指向天空。在不断重复利用现有基础设施方面,有一个很好的先例:我们早先用来建造大楼的建筑起重机。在 10 年前的全球建筑业的巅峰时期,估计有 10 万台起重机林立在上海、利雅得、悉尼等城市的地平线上。西雅图比纽约和洛杉矶在新型建筑上更为积极。作为 21 世纪 10 年代中期的孩子,我的一个女儿曾在新加坡、迪拜和柏林生活过,她对这个世界产生的最早的想法之一,就是"世界上到处都在建设!"一旦城市建好,起重机就会被拆除,装上平板卡车,运往世界其他需要起重机的地方。我们现在应该筹划对建筑物本身也采取同样的办法。正如谷歌"登月计划"(moonshot)的主管阿斯特罗·特勒(Astro Teller)所说"除了自动驾驶的汽车,我们可能还需要自动驾驶的建筑。"

新迁移 | 人口与资源的全球流动浪潮

与软件和人工智能上的其他突破一样，今天人类最需要的是改造地形地貌的卓越能力。像荷兰这样的沿海小国，在为将来的极端场景做出规划时容错率非常有限。自 1953 年的大洪水①之后，荷兰为了应对来自北海和莱茵河的洪水，修筑了大量的沿海屏障、抽水泵站、堤坝以及其他可调节设施。该国在通过大规模的土地改良扩展了国土面积的同时，还将几片区域整体设计成服务于阿姆斯特丹、鹿特丹和海牙的蓄洪盆地。其他国家则设计出在洪水中充当湿地的公园，并利用透水沥青把水导入地下含水层。哥本哈根计划建设一座名叫莱内特霍尔门（Lynette Holmen）的可居住岛屿，上面的小山能够挡住海上的巨浪，在应对气候变化的同时又解决了住房短缺的问题。但我们永远无法保证这些计划万无一失，即便我们可能看不到海面上升，海水的入侵还是会推动地下的淡水从土壤和街道上溢出，也就是来自地下的洪水。或许，这就是丹麦建筑师比亚克·英厄尔斯（Bjarke Ingels）建造一套互相连接的、能够漂浮在海上的城市岛屿的原因。②

地球的陆地表面上超过 90% 的面积都无人居住。我们能不能从集中了全球众多人口的脆弱的沿海大都市分散开去呢？在初次研究去都市化案例时，我发现这种例子其实很少，而且规模十分有限。但是现在，我们可以居住在更小的、更自给自足的社区中，同时不

---

① 指 1953 年 1 月 31 日夜里的北海大潮，给英国和荷兰沿海地区造成巨大灾害。

② 希望它们能比游轮更加环保。游轮上每位乘客的碳排放要比汽车或飞机都多，他们还会向海洋里倾倒无数的垃圾。——作者注

必牺牲全球连接性，这是一幅非常可信的图景。当开始计划如何重新安置人口的时候，我们应当把他们安排在更深的内陆和更高的地势上，理想的地方是靠近农业区，以避免对远距离食品供应的依赖。举例来说，苏黎世的郊区有很多小镇，在纯净的空气和淡水及低噪声污染的环境中，农业、木材加工、3D打印精密机械、计算机建模，以及其他无论是否属于高科技的产业，齐头并进，蓬勃发展，且都通过铁路与瑞士及别国的主要城市相连。为了满足大规模人口的需求，我们要建设长距离输水渠道或管道，核驱动的海水淡化厂和废水处理设施。即使是三五百万人口的城市，也可以在不造成破坏的前提下很好地利用周边环境。

亿万富翁们的"B计划"

慈善家和社会名流们异口同声地承诺将资助碳捕捉、植树造林、替代能源和其他气候干预措施。与此同时，掌握着各种手段的婴儿潮一代和X世代的人们已经开始为最坏情况做准备。他们的"末世险"包括抢购偏远的夏威夷群岛的大片土地，或堪萨斯的广阔牧场，配备坚固的掩体、离网电力、储水罐、武器库、摩托车和直升机。瑞士的私人地堡不仅是坚不可摧的要塞，而且具备很强的数字化适应能力，在那里可以使用比特币。游艇主人将他们的船只加以改造，即便不能维持几年，至少也可以连续几个月待在公海上，而且还投资了一种新型的超级游艇，既可作为舰船又能充当潜水艇。另有一些人规划建设浮动的私人岛屿，自己制定法律，只在友好的司法管辖区停泊。鉴于新西兰与各个动荡混乱的地区之间保持着安全的距离，且拥有值得信赖的政府、发达的农业和丰富的淡水资源，它无疑成了世界末日的一个理想避难之所，吸引着那些可以来此购买房地产和国籍的人士。但是，新西兰只有500万人，且无意让人口进一步增长——除非你是亿万富翁。

第八章
"南方国家"能否幸存

衰败的国家,离去的人民

12岁时,我到印度人口最稠密的北方邦(Uttar Pradesh, UP)探亲,那是我第一次有意识地注意到闲散年轻人的堕落。在我们骑着摩托车经过的每个地方——北方邦首府勒克瑙、我的出生地、污染严重的坎普尔,还有印度教圣城瓦拉纳西,孩子们在公路边、商店前、小巷里与恒河岸边闲逛。看上去就仿佛他们在等待着碰上什么好事情,但是从来没有。今天的北方邦人口超过2亿,是中国南方人口最密集的广东省的两倍。然而,广东的人均年收入大约为5 500美元,而北方邦的居民每年只有900美元,还不到印度全国平均水平的一半。

很多阿拉伯青年也好不到哪里去。在20世纪90年代,欧洲国家承诺向北非的阿拉伯社会投资,并把更多的工作机会外包到那里。

在"9·11事件"刚刚发生的情境下,很多专家提醒人们注意阿拉伯民众在专制的独裁统治下所面临的绝望;相比于真正采取行动,人们在发表各种有关阿拉伯"年轻人急剧增长"的报告上面投资得更多。美国继而花费了几万亿美元侵略伊拉克和阿富汗,同时发起与阿拉伯人的生活毫不相干的公关活动。

21世纪头10年中期,从摩洛哥和利比亚,到叙利亚和伊拉克,我开始在阿拉伯世界到处旅行,为我的第一本书开展研究。和我交谈过的同龄人有好几百个,都是几乎没有工作机会的20多岁的年轻人。已达到驾驶年龄的人忙于打零工,年轻孩子经常就坐在那里嗅胶水。2011年"阿拉伯之春"的发生似乎是一种必然。

在"年轻人急剧增长"的报告之后20年,很多阿拉伯国家的状况比当时更糟糕,那些年轻人已经长大,既没受过有用的教育也找不到工作。此时,欧洲人可以让机器人从事他们那些枯燥琐碎的工作,集中精力发展向亚洲的出口——并阻止任何阿拉伯人的船只或木筏安全地穿越地中海。阿拉伯人只能靠自己。在阿拉伯青年调查中,绝大多数受访者最关心的问题仍然是工作和生活成本。阿拉伯青年,包括大学毕业生的失业率达到了30%,是世界上最高的。[1]青年人的边缘化不是短暂的插曲,而是一种长期的状态——他们移居国外的愿望也是如此。

阿拉伯人普遍共享着相同的语言和宗教,在过去几千年的大部分时间里共同生活在几个哈里发国家和奥斯曼帝国里。尽管他们在现代被分隔在不同的有边界的国家,但是"从后殖民时代的民族主

第八章 "南方国家"能否幸存

义朝向混乱的内部瓦解"这种堕落的趋势却是几乎不分边界的。在我作为驻伊美军特种作战部队顾问期间,我们每天都能见到来自突尼斯、约旦等地的心怀怨怼的年轻人源源不断地涌入。激进的"伊斯兰国一代"崛起于伊拉克叛乱和叙利亚内战,它最初是由愤愤不平的伊拉克复兴党成员和沙特瓦哈比教派支持的伊斯兰主义者组成,但经济的匮乏使成千上万的人更容易受到激进分子的蛊惑,这些激进分子承诺给予他们从异教徒(即美国人)手中解放出来的土地上的性奴隶。这些应征者现在变成了"圣战者大流散"中愤怒的战士,在世界各地发动袭击。

阿拉伯地区这些"失败国家"最好的希望就是沿用摩洛哥的发展模式,该国通过投资建设乡村太阳能、高速铁路、海水淡化厂、农业振兴和植树造林,为年轻人提供了收入可观的工作机会。既然大多数阿拉伯青年无法跨越地中海,他们就应该投入到几乎被过去两代人所忽视的国家建设中。要不然,他们便会一头扎向海湾国家——特别是阿联酋。长期以来,一直存在着一种变化不定的针对阿拉伯人才的套利现象,一个国家的衰亡促成另一个国家的崛起。黎巴嫩内战从1975年持续到1990年,导致精通多种语言的专业人才大量流失;今天,移居国外的黎巴嫩人比留在本国的还多一倍。当你步入一个阿联酋的政府会议,很可能会有一个黎巴嫩银行家也坐在那个会议室里。

黎巴嫩人、埃及人以及其他穷困潦倒的阿拉伯人也在沙特阿拉伯落脚,这个石油丰富的海湾王国对他们各自的国家也给予了财政支持。但是，石油价格正在崩溃，对他们提供的服务需求有限。身为千禧一代的穆罕默德·本·萨勒曼王储（Crown Prince Mohammed bin Salman）发起了一项宏大的计划——彻底改造利雅得，并在红海岸边建立价值几十亿美元的度假和娱乐综合体。为了满足80%的40岁以下人口的需求，他还推动社会改革，给予妇女在开车、旅行和离婚上更多的权利。如果他的计划成功，那么又一代约旦人、埃及人和黎巴嫩人将蜂拥而至投身于服务行业。他们甚至可能重建那些失去的联络线，例如奥斯曼时代从伊斯坦布尔经过黎凡特地区（Levant）到伊斯兰教最重要的圣地麦加和麦地那的汉志铁路。这是阿拉伯复兴的最乐观愿景。

但是，如果海湾国家不能彻底自我改变，富裕的沙特人和阿联酋人就会去往欧洲，而贫穷的阿拉伯人会返回（或待在）家乡，并走上街头示威游行。从阿尔及尔到贝鲁特再到巴格达，在按捺不住的叛乱中，年轻人已经聪明地学会了放弃派系分歧，成为团结起来反抗腐败统治阶层的一代人。实际上，在整个阿拉伯地区，越来越多的穆斯林青年正在放弃伊斯兰教而转变为无信仰者，甚至是无神论者。[2] 和西方很多年轻的基督徒一样，他们更大程度是名义上而非事实上信仰宗教。阿拉伯的青年也明显丧失了对宗教领袖和伊斯兰主义政党的信任。2019年，《阿拉伯新闻》（*Arab News*）的一项调查显示，大多数伊拉克人和黎巴嫩人不满于宗教在其政治活动中过度发挥作用，并赞同政府更集中于经济政策。他们视宗教为个人偏好，而非政治牢笼。他们不想等到来世才能获得尊严。

第八章 "南方国家"能否幸存

阿拉伯各国政府以熟悉的镇压回应抵抗。从2011年的阿拉伯之春到它在2019年的重演，有一个教训显然是一些阿拉伯国家的政府没有从中学到的：不要对互联网动手脚。2011年，穆巴拉克政权切断了潮水般涌入解放广场的人群的互联网访问途径，此后仅仅过了3个星期的时间，他持续了30年的铁腕统治就走到了尽头。2019年底，黎巴嫩政府提议对数字信息服务征税。这项"WhatsApp税"的消息一传开，年轻人就把睡榻搬到了贝鲁特市中心，使城市陷入了停摆。他们甚至组成从的黎波里延伸到提尔的长达170公里的人链。这一税种并未实行，相反，政府的部长们被迫大幅减薪。

没有哪个阿拉伯国家面临的状况比也门更可怕，该国内战已经造成世界上最严重的人道主义灾难，同时，这里的3 000万人口还面临着缺水的困境。也门人将很快涌入给他们带来痛苦的沙特阿拉伯，也已经开始乘着木筏横渡红海逃往非洲的苏丹和埃及。但是埃及的情况也非常复杂。尼罗河本身就是埃及社会状况最贴切的象征：作为该国农业的生命线，这条河流到地中海边的三角洲时就变成了一片沼泽。埃及已经从棉花生产大国变成一个严重缺水的国家，其最重要的产业面临着消亡。很快，苏伊士运河将失去意义，因为船只将取道欧亚大陆之间更寒冷、更快捷的北极航线，货运列车也将纵横驰骋在欧亚大陆上。这个国家的结婚率已经开始下降（因为男人负担不起），同时离婚率上升。男性不得不纷纷在婚前购买赡养费保险，因为一旦离婚，他们必须将收入的40%支付给前妻。毋庸置疑，这降低了他们再婚的可能性。

长期以来,埃及把自己视为尼罗河的真正卫士,但事实上,它和苏丹(有接近 5 000 万人口)从尼罗河获取的水源有 90% 来自埃塞俄比亚。为了满足人口将近 1.1 亿的快速发展的经济体的电力生产需求,苏丹在上尼罗河修建了一个巨大的水电大坝。为了生存下去,埃及、苏丹和埃塞俄比亚在未来几年里有很多需要完善的方面,包括电力和水源的跨国分配,有效的灌溉和去盐碱化,遏制腐败,以及为几千万闲散的年轻人创造就业岗位。然而希望不能代替战略,更有可能的结果是,这一代人中的许多人会从非洲走出去。

像埃及一样,伊朗也代表了一个前途未卜的年轻的社会。伊斯兰革命后的 40 年间,一些有才干的伊朗人抛却家园,去往迪拜、伦敦和洛杉矶,大部分人再也没有回头。自从 2009 年的"绿色革命"以后,年轻人的反抗虽然是零星出现,规模却十分可观。2014 年,我骑着摩托车在德黑兰转了一个星期,见到了几十位有一定影响力的伊朗人,我为他们冠以"说做就做的一代"的称呼,因为这些人勇敢坚定,本领高强,不顾各种障碍,仍能进口和走私各种小玩意。现在,他们呼吁"马达尼亚"(madaniyya),即公民社会的复兴,它的根词"meydan"是公共广场的意思。乌克兰在 2004 年爆发的"橙色革命"便是以基辅的"meydan"(公园)为中心,而伊朗当局在 2020 年初击落飞往基辅的乌克兰民航班机后,伊朗的年轻人又将基辅的精神引入德黑兰的街头。但是,他们每次结束徒劳无功的抗议返回家中,都会进一步筹划自己的逃离。

第八章 "南方国家"能否幸存

斋戒的生活方式和地下生活

正午的钟声敲响时,停电了。在巴基斯坦,还有埃及、黎巴嫩、伊拉克、尼日利亚等国家,这种事情几乎每天都在发生。即使是在温度畸高的日子里,水龙头常常也会没有水。这就是非洲北部与中部、中东和南亚的几亿人口的生活。随着地下水位下降和电网崩溃,这些困守在炎热的亚热带地区的人,他们的生活能不能变得容易忍受一些呢?随着地球温度上升,各种信仰的人们可能都不得不学会遵守斋月的规矩:早起吃饭,待在有空调的室内或在炎热的白天休息,只在太阳落山之后才出门。或许我们的穿着也应该像海湾地区的阿拉伯人那样,简单的一袭白袍,可以反射阳光,让自己凉快一些。

热浪和缺水可能也让我们重拾很久以前在西方被抛弃但仍在中东蓬勃发展的公共风俗。举例来说,有更多的人舒适地生活在沿袭几千年的洗浴文化,即"土耳其浴室"(Hammam)文化中。为了不在没有空调的家里进行烘焙,欧洲人将聚集在气候可控的公共竞技场,或由地下水通过区域冷却系统降温的联合办公场所。在邻居间已形同陌路的社会中,这能够大大增强凝聚力。

许多浴室都是建在地下的,目的是靠近天然的温泉或冷泉。或许整个居住区都能修建在地下。几十年前,一些习惯于严寒冬季的城市开发了大规模的地下商场、餐馆,甚至是电影院。莫斯科装潢艺术化的地铁很有名,基辅则有出了名的地下集市。蒙特利尔有长达32公里的地下人行步道,它甚至还连接着住宅楼。在赫尔辛基、多伦多、北京和新加坡也有类似的方案,虽然还没有

> 一个真正把住宅包括在内。相比于让自己患上幽闭恐惧症，人类还是喜欢在地面以上生活。但是想象一下，灼热的天气、骇人的风暴和其他自然灾害会定期或不可预测地降临到我们身上，那些建造地下通道作为避寒场所的城市也可能会利用这些设施暂时缓解一下未来的动荡。

困在路上的非洲人

非洲这块大陆并没有收到1972年罗马俱乐部的信息。它向我们展示了人口增长的问题是怎样逐步扩大，最终成为最糟糕的问题的。非洲人口规模已经远远超出了发展经济所必需的规模，并将其推入了不可治理和生态环境危机的深渊。非洲需要提高生产力，而不是让它已负担不起的人口数量变得更多。现在的问题是，我们该如何应对这块大陆上占60%的24岁及以下的人口？

过去30年间，非洲的粮食和矿产资源已经与全球经济产生了更紧密的联系，这使得很多人预言21世纪将会属于非洲。可是，所有使非洲地位得到提升的趋势都没有持续很长时间。中国和印度正在促进其进口商品的多元化，使非洲作为供应商的重要性有所降低；再加上石油和矿产的价格下跌，非洲国家可能将无法偿还债务，而被迫放弃它们作为抵押的油田和矿场。

但移民已经千方百计地来到了这里。几千万非洲青年生活在贫困中，[3]尤其是那些来自刚果和尼日尔等非洲中部国家的人，向北逃到了利比亚，而在那里为患一方的民兵组织，以牟利为目的纵容暴徒和海盗勒索这些试图穿越地中海的人，让他们忍饥挨饿。很多人并没有成功，相比于在穿越墨西哥沙漠抵达格兰德河的过程中死于暑热的拉丁美洲人，淹死在地中海里的非洲人还要更多（从2014年以来接近2万人）。这片大陆上人口的急剧增长和环境压力引发了更多出于道德的对于欧洲开放移民政策的要求，但北半球的回答是，待在家里，少生孩子。

作为非洲人口最多的国家，尼日利亚是预示非洲持续人口爆炸和经济增长的关键。但尼日利亚同样（或在更大程度上）会经历资源紧张和经济衰退，也更有可能成为一个内战地区，而不是一个拥有3亿人口的繁荣市场。人们经常形容这个国家处于爆炸的边缘，而不是直接说它在加速崩溃。拉各斯，这座非洲最大的城市，也面临着海平面上升的危险；马科科（Makoko）之类的贫民窟建在很快会被大西洋侵蚀的沼泽地上。尼日利亚有世界上最狠毒的恐怖组织之一——博科圣地，及其他众多袭击基督徒和少数民族的民兵组织。当这个国家将贩卖人口列入非法行为时，年轻的尼日利亚走私者失去了生计，现在他们自己踏上了旅途，加剧了从赤道非洲的人口外流。

如果有人生来就要迁移，那就是厄立特里亚人。极端的贫困，几十年的干旱，加上20世纪90年代末与比它自身庞大得多的埃塞俄比亚之间的战争，迫使100万厄立特里亚人逃往邻国苏丹。20年后，厄立特里亚的难民、寻求庇护者和移民仍然高达75万人，占全部人口的四分之一。有些人穿过苏丹进入利比亚，接着乘上木筏去往欧洲。其他人设法去往乌干达，从那里经过一连串胡乱的飞行后降落在乌拉圭，然后他们步行或搭便车一路穿越巴西、安第斯山地区和中美洲的各个国家，直到抵达美国，最后安顿在加利福尼亚州。随着跨越地中海和大西洋的行程变得越来越艰险，他们转而穿过苏丹进入埃及，或者乘木筏跨过红海到达沙特阿拉伯。大多数厄立特里亚人都是年轻人，他们在成长过程中看到比他们年长的人纷纷急不可待地逃离祖国。迁移就是他们的生活，他们不知道接下来会被这种生活带到哪里。

非洲人大声吵嚷着要去欧洲，但是多数人只能自我满足于内部的频繁迁徙。而在新冠肺炎疫情给公共卫生系统造成的毁灭性打击下，即便这种内部迁徙也变得越发艰难。尽管如此，在非洲范围内流动的非洲人依然代表了全球最大的移民群体。这片大陆上模糊不清的国界成为人员、货物、食品、矿产、毒品和武器的中转区域。非洲各国政府已经一致同意，到2025年建成整个大陆范围的自由贸易和流动区——这一行动既认可了显而易见的现实，也代表了一种崇高的努力，着手解决殖民者在非洲任意划定边界所造成的问题。当人们手握价格2美元的电话，移动支付在每一个国家普及的时候，非洲有机会利用各种形式的移动性作为重塑自身的跳板。

似乎显而易见的是，摆在非洲面前的发展路径在于制造业和贸易、服务和技能、城市化和数字化。肯尼亚首都内罗毕的喧闹便散发出这种积极的气氛。但是，大多数非洲青年并没有享受到一丝一

第八章 "南方国家"能否幸存

毫创业的忙碌。非洲是否还需要更多的人陷入交通拥堵,或在缓慢的车流中贩卖中国玩具和雀巢咖啡呢?

非洲发展银行有一个更好的主意,它希望将农业地区变成主要的创造就业区域,在可再生能源的驱动下提高粮食生产效率。非洲未开垦的可耕种土地几乎占到全世界的一半,还是最大的磷肥出口方,却仍有几千万人面临严重的粮食不足。像加纳这些明智的国家发起了对农民的专业培训项目,提供更好的设备。与其为欧洲种植花卉,非洲人更应当多为自己种植粮食。

为此,非洲将需要保护它的水资源。乍得湖的干涸已经加剧了乍得、喀麦隆、尼日利亚和尼日尔等各地部落之间的紧张关系,迫使300万人背井离乡。干旱也导致赞比西河流量减少,继而,赞比亚和津巴布韦边境上一度无比壮观的维多利亚瀑布可能会因此逐渐缩小成一个小小的水柱。这就意味着农业、旅游业,以及水力发电量的萎缩。非洲也输出水资源,比如苏丹等国家将农场出售给沙特阿拉伯,其他海湾国家也在上尼罗河地区大肆买进,使苏丹贷款从其他国家进口小麦。最终,东非各国彻底干枯,其人民可能向南逃往肯尼亚,向北逃往埃及,或者向东跨过红海逃往沙特阿拉伯那些依靠海水淡化的海滨城市,仿佛10万年前非洲的特大干旱正在重演。

非洲的一些地区具有中期的宜居潜力,如雨林面积占80%的加蓬,以及沿海的刚果和博茨瓦纳,它们各自都代表着仍处于平衡状态的自然生态系统。按照未来派电影《黑豹》(*Black Panther*)中为瓦坎达国①设想的路线，非洲人可以在这些地方建造可持续的新飞地。[4] 如果他们真的这么做，非洲的年轻人肯定会搬到那里。

对南方的构想

大多数人可能根本不会离开他们出生的国家、地区或大陆。这一事实对12亿非洲人和4.5亿南美人尤其像一个诅咒，他们更不容易具备离开的能力，或得到离开的许可。这是一个悲剧性的讽刺，因为非洲和南美洲因气候变化而流离失所的人预计将是最多的。最近几十年发展中国家的经济增长使南北之间的明显差异略微减少，但是气候变化和新冠病毒将使这种差异报复性地再次扩大。一位联合国官员宣布："我们面临着'气候种族隔离'的危险，富人掏钱逃避炎热、饥饿和冲突，而世界上的其他人只能承受痛苦。"[5]

对于"南方"世界未来命运的构想，存在着很大的分歧。如果南北之间的迁移继续受到严格限制，那么南美洲和非洲将继续成为（主要由北方造成的）气候变化和（主要是其自身过错的）政治腐败的牺牲品。他们可以投资于基础设施、工业、农业、教育、清洁能源和医疗保健，在向世界出口的同时提升自给自足的能力，否则他们可能更快同时遭受生态毁灭和自相残杀，每年牺牲数百万人，来争夺稀缺的水和粮食资源。

不论哪种情况，北方仍然想要分得自己那杯羹，并把它一口

---

① 出现于美国漫威公司漫画中的一个虚构的国家，位于东非，其国王即黑豹。

第八章 "南方国家"能否幸存

> 吞下：开采矿产，通过谈判获得粮食供应，从利润、偿债和非法洗钱中榨取的资本比它们在投资和援助中贡献出来的还要多。几十年后，北方国家要么会迅速将曾经依靠从南方输入劳动力的大部分功能予以自动化，要么将有选择地招募南美和非洲移民来完成亚洲人尚未完成的职能。结局可能会是所有这些情景的某种组合。

南美洲：永远是"失去的大陆"吗

南美洲拥有世界上最大的淡水储量，但并不包括它的最大城市圣保罗，那里的水龙头已经干涸。因为亚马孙河及其支流覆盖了这块大陆的绝大部分沿海地区人口，这些河流就必须能够自由地流淌——而森林砍伐和干旱气候的恶性循环使其无法实现。巴西在左翼社会主义和右翼民粹主义之间持续摇摆，而后者的政策目前正在加速亚马孙地区的毁灭。巴西完全可以利用亚马孙河促进生物医学和制药创新，但是当它把自己的未来付之一炬，越来越多的巴西人带着家人和钱财离去。

拉丁美洲国家（除了哥斯达黎加和乌拉圭这两个小国）基本上都存在叛乱组织和危险的黑帮，这一地区的凶杀案犯罪率极高。拉丁青年喜爱数码设备，这为他们的自我表达提供了媒介，但如果他们能够挣脱贫困、暴力和腐败的困境，互联网也同样会向他们展示更美好的生活。

新迁移 | 人口与资源的全球流动浪潮

  南美洲的其他大国也无法让我们对这块大陆感到乐观。在19世纪，阿根廷曾对它的经济优势信心十足，甚至一度流行将世界地图倒置，把南半球摆在上半部分。但几十年来意识形态上的摇摆不定使其经济陷于困境，带来了沉重的债务，不提高税收便无法进行必要的投资，而广大人民早已捉襟见肘。难怪绝望的公民转而使用比特币以逃避资本管制，并将资金转移出国。更糟糕的是，人口占全国三分之一的首都布宜诺斯艾利斯不得不担心海平面的上升。而与此同时，阿根廷的大部分地区遭遇暴雨，两个星期的雨量就相当于全年的降水，导致洪水泛滥，甚至连牛都必须学会游泳。冰川融化使河水进一步上涨，直到冰川完全消失——随后可能会出现严重的干旱。阿根廷出产的粮食能满足10亿人口的消费，但是它必须把握好草木繁茂的巴塔哥尼亚地区的农业工程，才能保持其世界食品店的地位，并吸收来自该大陆其他地区的气候移民。

  21世纪头10年，乌戈·查韦斯（Hugo Chavez）治下的委内瑞拉想要成为阿根廷和巴西的权力继承者。如今，它反而经历了世界上最严重的一次难民危机，众多营养不良的委内瑞拉人逃往哥伦比亚等安第斯国家。在过去的10年里，降雨量下降了50%，造成曾经浩荡的奥里诺科河①水资源短缺，水电大坝停止发电。该国西部山区曾有5座冰川，现已全部融化。可以想象，委内瑞拉人有朝一日将

---

  ① 南美洲一条重要的河流。发源于委内瑞拉与巴西交界处，向东注入大西洋。整个河道除了有一段位于委内瑞拉和哥伦比亚的边界线上以外，大部分在委内瑞拉境内。

第八章 "南方国家"能否幸存

在新的领导人领导之下回归本国，更好地利用本国巨大的能源储备，但没有人知道这一天何时到来。

即使是哥伦比亚这个更有前途的安第斯国家，也将经历水资源短缺，因为干旱和过度采矿导致其流域内水源枯竭。秘鲁的冰川都融化得很快，这首先会带来洪水，然后便什么都不剩了，特别是对于该国的 1 000 万农村贫困人口来说。厄瓜多尔、秘鲁和哥伦比亚的人口可能不得不向三国交界的内陆地区移动，以便于利用尚存的雨林——但是首先，他们必须能够控制那里的火灾。

同样作为安第斯山脉地区的国家，智利表现出资源和人口结构的错位，为了使其人民适应气候变化，就必须纠正这种错位。贫瘠的北部地区持续干旱，迫使农民把牲畜向南迁移到更肥沃的地区。首都圣地亚哥的人口在过去 10 年里增加了 100 多万，现在已经占到全国 1 800 万总人口的一半。而这座城市的水源正在耗尽，该地的高海拔也加剧了干旱。政府将不得不引来安第斯冰川融水，并加强太平洋沿岸的海水淡化，但该国大部分人口可能还是不得不向南迁移。南极洲雄伟的峡湾面对着（以 16 世纪第一次环游世界的葡萄牙探险家命名的）麦哲伦省，使它成为南半球的挪威。少雪的季节已经把滑雪者赶到了安第斯山南段，夏季里智利南部的气候更加温和，高山和大海缓解了炎热（使它远比南太平洋对面澳大利亚的酷热更易忍受）。从 19 世纪开始，首先定居在智利南部的是德国移民，智利人将要用他们所继承下来的高超的工程技艺来扩建目前仅有双车道的南北走向的 5 号公路，也就是泛美高速公路中长达 3 400 千米的智利路段。

新迁移 | 人口与资源的全球流动浪潮

你可以生活在南极洲吗

南极洲刚刚经历了有记录以来最热的一年（2020年2月的气温超过了18摄氏度），冰层加速融化，降水量增加，出现了更多的小块植被。南极洲尚无常住居民，但是在夏季的几个月里，各科考站有大约5 000名科学家和工作人员。新西兰已经扩建了斯科特基地①，为其配备了全年的生活设施。然而，长达半年时间得不到太阳的直射，这让自给自足的农业生产变得难以实现——即便室内的光照水培生产是可行的。尽管如此，南极洲还是可以帮助南半球的国家应对淡水短缺。南非曾经尝试把那里的冰山拖到海岸。它在采矿方面有着巨大潜力，虽然1959年的《南极条约》（Antarctic Treaty）禁止采矿，这座冰雪大陆还是对一些国家有着很大的吸引力。

澳大利亚：下方②太热了

几十年来，地球两侧对称的两个大国的轨迹惊人地相似。同为

---

① 新西兰的一座南极科学考察站，位于罗斯岛附近，始建于1957年。
② 此处的原文"down under"，是英语中对大洋洲，特别是澳大利亚的一种特别的称呼，最早源自欧洲殖民者，因为他们从自己的位置看，南半球的澳大利亚位于地球的下方。以专业术语来说，欧洲和澳大利亚互为对跖地，即二者是以地心点为中心在地球表面对称的两个位置。

第八章 "南方国家"能否幸存

资源丰富的广袤大陆，加拿大和澳大利亚的大宗商品繁荣给它们为数不多的人口带来了连续数十年的经济增长。但是现在，两者却走上了截然不同的道路。随着气候变化的加剧，加拿大很可能从中受益，而澳大利亚会遭受损失。

在20世纪中叶，澳大利亚学者曾经忧虑，全球人口过剩和粮食短缺将促使国际机构试图大批量获取它的农产品。而今，这已不再是澳大利亚人需要担心的一种情景了。加拿大的辽阔内陆地区有着丰富的森林和可耕作土地，澳大利亚则相反，作为其大部分国土的荒漠地带正在迅速地对沿海地区的生活带来侵害，还有野火和海平面上升的问题。澳大利亚在气候上的厄运会不会吓退长期持续的移民潮，甚至吓跑早期殖民者的后裔呢？

气候变化正在蹂躏这个曾经幸运的国家。澳大利亚内陆的河流和水库已经干涸；没有新作物得到栽培，大批牲畜死亡，居民纷纷离去。2019年，维多利亚省森林大火肆虐，烧毁的地区比瑞士的面积还要大，导致了几十万动物和数十人的死亡，几千座房屋化为灰烬，迫使该国进行了一场和平时期最大规模的疏散。火势之大甚至形成"大火引起的积雨云"，其带来的暴风雨和雷电又引发新的火灾。用一位学者的话来说，人类世更像是"火成世"（Pyrocene）。[6]在澳大利亚人口最多的新南威尔士州，森林大火切断了进出悉尼的主要道路。此后，悉尼在2020年初又遭受了飓风引发的洪水袭击。然而，在全年的大部分时期，其水库的蓄水量都很低，居民面临严重的用水限制，而工业活动更是在消耗水源的同时产生了数量惊人的碳足迹。

澳大利亚是一个富裕的国家。它的人口不多,但是矿产和天然气出口带来了巨大的收益。它的财富和能源都可以用于海水淡化进而复兴其农业生产。但是澳大利亚也有对气候变化持怀疑论的政治家,他们和强大的产业游说集团一起,对具有前瞻性的政策横加干涉。其结果便是,类似连接昆士兰州和新南威尔士州的南北输水渠道这样具有战略意义的水利工程项目已无人问津,虽然它们需要很多年才能投入使用。谁知道移民或澳大利亚本地人还能不能坚持那么久呢?

对于英国、地中海沿岸、阿拉伯地区的中年移民和野心勃勃的亚洲人来说,澳大利亚长期以来都是一个颇受青睐的目的地。这里吸收了为摆脱社会等级制度、僵化的教育体制或令人窒息的政治状况(或三者兼而有之)的他国移民。在经济合作与发展组织中,澳大利亚是出生于外国的人口占比最高的国家,而且每年吸纳大约20万新移民。这个国家正变得越来越亚洲化,而不是白人化。目前,父母双方都是本土出生的人的数量刚刚超过总人口的一半,但是在新澳大利亚人的父母原籍国中,中国、印度、马来西亚和菲律宾是增长速度最快的。相对于同质化的农村地区,从重要城市的中心地带可以更好地瞥见人口结构的未来状况。年轻移民直接涌入悉尼市中心,而上年纪的白人家庭则迁移到郊区。正如前外交部长加雷斯·埃文斯(Gareth Evans)的明智说法:"澳大利亚的未来将更多由其地理位置,而不是历史来决定。"

第八章 "南方国家"能否幸存

珀斯、阿德莱德、布里斯班和墨尔本这些生活舒适的城市，投资于步行设施、教育和公用事业，使它们成为对于澳大利亚本国和外国人才具有吸引力和创造力的城市。缺少了这些城市吸收的移民，这个国家的高科技行业也就不复存在了。鉴于澳大利亚对外国脑力劳动者的依赖，处在边缘位置的单一民族党所持的排外思想对国家毫无益处。新冠病毒亦如此，它没有杀死很多澳大利亚人，但是的确挫伤了外国留学生和不动产投资者的意愿——这两者都对经济发展至关重要。如果澳大利亚幸运的连续经济增长停滞下来，或者地缘政治趋于紧张，或者气候变化赶走移民，或者这3项因素一起出现，很多人就可能会带着澳大利亚护照到其他地方定居。

即便是骄傲的澳大利亚人做出同样的行为也毫不奇怪。在这个国家，长期以来都有不安分的年轻人到国外漫游，其中很多人再也不会回来。目前，政府主动对在海外学习亚洲语言的澳大利亚青年给予补助，以便使他们可以成为澳大利亚的矿业公司、大学和医院里更为有用的海外员工——所有这些公司都意识到了海外扩张的必要性。学生们很乐意接受，因为他们在毕业之后平均需要3年时间才能找到一份全职工作。难怪这么多的澳大利亚年轻人首先要四处走一走。

第九章

亚洲人来了

未来属于黄种人

在18世纪末工业革命前夕，亚洲——尤其是中国和印度——占世界经济总量的比例达到了近60%。250年后，情况又是如此。西方对技术的掌握、快速的工业化、人口的增长和帝国的野心驱动了欧洲和之后的美国在19世纪和20世纪称霸全球。但正像亚洲的复兴所表明的那样，长期来看，人口较多的社会往往会变得更加富裕，因为它们汇集并传播了使其更加繁荣的创新。人的集合就等于能力的集合。亚洲人口现在达到美国和欧盟之和的5倍，亚洲各个强国也掌握着最新的技术。因此，西方社会将继续失去相对亚洲的经济优势，除非他们补充人口数量，而最大可能就是以亚洲人来补充。

作为殖民主义的遗产，印度人已经广泛融入世界各国。印度移民社群的规模位列世界第二（仅次于中国），但在地理分布上最为多

第九章 亚洲人来了

样化,在每个大陆(除南美洲外)都有大量存在。印度已经拥有最多的仍然保留本国国籍的海外侨民数量(超过1 700万),远远超过墨西哥人(不到1 200万)和中国人(不到1 100万)。大量印度人在阿联酋定居,导致驻当地使馆收取一项侨民税,将这笔钱集中起来用于救助陷入困境或需要遣返回国的国民。圭亚那的前总统、爱尔兰的前总理和葡萄牙的现任总理都是印度后裔。

医疗、科技和其他领域的人才争夺越发将数百万南亚家庭吸引到英国和北美,英语能力使他们在融入过程中比其他国家的人更有优势。我记得学英语很艰难,但那时我还很小,我8岁左右时,非英语母语者的身份已经不再是个问题了。20世纪80年代中期,在纽约市郊外的韦斯特切斯特县,恰恰是因为印度家庭相对较少,融入才是唯一的选择。在欧洲和美国,你可以找到"唐人街",可是并没有对应的"印人街"。

下一波走向全球的印度移民可能会远远超过历史上曾经出现过的规模。印度的年龄中位数比中国低得多,该国25岁以下年轻人多达6亿。在经合组织国家中,已经有310万具备高技能的外籍员工出生在印度,远多于出生在中国的220万人。考虑到新冠肺炎疫情后的经济崩溃和严重的污染水平,印度人前所未有地想要离开这个国家。在印度扩充高等教育的情况下,会有越来越多的印度人能够达到美国、澳大利亚、日本、新加坡以及欧洲的研究生入学要求。目前,在西方的校园中,中国留学生的数量比印度留学生多,但是印度还有很长时间可以赶上来。

印度人才流向美国和美国资本流向印度，这种方式让越来越多的印度人分散到各处。绝大多数美国的 H-1B 签证都发给了推动美国软件生产和出口的印度人。布鲁金斯学会①预测，特朗普总统在2020年6月颁布的收紧非移民工作签证的行政命令，将给美国经济带来1 000 亿美元的损失。[1] 这也给了美国科技巨头一个借口，让他们进一步扩大已然很庞大的海外扩张，从电信到电子商务再到人工智能，硅谷在印度的投资都在猛增。印度希望说服 100 所著名高校在印度本地设立分校。

但与此同时，印度国内的这类培训的综合效果将使得印度人越来越有资格去更加宜居的地方申请工作签证。西方的跨国公司滔滔不绝地谈论着向多达 30 亿的亚洲中产阶级销售产品，但亚洲的数十亿人对储蓄和流动的热情丝毫不亚于他们留下来进行消费的愿望。印度的男性正苦于适龄女性的减少，印度妇女则希望逃离这个容忍轮奸罪行的社会。男性和女性都鄙视包办婚姻，而宁愿出国。在那里，他们经常可以通过社交活动，或借助交友类应用软件结识其他印度人。

整个南亚地区，无数教育程度较高的、勤奋努力的千禧一代和 Z 世代都准备出国，然后向家里汇款，以提高家庭生活水平，或者把钱积攒起来以便追随亲人出国。巴基斯坦人、孟加拉国人和斯里兰卡人也都是通过这种方式在海湾国家、英国和北美扎下根来的，所

---

① 美国著名智库，以其规模、历史和研究的深入性作为华盛顿的主流思想库之一。

第九章 亚洲人来了

以乌尔都语才会成为美国家庭使用的语言中增长最快的一种。巴基斯坦还有 1.3 亿 30 岁以下的年轻人,其中大多数人都无法在萎靡不振的经济中找到工作。不管是以什么方式,他们中的很多人都会想办法出国(见图 9-1)。

	中国人	南亚人
澳大利亚	1 200 000	962 000
加拿大	1 800 000	2 000 000
美国	5 100 000	5 400 000
南美洲	1 100 000	553 000
非洲	1 000 000	3 500 000
中东和北非	550 000	19 000 000
欧洲	2 300 000	5 000 000
俄罗斯	200 000	42 000
东南亚	23 000 000	7 400 000
日本	1 000 000	75 000

= 100万人

中国有世界上最大的海外侨民社群,但世界各地的南亚人口(特别是印度人)都在增长。欧洲、海湾地区和非洲的印度人口已经远远超过中国。在北美,南亚人口的增长速度比中国人快得多。

图 9-1 亚洲的主要移民群体

下一波移动的印度人正赶上最好的时机。当墨西哥人向国外的移居减少，俄罗斯和中国的人口正在老龄化，印度却依然年轻，这里的男女老少都渴望逃离这个文化沉闷、生态窒息的国家，去往北美、欧洲、海湾国家、俄罗斯、日本、澳大利亚或东南亚等地区。换句话说，去往任何地方。

年轻的和躁动的

在亚洲，技术转移正在推动新的移民潮。在中国，自动化已经导致了几百万适龄员工的岗位被替代，从工厂工人到健身教练，都被迫跑遍全国各地，甚至远赴海外，只为寻找新的工作。在泰国和越南，随着工业机器人大量应用在电子和汽车制造行业，收入微薄的产业工人也面临着被裁员。在以互联网技术为动力的印度，算法和聊天机器人也在掏空呼叫中心的工作岗位，并使班加罗尔的光鲜雅皮士来到之后不久便因要价太高而无人问津。千百万亚洲人已负担不起继续生活在原地的费用，何况如果没有工作的话，为什么还要待在那里呢？于是，他们开始移动。

经济移民导致的迁徙越来越多。在20世纪，人们相信临时工过几年以后最终会返回家乡，人们也认为寄钱回家会阻止"他们"变成"我们"。但是与之相反，移民们安顿下来，攒下足够的钱，安排家人到西方与他们团聚。经济移民变成了连锁式移民。因为汇款可能并不可靠，移民政策或许会改变，货币的汇率也会波动，他们的

第九章 亚洲人来了

家人宁愿背井离乡,也一同成为移民。在这些家族侨民社群中,单个成员经常去往不同的地方,并使用"轻松汇"(Remitly)①之类的跨境金融应用程序互相转账。

亚洲数十亿中产阶级想要迁移,要么是因为他们已经足够富有,可以这么做,要么是国内的工作岗位已经消失。与此同时,他们在互联网技术、建筑和医疗方面获得的技能是可以"随身携带"的,这就使得他们更有资格获得在海外从事高薪工作的签证。根据《国际移民手册》(International Handbook on Migration),当人均国民收入从大致2 000美元增长到1万美元的时候,移居海外的人数会大量增加。今天,随着人口的快速城市化和经济活动越发以服务为导向,大多数国家发现自己正处在这样一条曲线上。在某些国家,一旦人均收入超过1万美元,移居海外的人数就会减少,但自动化导致很多人的收入无法达到中等水平,所以他们迁移到有工作机会的地方。[2]

在世界各地的农场、建筑工地及其他基础设施项目中,有1.5亿半永久性的客籍工人,其中亚洲人占了大多数。除了印度人和巴基斯坦人之外,此前未被充分利用的印度尼西亚男子也可以从木工和金属加工方面的基本培训中获益,他们在其他国家能够得到比在国内更好的就业。另外,还有近100万以亚裔为主的商业捕鱼和贸易船队中的海员,乘着大型船只往返于各个大洋之间(其中有40万人

---

① 由位于美国西雅图的一家初创公司创立的一个应用程序,专门针对个人跨国汇款,比传统方式更加便捷,费用也更低廉。

在新冠肺炎疫情封锁期间滞留海上），随着新港口的建设和人口的转移，他们的航线也在不断迂回曲折。我们可能很快就会看到亚洲的农民和工匠在北极建设城镇。世界需要这些躁动不安的亚洲年轻人不断地移动。

跨国女佣

一个国家应当接受总量为多少，来自哪里的移民，以及如何保持共同的民族精神，理性的人都有可能就此展开争论。但是，作为一个文明的社会，一个国家至少应该有套像样的医疗保健制度，即需要足够的医生和护士。为应对医疗从业者的短缺，美国在20世纪70年代引进了大批的印度医生和药剂师。但是，新冠病毒的大流行清楚表明，美国和英国都没有为其庞大的医疗事业准备好充足的医护人员。在美国，死于新冠肺炎的全部患者中有三分之一是在养老院去世的，这一现实可能会导致今天的婴儿潮一代（及其子女）要求在他们住进养老院的时候得到更好的照护。美国有300万护士，已经是医疗保健行业人员中最大的一部分，但美国需要的数量比这还多得多。

中国也如是。与美国和日本一样，中国不再是开办幼儿园的最佳地区，但养老院是一个蓬勃发展的行业。除了没有子女的中国移民，估计还有50万到100万的菲律宾人现在从事养老产业。鉴于全世界有一半卷烟都销往了中国，似乎可以相当确定，该国会需要更

第九章 亚洲人来了

多的护士来照顾那些患有癌症和其他慢性疾病的患者。

菲律宾已经成为全世界医院护士的最大提供方，但对护士进行培训的速度无法满足全球的需要——未来20年中，预计将出现1亿个新岗位。与此同时，随着菲律宾家庭更加富裕，他们希望把护士和保姆留在国内，而不是将她们输送到国外。因此，在马尼拉展开了紧张激烈的国际招聘活动，广告牌上宣传着德语课程和前往欧洲的快速签证。德国不仅从亚洲招募，也在从波兰和保加利亚吸收精力充沛的60岁妇女，为德国的50万80岁以上的居家老人提供每周7天、每天24小时的全程照护。

护士和家庭工作者可以提供观察贫穷国家的年轻女性在全球人才争夺战中扮演何种角色的理想视角。在亚洲、中东和北美，她们利用侨民社群网络和职业中介寻找工资更高的工作。因为这种方式，耶鲁大学的学者安朱·保罗（Anju Paul）给她们贴上一个更恰当的标签——"跨国女佣"。对有经验的照护者和女佣的需求很大，她们有一定的议价能力；保罗甚至为她们创建了一个可兹利用的指数，根据对治疗质量的不同预期为各个国家进行排名。这肯定会对下一波印度和印度尼西亚输往海外的护士非常有用，这两个国家的年轻女性人口远远超过菲律宾。[3] 追寻着女佣们在全球的移动轨迹，我们可以看到，移民（与古代世界的商人一样）在点对点的情报分享方面发挥了多么有效的作用。一旦在某个地方站稳脚跟，对于其他寻找可迁之地的人，他们的出现就成了一种风向标。不论是在日本、澳大利亚、沙特阿拉伯，还是加拿大，没有其他专业人士能像亚洲女佣一样充分代表当今和未来的量子员工。

混杂的人类

未来，亚洲人不间断地向外迁移将改变全球的肤色。大规模迁徙所改变的，不仅是人们所在的地点，而且还包括人们的身份。每年都会有考古学、人类学和遗传学方面的最新研究表明，世界上的许多部落几千年来如何完全地融合在一起，基因的多样性又如何渗透到几乎所有人当中。我自己的基因检测结果显示出波罗的海和地中海的血统，这看似很奇怪，但是从印度的历史来看，却也相当合理。移民的血液中流淌着如此之多的人类属性。这提醒我们，移动性，而非部落性，才是我们的原始本能，是作为人类的我们身上根深蒂固的东西，远非任何人为的对种族或民族的忠诚可比。事实上，最近的古生物学研究认为，尼安德特人灭绝的一个原因是，他们缺乏人类更具流动性的智人祖先所具备的遗传多样性。流动性刷新并扩展了我们的基因库。

与史前时代一样，今天不断增强的移动性加速了人类基因的碰撞。过去80年里的大规模迁徙已经形成了一个日益融合的全球社会，动摇了在种族上具有同质性的"民族国家"这一概念。中国、孟加拉国等国家依然是单一民族占主体地位，而所有主要的英语国家——美国、加拿大、英国和澳大利亚，除了现有的少数民族之外，还有超过20%出生在外国的人口。它们正在演变为"少数族裔占多

第九章 亚洲人来了

数"的国家,即各少数民族合在一起构成人口的大多数。这些国家已经遍布着带连字符的所谓"印裔美国人"(Indian-Canadians)、"华裔美国人"(Chinese-Americans),等等。一个世纪以前,主张白人至上主义的三K党(Ku Klux Klan)坚持以这种带连接号的词语将移民与主体民族清楚地划分开来。但是,当大多数人都带上连字符的时候,同样带有连字符的"民族－国家"就要成为过去式了。

和气候变化一样,种族的稀释也是一个渐进的过程,它已经跨过了一个临界点。北美洲已经变成了混合着欧洲人、美洲原住民、拉丁美洲人和亚洲人的大杂烩。截至2015年,有17%的美国婚姻是跨种族的,高加索人和亚洲人结成的夫妇大量增加。如今,有一些亚裔美国妇女因为嫁给白人男子而颇受烦扰,可下一代人就不太可能再面临同样的挑战,因为他们已经是混血儿了。欧洲社会也在与北非人、土耳其人、斯拉夫人和阿拉伯人进行融合。在伦敦,超过10%的孩子出生在非洲或南亚人与盎格鲁－欧洲人结合的家庭中。在那里,穆罕默德已经成为最流行的男性新生儿名字。一项2020年的调查显示,有十分之九的人不会对其社交范围内的异族婚姻感到困扰。[4]在德国和法国,与阿拉伯人、非洲人和土耳其人的异族通婚也已经成为主流。未来,我们的人口特征会越来越呈现出一幅棕色、黄色、黑色和白色相互交织的图景。

亚洲人在远东地区也同样越发混杂。5 000万海外中国侨民已经不可避免地融入了泰国和马来西亚等国家的社会结构中。那里的人名能显示出各自的种族特征,但实际上他们更多的是当地人、中国人和印度人的结合体。中国人、印度人和其他民族的通婚也在增长。在中国，直到20世纪80年代还少有跨民族婚姻，但是现在，与亚洲其他国家的人、欧洲人和非洲人的婚姻已经有所增加。

没有人是被迫与其他民族结婚的，他们是自愿的，而且这样做的人越来越多。对于种族纯洁的妄想是种族主义者强加给他人的一种政治选择。但现实已经不可逆转地取代了这种倒退的幻象。一些国家的仇外心理不可能减缓全球范围内的基因混杂。因此，我们也应该对"文化即命运"的观念持高度怀疑的态度，它的意思就好像有一种固定不变的民族文化，不经改变和调适地世代传承。正是因为几乎不存在纯粹的民族国家，也就没有一成不变的文化。吸收同化貌似是一种恶意的竞争，但是到头来，融合总是会被接受的。我们的文明最终会走向一种全球性的混杂的文明。

侨民的地缘政治

更多亚洲人的迁徙意味着越来越大的亚洲移民社群，分布广泛的民族社区在每个国家都有存在，不仅对自己的祖国，而且出于自身利益对于驻在国同时施加着影响力。[①]19—20世纪的大规模移民所

---

① 几千年来，犹太人民更多的是作为散居海外的侨民而非民族存在，忍受着从古亚述（Assyria）到纳粹德国的驱逐，因此有一句谚语说，树有根，犹太人有腿。第二次世界大战后，犹太移民社群在建立以色列的过程中发挥了重要作用，但时至今日，犹太散居人口估计有800万，仍然超过以色列的600万人口。——作者注

第九章 亚洲人来了

搭建的舞台，使移民社群在战后几十年的美国政治中发挥了重要作用。最显著的例证就是犹太人之于以色列，北爱争端中的爱尔兰人，以及在20世纪90年代末为扩大北约同盟进行广泛游说的东欧人。

所有主要的亚洲移民社群——中国人、印度人、孟加拉国人、巴基斯坦人和菲律宾人——都在深深植根于世界各地。如今，来到美国的年轻中国学子说着比前辈更流利的英语，但是这并不一定能使他们更好地适应。相反，他们对中国的崛起更有信心。

但是，现在很多中国移民接受了当地的公民身份，他们的行为不能单纯视作外交政策问题。特别是在加拿大和澳大利亚，"他们"已经在一定程度上变成了"我们"，而政府还在努力确定哪个人忠实于哪个国家。澳大利亚刚刚禁止了政治党派接受外国的财务支持，同时，加拿大在争论是否应当引渡已经获得加拿大居留权的中国人。

随着印度人在美国的财富和影响力上升，他们也增加了对印度和美国政党的资助。移民社群发挥了重要的作用，将印度打造成美国在亚洲的民主盟友。2019年9月，为了纳伦德拉·莫迪和唐纳德·特朗普在休斯顿天源体育场的联合集会，"你好，莫迪"组织从移民社群中召集了5万人参加。代际的分野值得注意，虽然集会上大多数都是中年人，但会场外年轻的印裔美国人向莫迪发出抗议，标语牌上将他（和特朗普一起）称作法西斯。

在过去3代人的时间里，已经有足够多的印度人获得了他们梦寐以求的英国公民身份，现在他们可以对英国的政治发挥一定的影响力。"印度人民党海外之友"在英国比任何其他国家都更为活跃。当杰里米·科尔宾（Jeremy Corbyn）的工党公开呼吁国际社会干预克什米尔时，为了表示反对，该组织召集了140万英籍印度人投票支持鲍里斯·约翰逊的保守党。工党一度可以指望几乎全部的少数民族和移民中的选民，但现在已经不能了（科尔宾支持巴基斯坦的立场导致犹太社群也同样反对他）。可是，与美国一样，年轻的英籍印度人对于他们祖先的土地明显冷淡得多。

在美国和英国的印度人数量的增加所体现的是，随着时间的推移，一对一对的国家之间如何形成了程式化的协定，对定期在两国之间流动的家庭和留学生进行管理。不论外交上的联系处在高点或低点，这种渗透已经不可逆转。

第十章
亚太地区的退却与复兴

中国的人口变化

世界上人口最多的国家需要更多的人——这句话很快就会应验。

几亿中国人从农村地区向城市的大规模迁移,彻底改变了延续几千年的传统,一个大家庭里的成员不再生活于同一屋檐下。正当老年人口达到峰值的时候,中国的年轻人却不再情愿回家照护年迈的父母。到2030年,中国接近15亿的总人口中大约会有四分之一超过65岁,也就是说中国的老年人口将和美国的总人口持平。到那时(及以后),一个年轻的中国人将面对着"4-2-1"型的家庭:独自一人赡养父母,以及祖父母和外祖父母。但是,对于在城市中努力工作,且处于移动状态下的中国人来说,照顾老年人并不像在美国和德国那样是一项工作。

与此同时,中国迅猛的城市化、急速的自动化和性别失衡已经造就了相当大的就业压力，在失业的人口中，很多人都没有达到高中学历。这些人构成了在居住地没有户籍的流动人口的很大一部分，他们享受的社会福利也因此受到限制。最近，政府开始取消对户口的要求，于是中国人能够更加自由地流动。

外国人又能否适应自己所处的这个中国呢？生活在这个国家的外籍人士只有100万人，即使再多5倍，也不会引起注意。比数量更重要的是这些人所表现的趋势。在中国各地的校园里，可以看到大量的欧洲、非洲、阿拉伯和其他亚洲国家的留学生，2019年，这个群体的总人数接近50万（其中只有1.2万人来自美国）。除此之外，从尼日利亚到巴基斯坦，越来越多年轻的专业人士在中国接受职业培训。正如一位北京大学的学者对我所言："尽管来自美国的留学生数量下降，'一带一路'国家的留学生正在增加。"其中所指的是参与"一带一路"倡议的100多个国家。

令人惊讶的是，中国也吸引了越来越多的日本科学家，尽管他们的学历很高，在日本却找不到工作。其中至少有8 000人目前分散在中国的各个大学和研究所，推动了中国从天文学到动物学，及最重要的气候科学和工程等诸多领域的研究。北京正在将自己打造成一个世界性的大都会，就像过去几个世纪中的伦敦和巴黎一样。

很多人将中美之间的贸易和技术摩擦视为一个信号，认为这标志着美国公司及其派驻海外的雇员的数量将会遭到削减并返回本土。但是，企业跟随的是供应链而不是政府指令。有很多原因使得外国公司减少在中国的业务，包括本地工资的上涨、本土对手的激烈竞争、对没有高级学位的英语教师的严厉打击等。但所有这些都不意味着他们会回家。事实上，紧随着中国的消费增长，2019年在华的美国人总数增至7.5万人。从苹果到耐克再到特斯拉，这些美国公司已经采取了一种"在中国，为中国"的策略，在当地生产他们向该地销售的产品。欧洲人也经历着相同的状况，因为他们比美国公司更加依赖从亚洲获取的收入。希望在这些公司的运营中担任经理的外派员工仍然需要学习中文。

寻找"亚洲梦"

现在，"家庭价值观"一词不仅适用于西方社会的家庭单位，而且同样适用于拥有稳定婚姻且忠于家庭的东亚人。但是亚洲的年轻人与西方年轻人一样，越来越难以确定他们在什么年龄会"安顿下来"。已经有将近100万中国人迁移到日本，在那边从事各种职业，从收银员到财务分析师。还有约25万人移居韩国。这3个国家老一辈人互相之间有着根深蒂固的猜疑，但是年轻人根本不在乎。在新加坡，一位30岁的千禧一代的中国技术人员告诉我："我不想结婚生小孩。我打算45岁就退休，到日本的一座农场生活一段时间，然后去更多地方旅行。我会把自己的资产变成加密货币，然后到处转一转。"

亚洲的游客和商务旅行者遍布全球的各个角落，但他们在本地区内部的跨境移动的频率相当于地区外移动的两倍。几千年以来，多样化的、独特而深厚的文明是亚洲的特色，现在它也造就了一种共同的文明。

与其东北方的邻国相比，南亚和东南亚社会依然处在中低收入水平，而各国的年轻人面临着同样的状况。在印度的劳动大军中，千禧一代已经超过了一半，除了互相之间的竞争，他们还要与算法比拼。印度的制造业和技术产业每年创造的就业机会远远低于承诺和预期，而且印度大学毕业生的失业率非常高。对于每年进入劳动力市场的数百万人，以及那些因自动化而被裁撤的人员，工作不会自己找上门来。他们会向西方或东南亚那些活跃的经济体迁移。

东南亚是世界上人口数量排在第三位的地区，仅次于中国和印度，也是人口最年轻的地区，其7亿总人口中半数以上的年龄在30岁以下。他们心中也想着两件事情：向城市迁移并获得一定技能。由于地区内部劳动力的自由移动，在新加坡和泰国，流向上层阶级的千禧一代中，曾经在三四个国家生活过的并不少见。东南亚的千禧一代异族通婚的比例也在上升，他们都有着乐观的展望和进取的精神。尽管人口已经很庞大，亚洲国家还是敞开大门欢迎外国投资和人才。从20世纪60年代开始，刚刚独立的新加坡便向跨国公司和外国员工发出邀请。这两股力量共同推动了这个国家的经济增长和多元化。50年后，该国人口中有三分之一是外国人，而且成为世界上最具创新能力的经济体之一。印度尼西亚、越南和菲律宾这些国家将公用事业、银行、农场、航空公司以及其他大型国营企业予以私有化，从世界各地引入新鲜资本和管理团队，实现更富有成效的投资。

东南亚国家有着便捷的签证、良好的教育、优质的医疗保健和快速的连接性,随之表现出来的欢迎姿态,使这些国家里的外籍人口不断增加。目睹了美国和大部分欧洲国家在新冠肺炎疫情上的错误应对,身居亚洲的欧洲侨民无意主动回归他们那些增长乏力、民粹盛行的祖国。新冠肺炎疫情期间,一些西方侨民失去了工作,不得不违背意愿返回家乡,但与此同时,申请泰国的"精英居留权"项目的美国人和澳大利亚人猛增,因为该国的感染率低,并且有经济实惠的医疗旅游产品。

如今的亚洲,有很多人从来没有想过自己会在那里。不仅是西方侨民,还有一些亚洲人,他们自己几十年前去往西方,但又作为公司高管和企业家,带着家人回到亚洲。如此之多的"再移民"构成宏大的全球移民叙事的一部分,我们需要将熟悉的表达方式倒转过来。我用"美籍亚洲人"来形容我自己和数千名回到亚洲的亚裔美国人,他们的父母和兄弟姐妹还留在西方。在可预见的未来,去往西方是对的,但如果情况发生变化,我们还可以再次移动。

亚洲的气候移民旋涡

世界上大部分地区都在变得更加炎热干燥,与此同时亚洲的高海拔地区和热带地区的湿地却变得更加湿润。有2.4亿人口生活在兴都库什山脉和喜马拉雅山脉地区,包括巴基斯坦、印度、尼泊尔、中国和不丹，但是还有大约16亿人依靠着从这里发源的10条河流水系。当中国、印度和巴基斯坦人民在干旱中焦渴难耐之际，喜马拉雅山和青藏高原的1.5万条冰川的融化可能被视为令人欣喜的变化。但是大量的冰川径流和极端的降雨已经导致印度东北部大坝决口，带来危险的洪水和泥石流。在未来10年内，如果三分之二的喜马拉雅冰川融化，将会危及几亿人的生存。消融的冰川已导致横跨印度和孟加拉国的恒河三角洲不断发生洪灾。但是这些河流最终会干涸，旱灾将取代洪水。再过10年，几亿人口就会因为海平面上升、河流泛滥和干旱而被迫迁移——这种迁移既发生在亚洲各国内部，也发生在亚洲国家之间。

恒河、布拉马普特拉河与湄公河的上游都位于西藏。它对于中国的重要性不在于稀少的人口，而在于环境地理上的意义：将该地区河水引向其庞大的南水北调工程。中国不得不这样做，因为它不能指望在新西兰等国购买瓶装水厂，那里的抗议活动已经迫使人们停止抽取纯净的湖水。与此同时，中国与印度、孟加拉国等国家没有正式的水资源共享协议。即便有这样的协议，水位的波动也开始变得难以预测，以至于在一些支流上建起的水坝可能永远也不会等到期待中的来水。

印度所拥有的淡水比中国还要少，它的十几亿人口居住在几十个世界上污染最严重而且淡水匮乏的城市。因此，印度付诸巨大努力，将喜马拉雅山的水源输送到农场和城市水库。莫迪政府还计划实施一项与中国相似的全国河流连接工程，以保证印度继续发挥全球粮仓的作用。

纷乱喧嚣的印度国内迁徙不仅包括从村庄到城市的人们,还包括为了寻找工作机会和更好的气候而从北向南移动的人们。2019年的新德里,在有关如何应对该市日益恶化的空气质量的调查中,有40%的人表示,他们正在考虑向南迁移到空气更加清洁的城市。过去10年间,已经有数百万印度北方人迁入安得拉和卡纳塔克这些地处南方的较大的邦,而果阿①的海滨天堂也被印度北方人(和欧洲游客)占据。班加罗尔已经从印度的"花园城市"变成了它的"垃圾城市"。与此同时,2019年金奈发生的断水需要政府每天调动数趟50节车厢的列车,从300多千米以外运来几百万升的水。

或许,已经迁移到南方的印度人将会向北回流,再次回到喜马拉雅地区。鉴于这里温和的季节性气候和叹为观止的喜马拉雅风光,许多印度人无疑会趋之若鹜。同样重要的是,克什米尔还是印度河及其所有支流的源头所在地。印度正在加快建设印度河上游的大型水坝,以促进克什米尔和旁遮普的灌溉,这两个地区生产了印度10%以上的小麦和谷物。

70多年以来,印度的印度教徒也在克什米尔殖民,说明国内的人口迁移具有与国际人口变化同样重要的战略意义。这些基于人口特征的决定也可能改变地区间的力量均衡,因为就像印度在2019年

---

① 位于印度西岸,是其面积最小的一个邦,历史上曾作为葡萄牙的殖民地,以海滩闻名,每年吸引着几十万国内外游客。

2月克什米尔恐怖袭击后曾经威胁要做的那样，它现在可以切断流向巴基斯坦的河水。

因为没有希望按照有利于自己的方式解决克什米尔问题，又不能控制重要的水资源，巴基斯坦也不得不对其人口构成和地理位置做出更具战略性的考虑。目前，这个国家最具有宜居潜力的两个省份的人口是最少的。美丽而多山的吉尔吉特－巴尔蒂斯坦地区拥有100多座7 000米以上的山峰。但是，随着冰川的加速融化引发猛烈洪水，巴基斯坦政府不得不大量投资于灾害应对和河道径流的疏导。伊姆兰·汗总理（Prime Minister Imran Khan）也号召，用100亿棵树重新绿化邻近的崎岖不平的开伯尔－普赫图赫瓦省。该国人满为患的阿拉伯海边特大城市卡拉奇经受着初夏热浪的炙烤，又在夏末季风中被洪水淹没，人口众多的巴基斯坦粮仓旁遮普省和信德省干旱肆虐，可能更多的巴基斯坦人很快也会北上。

在整个喜马拉雅山地区，有超过400座水坝和200个水电项目正在规划当中，使得即使是尼泊尔和不丹这样的小国也成为调动地区资源操纵的重要参与者。尼泊尔拥有的水电潜力相当于现有发电量的8倍，它迫切需要避免其国内的经常性停电，为基础产业提供燃料，并向印度出售电力。水利基础设施具有同样重要的意义，要将灌溉用水输送到印度的恒河平原各邦，如贫穷而肥沃的比哈尔邦。当政府最终投资于改善道路和水管理，比哈尔邦可能会从一个经济落后地区变成水果和蔬菜的重要产区。[1] 如果尼泊尔扩大其自身的农业生产，最后可能会有数百万印度人北上而来，朝向或穿越两国之间 1 800 公里长的开放边界。

不丹也允许印度人免签访问，但是没有居留权。这个与神秘的香格里拉传说联系最为紧密的王国只有 80 万人口，每年允许进入的游客不到 3 万人。大量的植树甚至使它的碳排放变为负值。考虑到它的基础设施并不完善，不丹更多地被当作印度和孟加拉国的水电供应方，而不是永久性的迁入地，但从地缘政治角度出发，它很快就将变成人们梦寐以求的高海拔气候绿洲。更多的印度人可能会从南边流入。即便要跨越世界最高的边境，人们还是会移动。

中国的喜马拉雅战略将水源和电力从长江上游引向勤劳忙碌的四川省（约 9 000 万人口）和草木葱茏的云南省（约 5 000 万人口），这将使两省的秀美风景和低廉成本体现出更多优势。中国的年轻人已经开始蜂拥聚集到四川省会成都和云南省会昆明。那里有新修的铁路连接着老挝和泰国，使它们成为南方丝绸之路实际上的中心。

云南也像一块磁石，吸引着东南亚的农民和其他的贫困劳动力。对于地势低平的东南亚国家来说，水太多或太少都会带来问题。这一地区的沿海大都市，如曼谷和胡志明市，都可能在 2050 年之前沉入水底。越南的湄公河三角洲高于海平面不足 1 米，意味着在接下来的 10—20 年，几千万越南农村人可能就需要撤往高地。现在，为了找工作跨过边境进入云南的老挝人和越南人已经达到数万名。

灾难性的飓风已经使印度、印尼和菲律宾的沿海人口迁往内陆。相比于孟买目前所在的暴露在外的半岛，它需要在更为坚实的土地上进行自我增殖。印度尼西亚计划将它的首都雅加达整体搬迁，从沿海的爪哇（世界上人口最稠密的岛屿，拥有 1.5 亿人口）转移到面积大得多的婆罗洲。不论这是否成真，印尼都需要为其最大的苏门答腊岛制定一个可持续的战略，那里是 5 000 万人的家园，拥有茂密的热带丛林。鉴于其面积更大、地势更高，印尼的明智做法是对它进行保护，以作为将来的居住地，而不应肆意砍伐珍贵的雨林。

大洋洲一些地势低平的岛国无法像印尼那样奢侈地在范围广大的群岛上重新安置居民。相反，他们正规划着自身的撤离。马绍尔群岛、图瓦卢、基里巴斯和所罗门群岛，这些太平洋岛国上的 230 万国民已经首先接受了新西兰的"气候签证"计划。最后，他们都会被重新安置在新西兰、澳大利亚或与他们在人口特征或政治上有着紧密联系的其他国家。有些国家已经要求中国提供资金帮助他们抬升道路，使它们能够在海平面上升中坚持更长时间。

也许，要应付最糟糕命运的，是那些同时作为政治和气候难民的人，比如缅甸的罗兴亚族穆斯林。超过 100 万遭受迫害的罗兴亚人已经逃到孟加拉国，他们在那里的主要难民营（被称作"舵手市场"）遭遇着季风性降雨带来的洪水。孟加拉国很难算是一个气候变化中的避难所，所以很快将有几百万孟加拉国人朝相反方向逃往缅甸北部靠近中国边境的温带高地（以及印度东北部的丘陵），伊洛瓦底江从那里流向南方，滋养着该国的农场和渔业生产。如果缅甸也采取一致行动，这里就可以摆脱军方管辖的困境，在一代人的时间里成为气候绿洲。

来自孟加拉国的气候难民和来自缅甸的政治难民很可能会进一

步南下到同为穆斯林的马来西亚,马来西亚是该地区最不容易受到不利气候影响的国家,那里拥有茂密的森林和湿润的季风降雨。很方便的是,所有这些国家都在大力加强全面联系。作为其"向东行动"政策的一部分,印度正在投资建设连接孟加拉国和缅甸到马来西亚的大型公路网络,力图促进能源、原材料和纺织品的跨境贸易。设计这种连接性并不是为了给大规模迁移铺平道路,但无论如何,这种情形很可能会发生。

日本:高科技的民族大熔炉?

在整个20世纪末,东京一直拥有世界上最大城市的称号。如今,在世界上24个超大城市中,东京是唯一一个注册人口显著下降的城市,就像整个日本一样。从全国来看,日本的房屋空置率位高居世界第一:每7座房屋就有1座被放弃,在未来10年中,这一比重还会增加。随着老年人去世、年轻人向城市迁移,一座座小镇正变得空空荡荡。

为了说服人们居住在这些迷人的城镇,日本确实在向年轻的夫妇分配住房,期望他们能够养育子女,为城镇生活的复苏做出贡献。至少他们确实采取了行动,而日本还有60多万(以男性为主的)中年失业者,此类人被称作"蛰居一族",完全生活在隔绝状态,不能或不愿去寻找工作。伴随着更多的妇女参加工作(加上更多老年人继续工作),日本的出生率大幅度萎缩。

与之相反，长期的日本观察家杰斯珀·科尔（Jesper Koll）认为现在是成为一名23岁的日本千禧一代的理想时机。你的父母将是世界上最富有的婴儿潮一代，拥有完全的房屋所有权和较低的债务、世界一流的医疗照护和养老金保障。你可以住在几代同堂的家里，依靠父母的积蓄维持生计，由便宜的外籍女佣或机器人（或二者同时）照顾他们和你的需求。在外面的职场上，大学生能在毕业后一周内找到工作，兼职员工会变成全职雇员。随着公司重组，各部门分拆成新的企业，公司的"老家伙俱乐部"正在轰然瓦解。当软银和（国内与国外的）其他风投在初创公司上大手笔地投入，日本公司也开始认真投资区块链和物联网传感器。对日本的减值处理已经成为过去时。如果这个国家正在走向复兴，会怎么样呢？只要日本扭转人口暴跌的趋势，这种复兴不仅看似合理，而且很有可能发生。

即使是自动化程度很高的国家也需要移民。日本有著名的陪伴老年人的机器海豹，机器人还可以在酒店负责办理入住手续，甚至还有一位机器人佛教僧侣在京都的一座寺庙里布道。但是在农业、医疗保健、教育以及其他基本服务行业，仍然存在人员缺口。然而，除了周期性地被送到日本做劳工或工匠的一波波韩国人之外，日本在历史上一直反对移民，一直到现在都是这样。

其实，日本从未像现在这样对来自全世界的移民敞开大门——这些来到日本的移民数量创下了历史纪录。事实上，日本是移民迁入数量最多的国家之一，每年大约有40万。日本的外籍人口差不多有300万。随着留学生、职业培训生和熟练的专业人士数量不断增

第十章 亚太地区的退却与复兴

加，这一纪录每年都在刷新。今天，中国人构成了定居日本的外籍人士的主体，同时还在每年前来旅游的人中占据最大比例。排在中国人之后的是70万韩国人和30万越南人，这3个国家的公民在日本不断增加。印度人的数量也每5年增加三分之一，现在已达到5万。在全国各地的建筑工地和便利店的收银台都可以看到印度人和尼泊尔人。但是，随着持续的老龄化和劳动力短缺，印度医生和护士也会随之而来。

日本对普通外籍员工的管理仍然很严格，移民被按照受教育水平和行业分类，如建筑和造船，而且通常限制随行的家庭成员。这是一个明显的迹象，表明日本最关心的是解决劳动力短缺问题，而不想变成美国、澳大利亚或加拿大那样。可是，与北美的情况一样，移民一旦来到，就很少有人再想离开，特别是如果在人权团体的鼓吹下，成功提高了移民工人工资，日本就会（在不经意间）变得更具吸引力。这已经带来新型的文化冲突，来自印度尼西亚和巴基斯坦的长期穆斯林移民希望埋葬逝者，但在实行火化的情况下，墓穴的大小受到严格限制，这引发了关于建立特殊墓地的请愿和谈判。

在价值链的更高层级上，演变中的日本移民政策标志着一个彻底开放的新时代。为了吸引金融和科技人才，政府正在大幅减税。蓝领工人可以获得5年的可续签签证，高收入的专业人士，包括他们的家庭，可以获得永久居留权。要服务这些新来的长期定居者，就需要大批来自泰国、菲律宾、印度尼西亚和缅甸的厨师、清洁工和保姆。毫不奇怪，即使来到这意味着艰苦地工作，日本长期以来依旧一直是最受欢迎的侨居目的地。从时髦的东京开发区到滑雪度假小镇，40多个县的外国人口都在增加。移民日本不仅意味着一份精美的改换国籍的契约，还意味着一个新家园的诞生。

日本政府为吸引当地人购买废弃的房产而推出鼓励措施，但是接手者远远不足。专门为购买空置房屋提供资金的所谓"空屋"银行很快就会将其服务延伸到外国人群体。外国侨民已经在以低至2万美元的价格抢购土地并维修传统式的房屋或新建包括十几套或更多单元的公寓式建筑。他们逐渐习惯于当地的邻里风俗，分享从竹子到啤酒的一切东西。日本同中国一样，并不打算对人口特征进行稀释或演变成多民族混杂的大熔炉，但是它前所未有地向更多"新日本人"敞开了大门。

考虑到日本作为一个岛国的历史，有一种普遍的看法认为外国人永远无法"适应"日本的古老风俗，但与日本的很多事物一样，实际情况很多时候是违背直觉的。正是老一代的日本人代表"日本公司"[①]走向世界去追求商业征服。他们学习英语，采用国际化的行事风格，而更年轻的日本人则自鸣得意地享受着父母的劳动成果，只会说日语，也很少出国旅行。或许是出于对年轻人的隐遁状态的补偿，日本一次性接收了超过30万名外国留学生，各个大学积极招生并提供全英语学位。新建的国际学校可以将留学生和本地学生混

---

① 这一说法出现在20世纪80年代日本经济最繁荣的时候，当时西方商界认为日本政府和企业界关系十分紧密，就好像整个国家形成一个巨大的企业。

第十章　亚太地区的退却与复兴

编在一起。日本著名互联网公司乐天已经将英语作为其办公语言。在遍布大学和语言学校的东京新宿区，50%的人口都是外国人——不仅来自中国和韩国，还包括非洲和巴西等地。

而在此之后，气候变化对澳大利亚、印度和中国造成了破坏，促使越来越多的人从亚洲内外逃往日本，因为这个岛国在很多方面都称得上是终极要塞。超现代化的基础设施和巨大的医疗保健支出使日本成为一个优质的"蓝色地带"①，该国有着世界上最高的预期寿命和所有大国中最低的新冠死亡比例。

毫无疑问，日本很容易遭受导致严重洪水的猛烈台风和强烈地震的袭击，譬如2011年同时发生的地震和海啸对其主岛本州沿海城市仙台带来巨大破坏，并淹没了福岛的核反应堆。在北方，北海道外海的小岛已经沉入了鄂霍次克海，而在南方，2018年的台风"飞燕"淹没了大阪关西机场的跑道。2019年，九州岛创纪录的降雨导致100万人被迫疏散。来自西伯利亚的气流已经使本州岛成为世界上降雪最多的地方，同时夏季的热浪也导致一些比赛项目，例如东京马拉松比赛，向北转移到北海道的札幌。

但是，日本也拥有巩固自身的政治意愿、财政能力和技术实力。在本州岛上，工程人员忙着部署替代能源系统，对建筑物进行抗震结构加固，设计高通量洪水控制和灌溉体系，并保护城镇和道路免

---

① 指人们的慢性病发病率低且寿命比其他任何地方都长的地理区域。这个非学术性的术语最早是由美国人丹·比特纳（Dan Buettner）在他的《蓝色地带》（*The Blue Zones*）一书中提出来的。

受超级台风引发的滑坡或其他方式的破坏。在富士山脚下，丰田公司正在破土动工建设一座新城，只供使用可再生能源和无人驾驶的汽车在街道上通行。如今，本州的1亿居民（在未来几十年里或许会翻一番）的生活状况要比世界上几乎任何其他地方的都要好。

著名的东京涩谷十字路口人潮汹涌，距离它几步之遥的地方，有一座奇特的8层大楼专门摆弄各种高科技的东西，名叫"锋芒大厦"（EDGE）。这个时髦的创意空间令人联想起麻省理工学院媒体实验室，但是它有一个热带主题的屋顶大厅。锋芒大厦是硅谷和日本风投创业公司的所在地，涉及领域包括神经健康，有一家公司制造冥想诱发座椅。在它的地下室里还有一个禅茶花园，竹制的天花板滑动打开以后露出一块大尺寸平板电视，可供召开高清视频会议。这座大厦由各个科技公司、开发机构和研究中心提供资金，有来自加拿大、法国、瑞典和以色列的孵化公司，他们轮流举办产品演示、游戏之夜和艺术展览。在100米之外，以高架花园连接，锋芒大厦还开设了一栋共享居住（3个以上没有血缘关系的租户）的楼宇，为创业潮人提供现付现住的居住方式，让他们也能住得起东京的市中心地带。锋芒大厦及其合作伙伴还与各县政府合作，将其质朴宜人却人口稀少的小镇转变为"繁荣村庄"，以体现城市和农村生活的阴阳两极，这是千禧一代想要的，也是多代住房、混合教育和其他生活方式所提供的。因此，锋芒大厦的事业体现了日本的未来——到处都是年轻人，古老的日本文明正被一个多种族的文明所取代。

在所有向移民敞开大门的国家中，也只有日本是人类和各种技

第十章 亚太地区的退却与复兴

术共存的一个生动实践。在日本各地，你都能看到完美无瑕的空置建筑，交通寥寥的道路，闲置的渡船，一座座桥梁在平静的水面上将人烟稀少的地区连接起来。现在，我们与穿西装、打领带、戴着白手套和白色抗菌口罩的日本出租车司机磕磕绊绊地交流。但是用不了多久，每部手机上都会有语言翻译装置，汽车将变为无人驾驶。如果所有的标志都是数字化的，那么语言也可以改变。

第十一章

量子居民

欢迎来到生活指数对比平台

不论你将来想做什么,有什么打算,一纸 MBA 文凭都相当于一本护照。分布在世界上 50 个国家的 800 所商学院,或许是在全球人才争夺战中掀起波澜的主要动因。它们在世界范围内招收学生,再通过激烈竞争,将毕业生送进跨国公司,然后散布到全球各地。每一位新毕业的工商管理硕士都加入了日益壮大的、实际上没有国别的技术和咨询公司的行列。这些人对他们专业领域的归属感往往比对某个国家的高。

对于很多游民一族,情况同样如此。移民专家马尔特·泽克(Malte Zeeck)将这些人归类为"进取型"(如追逐高薪的互联网技术人员或国际学校的教师)、"优化型"(寻求更好的生活方式或医疗保健)、"浪漫型"(跟随配偶去往其母国)以及"再迁移型"(利用原

第十一章 量子居民

籍国的经济增长,比如数百万返回中国的"海归",或在特拉维夫购置房地产的千禧一代欧洲犹太人)。

新冠肺炎疫情全球大流行并没有改变移居国外者的动机。在经济停滞时期,每个人都力争在增加收入的同时减少支出。相比在圣弗朗西斯科像变戏法一样多挣3倍的收入,找一个生活成本比这里便宜3倍的地方要容易得多。而且,随着可以远程工作的技术岗位不断出现,不论想在哪里生活,你都可以搬过去。在墨西哥或者泰国等欣欣向荣的东南亚国家租赁或购买一座房产会便宜很多。在新冠病毒大流行带来的偏执气氛中,一个房地产经理对我坦承:"我的工作就是把美国的房子卖给外国人,但也许我应该反过来把外国的房子卖给美国人。"

人才并不以国籍定义自己的身份,他们将自己定义为人才。他们在地理选择上是"利"字当先的。今日的年轻才俊掌握恰当的技能,可以依据他们所看重的较低的税率,优质的公共服务,更经济适用的住房,教育和医疗保健,更稳定的政治局势或者其他偏好迁移到几乎任何地方。大量的网站,如 Nomad List、Expatica 和 Expatistan[①],都有生活成本计算器,帮助当下的游民和有志于此的人在数百个城市中进行优选,并在这些城市之间移动。那些久居一地

---

① Expatistan 网站以布拉格作为基准价格城市,并给出居住在某个其他城市的成本高于或低于布拉格多少百分比。住在纽约、湾区、瑞士或伦敦的费用几乎是布拉格的3倍,而只须略高于布拉格一半以上的预算,你就可以舒适地生活在河内或布宜诺斯艾利斯。——作者注

的人会发现这样的生活方式太过复杂，但是如果你已经处于移动状态中，移动就更容易了。

当这些人才在某个地方找到机遇，就会发生迁移。全球性教育和身份认同、远程工作和不断转移的增长性市场，这些结合在一起，将大大增加所谓的"永久侨民"的数量，无论他们身处何处，在那里停留多久，这些地方都可以成为他们的家。就像骑自行车一样，无论是在理智上还是在情感上，第一步可能是最难的。但从那以后，搬家就变成日常的惯例。每年都有越来越多的国家、城市和公司及更多的人，加入全球人才争夺战。

固守到该走的时候

网上的一个表格里，很少有哪一栏比"地址"更让年轻专业人士烦恼。这是否意味着他们将不得不等候一封信件并实际签署一份表格呢？如果他们几个月后不住在那里了，又该怎么办呢？他们是否需要邮件转寄呢？或者说，为什么还有人使用纸质文件呢？

他们的沮丧是有道理的。毕竟，与现实世界相比，数字世界中可以找到你的地方多得多。年轻人的名片上没有办公地址，而是列出一系列数字联系方式：多个电子邮件地址，以及脸书、推特、领英、照片墙、WhatsApp 和 Telegram[①] 等联系方式。在中国，则只需

[①] 一款由俄罗斯企业提供的匿名加密聊天应用。

第十一章 量子居民

个微信二维码，约有 10 亿人使用这个 App，在现实和虚拟中安排自己的大部分生活。在这个移动创客的时代，文件不是放在柜子里而是存储在云端，付款不是签支票而是通过手机应用，经营管理不是围坐桌边而是在"斯莱克"（Slack）[1]上进行，文件不再用墨水而是在"文签"（DocuSign）[2]上签署，而会议室则搬到了"网迅"（Webex）[3]和"蓝色牛仔裤"（BlueJeans）[4]。你不必去办公室，你就是办公室——在虚拟现实世界里还有一个办公室。新西兰的传奇视觉特效公司"维塔数码"（Weta Digital）〔曾带来《复仇者联盟 4：终局之战》（*Avengers: Endgame, Justice League*）和其他国际热门电影〕，与总部位于加利福尼亚州的"神奇飞跃"（Magic Leap）合作，创建身临其境的增强现实环境和 3D 远程呈现系统，实现逼真的互动和不间断串流直播。网络空间里纷纷涌现出整座的虚拟城市，展厅、使馆、展馆、会议和其他集会可以一次聚集起成千上万的参与者。对很多年轻人来说，真实世界的目的就是为了给他们的线上生活提供最大的便利，他们在这个沉浸式的"空间网络"中度过的时间越来越多。

但是，正因为（只要具备足够的网速）你可以在那里生活，那就意味着你将不会满足于任何地方。年轻人习惯于所处位置与期盼位置之间的差距，所以他们不断地移动。根据国际数据公司的信息，

---

[1] 一款得到广泛使用的工作平台和团队消息传递应用程序。
[2] 美国公司在 2003 年开发的一款进行电子签名的软件系统。
[3] 由美国思科公司推出的一款在线会议系统。
[4] 一款视频会议办公软件。

大约有 15 亿移动员工可以远程工作，接近全球劳动力的 40%。在全球税收的"猫鼠"游戏中，"老鼠"的数量正在大幅增加。

生活就是不停忙碌，不能静止不动。今天，青年才俊最主要的优势是连接性和移动性，可以从任何地方开展工作的能力和奔赴任何地方的意愿。"枢纽"一词的定义是人员和业务的汇集之地；现在，它又表示一种动作，年轻人在城市之外形成枢纽，并在各个枢纽之间移动。这种新型的"云端生活方式"势必也会造成在各种不同的成员社群中的"按需生活"，你的位置取决于你需要在哪里，或者只是希望在哪里，抑或最好的工作出现在哪里。

不断壮大的数字游民阶层每年仅在签证处理上就花费约 20 亿美元，爱沙尼亚的两家新兴公司为他们铺平了道路。Jobbatical 平台根据技能和感兴趣的地理位置为年轻专业人士安排职位，现在还提供搬迁服务。它的座右铭是："你的技能比护照更重要。"类似地，Teleport 平台为世界各地寻求短期职位的科技人才创造了一个市场，随之建立有关其偏好的庞大数据集，也为各个城市提供如何吸引这些人才的建议。[1] 它的信条则是："自由的人移动。"移动变得越容易，年轻人就越会好好地利用它，用 Jobbatical 创始人卡罗利·欣德里克斯（Karoli Hindriks）的话来说，就是"把每一个地点都当作永久性的，直到该走的时候"。

从加拿大到新加坡，随着各国力图招揽技术工人，高技能移民

第十一章 量子居民

项目正在激增。①一些国家已经具备了法律方面的基础设施,尽可能使人们轻而易举就能成为流浪的全球公民。爱沙尼亚的电子居住计划提供欧盟准入的企业注册,并配有亮闪闪的身份证和光滑的黑色USB密钥,用户可以进入该国包含所有在线服务的系统。到目前为止,这项服务主要吸引了其他欧洲国家的人,但也有远至巴西的企业家,他们正以爱沙尼亚为基地,为针对亚洲的在线学习平台募集欧洲的资金。2020年,该国实施了"数字游民签证",允许访问者居留并为外国公司远程办公,而且正在开发一个基于云端的养老金系统,使移动员工可以在任何地方缴纳和支取费用。在一个充斥着电子钱包和加密货币的世界里,当下的年轻人不必再受到单一国家金融体系的束缚。

从世界范围来看,债务正在给公共财政带来沉重负担,而提高税收又抑制了国民的消费。从逻辑上讲,无论是通过众筹还是软件和设备上的折扣,当下的大量金融资本如果确实能够带来明显的机遇,有进取心的年轻人就会迁往这样的地方。在瑞典和新加坡,政府也积极向新兴企业发放补助。青年人还希望生活在工资和福利有保障、每周只工作4天(或者缩短每个工作日的工作时间)的国家。

---

① 许多国家,如英国有一项分4个步骤的移民政策,涉及由World-Check〔汤森路透(Thomson Reuters)旗下的一家公司〕执行的基本背景调查,包括搜索公共数据库里的犯罪记录,然后是一项居留权和雇佣记录的深入调查,证实此人未受到反洗钱金融行动特别工作组(Financial Action Task Force, FATF)等国际机构的制裁,最后则是获得外交部的批准。如果更多记录存储在区块链上,几乎所有这些就都可以更为高效地完成。——作者注

芬兰和新西兰已率先执行此类政策，它们提高了生产效率，降低了精神疾病的发病率，并使妇女能够更好地平衡工作与生活。

这表明，在竞争力和对混乱的适应力两方面的表现都优异的，全部是小国。² 由于国土面积狭小，容错率也很低，这些国家将国民当作最宝贵的资源，经常为高技能岗位员工开展再培训。新加坡坚持不懈地培养年轻人成为金融科技投资者、数字医疗保健专家、数字科学家和网络安全专家。³ 有很多国家，如葡萄牙和加拿大，正在进行自身的重组和革新，以吸引那些已经实现数字全球化，但希望享受现实中本地化的最佳生活的人。在《孤独星球》和《单片眼镜》（Monocle）①上的文章鼓励下，在意生活方式的欧洲人开始青睐小国家中的小城市，他们注意到了洛桑、卑尔根、因斯布鲁克、波尔图、雷克雅未克和埃因霍温。

并非每个人都有能力迁移到这种乡村环境中从事远程工作，但有了数字上的可移动性，即便你（还）不能进行地理上的移动，也能碰到合适的工作机会。技术已经使商品、服务和财富丧失了物质形态，转变为即时扭曲变形于世界各处的碎片。这也会不可避免地发生在人类的头脑中。哈佛大学经济学家里卡多·豪斯曼（Ricardo Hausmann）对此的解释是，在知识经济中，我们每个人都是存在于制造软件和应用程序的生态系统中的"个人字节"。我们写代码、翻译、上传照片、编辑文本，并发挥其他功能。类似地，日内瓦大学

---

① 加拿大记者及创业家泰勒·布鲁雷于2007年所创立的一个全球性议题杂志和网站。

第十一章 量子居民

的理查德·鲍德温（Richard Baldwin）指出，当人们成为"电信移民"的时候[4]，他们的大脑是如何"移居"的。"知识社会"这个词对这种跨国数字环境的描绘比对任何一个国家的描绘都更加形象。

美国一些最大的科技公司都把总部设在加利福尼亚州，但其实它们是分散在云端各处的。它们有人工智能驱动的招聘平台，对来自地球每个角落的上百万份求职申请进行评估，并管理着全球分布的虚拟团队。为了阻止印度软件工程师来美国，特朗普政府暂停了H-1B签证计划，这一举动是不明智的，而硅谷的反应很聪明，将更多的工作外包到海得拉巴与河内。无论是在"亚马逊土耳其机器人"（Amazon Mechanical Turk）①还是"吉特枢纽"（GitHub）②上，都有几千万人通过数据的移动性成功获得了经济上的移动性，这是一种地理位置不变的移动。但是，当人们的脚步从乡村踏入城市再迈向国际，随着经济上的移动性而来的是物理上的移动性——迁移到一个更好的家园或城市，或为了收入更高的工作机会而出国。我们可以预计，越多的人通过网络获得教育和工作，就会有越多的人被这种连锁反应抛出家门。

云端公司及其员工正为一个可移动的世界做准备，而他们的原

---

① 亚马逊公司开发的一个众包平台，用户可以在上面发布任务，其他人完成之后获得奖励。它的名字"土耳其机器人"来源于18世纪的一个骗局，某人号称发明了一个会下棋的机器人，战胜了很多象棋大师。后来一位国王下令拆掉这台机器，才发现里面其实藏着一个真人。

② 2008年上线的一个面向开源及私有软件项目的托管平台，后由微软公司收购。

籍国尚未开始这种准备。有几个主权国家的政府已经意识到，这是向它们散落各处的国民提供数字服务的机会。实际上，一系列新型"居住权"计划所共有的特点是，它们都不要求你成为一个居住者。爱沙尼亚对全球游民一族利用其银行在欧盟各地开展业务与对他们实际生活在爱沙尼亚同样感兴趣。（更恰当地说，如果俄罗斯再次占领它，爱沙尼亚的所有数据和功能都备份在遍布全世界的服务器上。因此，在必要时，它可以变身为一个侨民四散的云国家。）与此相似，迪拜的虚拟商业城市许可证为外国企业在一个免税国家的在岸存在提供了一个入口，这是对阿联酋近年来提供的离岸"自贸区"的一种改良。据估计，世界上有3 500万家公司是与其地理位置相分离的，可以在任何地方注册。迪拜希望在其中获得更大的份额。

下一个阶段，迪拜政府首席未来学家诺厄·拉福德（Noah Raford）希望城市国家的眼光能超越在岸与离岸的二分法，朝着"无岸"模式迈进，各国在这一模式下主动将空间租赁给那些为其新的技术、法规和社区寻求试验基地的创新者。他们并不是在出卖主权，而是把自己升级为提供金融、医疗和教育认证的、在现实和数字双重层面上的共和国。在这个新浮现出来的政府服务的市场上，现实和数字二者的顺序是反转的：你和某个政府服务提供者建立一个数字联系（不一定属于你本人），从任何地方使用对方的服务，然后利用它的信誉与这个国家或其他相关国家发生实际的联系。

随着我们这个世界越发变成一种双重现实，接下来又会发生什么呢？想象一下，由一个建立在相关国家的企业或民用平台托管其

第十一章 量子居民

服务器。通过使用区块链协议，它的运作就像是洋葱路由器那样的加密浏览器、吉特枢纽那样的编码协作、比特币那样的加密货币和 TransferWise 那样的跨境金融之间的交叉，使隐蔽 IP 的数字作品和全球现金存取成为可能。几百万远程工作者加入了这个云端共和国，投票决定它的内部政策，针对他们各自居住地的政府形成议价能力。于是各个国家便有了两种选择：要么对其国内的基于云端的劳动群体巧取豪夺，这会迫使很多人离去；要么加入其他东道国，形成一个数字版的中世纪汉萨同盟，允许更多这样的游民阶层加入，并从他们的创新中获益。

要记住，从地理和人口两方面来说，多数国家都是比较小的。它们类似于原子，其中大部分人口和经济中心位于首都，其余则处在内地。随着人口老龄化或离开本国，这些国家可能将别无选择，只好将国土或岛屿出售给那些购买管辖权的新兴国家。这可能就是量子时代的地缘政治学。

老去而并未慢下脚步

50 岁不是新的 20 岁。但是，50 多岁的人现在要和自己的孩子们一样参与移动性的套利游戏。2008 年，无数人的海滩退休生活梦想化为乌有。当很多员工在年富力强时被提前裁撤，舒适的养老金便蒸发了。新冠肺炎疫情全球大流行也起到了同样的作用，但如果再加上自动化和经济复苏乏力，所带来的后果将更加持久。很多在

新迁移 | 人口与资源的全球流动浪潮

金融危机中被解雇的人再也没有恢复过来,他们搬到生活成本更低的小镇,在那里从事优步司机等临时工作,以支付账单或照顾配偶。他们不得不继续工作,平均来说,现在的退休人员因为寿命更长,所以他们手里只有所需金额的一半。而且随着债务飙升,退休年龄将会提高,所得税也会提高。现在,这种情况再次发生在一个更年轻的群体身上,只是对于眼下处在职业中期的大流行抑郁症患者来说,退休还为时过早,因为他们还负担不起。对于未来,最委婉的说法是"生活的变迁"。

对于精力或现金只够负担最后一次迁移的那些美国人来说,加拿大已经成为一个明智的选择。从海外领取社会保险金的美国退休人员中,身处加拿大的人数最多,其次是墨西哥和日本。[①] 许多网站上都有加拿大最佳退休地点的广告,而且这份名单越来越长。但是现在,墨西哥、哥斯达黎加和巴拿马已开始实施退休签证和实体社区,以直截了当地吸引美国人,它们也将会吸引越来越多上年纪的美国人。这些中美洲国家的幸福感排名要远远高于财富上的排名,表明其生活成本低廉,社会总体稳定。当佛罗里达的气候恶化时,加拿大的"雪鸟一族"(习惯于在冬季蜂拥到佛罗里达的退休者)也完全可以移民到中美洲。或者,随着加拿大变得温暖,他们在温和的冬季同样也能留在加拿大。

---

① 这些数据可能并不代表美国海外退休人员的真实数据,因为有些人可能居住在外国,但是仍然在美国国内领取,或者根本就没有领取社会保障金。——作者注

第十一章 量子居民

患有慢性疾病或关注国外医疗成本和医疗旅游的那些人将成为医疗居民。已经有140万以中老年为主的美国人每年到国外做各种手术,从膝关节置换到不孕症治疗再到外科整形。即使是千禧一代,也有报道称他们为了皮肤和牙科治疗远赴埃及和哥伦比亚。虽然美国的医疗旅游者最青睐的目的地是印度、以色列、马来西亚、泰国和韩国,但如果加拿大标榜自己为美国退休人员负担得起的气候和健康绿洲,它也能在其中轻易占据榜首。目睹过医疗系统在新冠肺炎疫情期间对老年人采取分类治疗的方式,他们带着积蓄去往他乡也情有可原。

欧洲人的预期寿命比美国人更长,而且养老金的领取也便捷很多,更加适合国际退休生活。随着欧盟国家削减福利并提高退休年龄,越来越多的老人会转移到被称作"地中海俱乐部"的那些生活成本低廉的南欧国家——西班牙、意大利和希腊(这些国家正在把年轻人送往北方)。对于手头拮据的西方退休人员来说,亚洲目的地在他们的避风港排名中的位置也将继续上升。2018年,泰国向英国人签发的退休签证数量达到历史最多,紧随其后的是美国人和德国人。即便是在单个国家(如美国)度过了一生以后,他们的宿命也仍然是成为全球性的公民。

富有的退休者已经选择把移动性作为一种生活方式。有些人每年有超过250天在游轮上度过,如维京太阳号,它不间断地环球航行,停靠在50多个国家的100多个港口。有一艘名叫"世界号"的船是由130个家庭所有的,他们长期居住在船上,把它当作一个移动的小国家。身体健康而收入较低的退休者聪明地每隔几个月更换一次游轮，在游览世界的同时，每月的花费比在辅助生活设施中的费用还要少。在新冠肺炎疫情大流行以前，每年全球的 2 500 万游轮乘客中有一半是退休者或婴儿潮一代。虽然疫情封锁使许多游轮滞留在海上，但越来越多的游轮，如大洋洲号和乌托邦号，已经为长期移动中的退休人员添置了食宿设施和专职医疗照护。游轮越多，就越需要多达几十万的厨师、清洁工、歌手、发牌员、医生和护士，特别是那些来自印度、印尼和菲律宾的这类人员。未来，他们可能比在陆地上的人更为安全。

为何此时需要一本全球"护照"

在第一次世界大战之前的几百年里，人们在世界各地旅行的时候并不需要护照。作为逃离王权统治的清教徒或躲避饥饿的移民，欧洲殖民者到达了北美洲，名下既没有财产也没有身份文件。大英帝国这类的帝国区域流动性培养了一代又一代的居民，他们跨越各处殖民地从东非迁移到东南亚。最初的护照与其说是一种表明专有身份的限制性证书，不如说是一种通行证，是对于安全通行的一项要求。本杰明·富兰克林（Benjamin Franklin）在 1780 年担任驻法国大使的时候，就曾用自己的美国护照申请进入荷兰。但是在第一次世界大战之后，迁徙变得越发官僚化，以至于护照现在成为阻止更合理的人类布局的主要障碍之一。

第十一章 量子居民

当你去往你想去的地方,护照不代表你是谁,它只是在路途中表明你的身份,我们怎么才能回到上面这样的世界呢?第一步就是在区块链和生物测定学的交叉点上建立一个技术平台。如今的使领馆已经被海量的签证申请淹没,每一份申请上的要求只有细微的差别,很容易简化成一套模式。全球数据库还可以消除实体的和数字化的身份证件之间的差异,边境检查站可以和这些数据库实现更好的连接。数据可以在区块链上进行存储、更新和验证以供持续使用。多年以来,国际航空运输协会、海关机构和订票网站一直在努力将这些痛点数字化。他们主张建立一个选择性加入的旅行者数据库,在需要时共享以便获得快速批准。请记住,几乎所有国家及其企业都需要这些旅游者和生意人,但他们的活动在前科技时代的官僚主义折磨下受到限制。重要的不在于你是玻利维亚人、尼日利亚人或越南人,而是你作为个人提供了足够准确的信息以获准入境,包括你最近的行踪、犯罪史、就业记录和健康状况。许多美国人肯定理解那种想要与本国同胞有所不同的愿望,由于未能实施有效的防疫措施,美国人受到了集体惩罚,被禁止前往加拿大、欧洲和新冠肺炎疫情得到了更有效遏制的最理想的目的地。

最终,无论是来自中国、印度和东南亚国家的亚洲人,还是阿拉伯人、土耳其人和南美洲人,这一相同体制下的数十亿劳动阶层,都将从涉及国家身份的摩擦中解放出来。正如经济学家布兰科·米兰诺维奇(Branko Milanovic)所主张的那样,公民身份是基于出生地而任意分配给他们的一项税收。然而,上述这些地区拥有几十个国家所需的劳动力，包括农民、建筑工人和护士。未来最重要的护照是技能和健康，而不是国籍。我们不应当根据其偶然的出生地来评判一个人，而应该按照他奉献社会的潜力。通过将移动性与国籍分离，我们就能避免让那些来自贫穷或战乱国家的人遭遇偏见。世界各地的移动员工不具备集体议价能力，但是如果能够证明他们的可移动性，每个人都能从中获益。

全球的教育行业也迫切需要这样一套体系，既为了保持西方大学所依赖的大批留学生，也为了确保它们在发展中国家教授现场课程的国际分校获得稳定的生源。对于沿供应链调动其雇员的全球性企业来说，情况也是如此。大学和企业应当携手推行一种大范围使用的通行证，以克服它们在世界范围内调动学生和专业人员时所面对的烦冗手续。

一个平行的数字身份证明可以避免不必要的官僚主义，它对国籍身份和护照并不会构成竞争或威胁。国籍所赋予的是拥有土地、参与投票和受到法律保护的权利，以及从服兵役到纳税的各项重要义务。所需要的是数据交换的一份补充协议和清算中心，其中包括居民身份证、护照相片、指纹、手机号、银行账单、犯罪记录、就业证明、旅行记录、健康状况等。一经核实，这些信息只能是暂时性的，在必要情况下为有关当局可见。事实上，除了可以用于投票这类国内重要事项之外，它对于国际间的可移动性也是非常有用的。

一个在全球范围内得到信任的身份数据库，将有助于各个国家基于每个人的完备信息，判断可以允许什么人安全入境，还能轻易决定不让哪些人入境——包括一些本国公民。2015年对巴黎发动袭击的8名恐怖分子中,有4个人是法国公民。曾有几千名持美国和澳大利亚等西方国家护照的人宣誓效忠于基地组织或伊斯兰国,并在伊拉克和叙利亚代表它们作战。无论在人种上属于高加索人、阿拉伯人还是非洲人,手中的护照都允许他们轻易回家并实施破坏。反对移民的欧洲政治家将恐怖主义作为限制难民流入的借口,但是对移民的限制措施并不会消灭本土成长的极端分子群体。要求个人详细陈述自己所到过的地方并对这些信息进行核实,这样才能更好地抢先发现那些机敏过人的各种肤色的恐怖分子。

现在正是一个难得的机会,可以建立一套准许而不是限制几十亿人的制度,他们更自由地移动能够造福全球社会。政治崩溃和气候变化将带来大规模迁徙的时代,几亿人将在一种不可预知的、多方向的运动中不断地流动,现在也是一个为它做好数字准备的机会。人类有能力找到更好的办法管理跨越边境的人员活动,不管是通过区块链,还是最终在我们的皮肤下植入芯片。可移动性是我们应对不确定性的最佳保证。当下一次危机来临时,我们会为拥有移动性而感到庆幸。

全球性的国籍套利活动

在全球因新冠肺炎疫情流行封锁最严重的时候,没有出现新冠疫情的岛国斐济试图吸引超级富豪无限期居留,邀请他们乘坐私人喷气机或游艇前来，在舒适的热带风情中安然度过这场全球大流行。巴巴多斯和百慕大也采取了同样的行动——也都不需要签证。这些依赖旅游业的国家可以保证你想待多长时间都可以，只要你负担得起，他们就不会提出任何问题。

我们的公民权利的概念起源于古代地中海和幼发拉底河－底格里斯河流域的城邦国家，它们为扩大领土互相争斗，并将民众吸引到它们的帝国中，同时建立起有利于主要部族的等级制度。由一个部族为其他人定义针对公民的（和公民所享有的）权利，从那以后的几千年里，世界上一直有人秉持着这种理念。但是，这些陈旧的做法已经让位于一个巨大的全球集市，人们在其中选择自己的国籍，所根据的是哪个国家向他们提供最好的福利。在一个人口紧缩的世界上，为了吸收有才能的和富有的人定居在自己边界里，各个国家正在展开竞争。国家不是向这些人发号施令，而是竭尽全力地吸引他们。

这个公民身份集市的兴起代表着个人与国家之间的关系发生了重大的转变。美国法律学者戴维·弗兰克（David Franck）谈道，个人正在成为更加"自治的、自主的行为人"。[5] 护照变得像是里程计划、便利的旗帜，而不是身份的体现。法国大革命的理想是"自由、平等、博爱"。今天的机会主义阔佬的人生座右铭是"移动性、流动性、选择性"。

于是，一个人携带的护照告诉别人的有关他是谁的信息越来越少。当涉及国籍套利的时候，一个国家的损失就是另一个国家的收益;一个地方的每一次危机都会成为其他更稳定的国家挖走人才的机会。至少有 10 亿人生活在一个几乎是后公民时代的世界里,国籍的重要性比不上人们的银行账户余额或技能。他们认为公民身份是一种服务,护照则是一张会员卡,可以为了获得更大的自由、保护、移动性和其他权利而进行升级。在过去的 50 年中,有几千万人改变了国籍。随着发展中国家高净值人士的数量增长,许多人视其国籍为一项负债,并依靠自己的公民权利获得收益,这也并不奇怪。实际上,申领第二本护照的大多是亚洲人。国家不是母亲:你出生在这里,但是你也可以和它解除关系。一位专家声称,2017 年,只有 5 000 人获得了"黄金签证"(投资公民身份),可是仅在 2020 年的前 6 个月里,这一数字就增长到 2.5 万人。[6]

从历史上看,国籍是按照"出生原则"(Ius Solis)或"血统原则"(Ius Sanguinis)授予的。在最近几代移民浪潮中,通过居住权入籍的情况不断增加。除此之外,我们现在添加了"投资原则"(Ius Doni),意思是通过投资获得公民身份。这个主意在财政上是很聪明的。对于像圣基茨、圣卢西亚或安提瓜这些税基小、借贷成本高的加勒比海地区的贫穷国家来说,吸引"主权净资产"——出售自己的一部分,如土地——比承担更多债务更为可取。理想状态下,他们将把来自新移民的资金用于改进基础设施和经济多样化,最终建立一个更完善的福利体系。

总部设在伦敦的恒理环球顾问事务所开创了"投资原则"这一概念,有 100 多个国家实行了此类投资公民身份项目,该公司为其中的十几个国家提供咨询。如果把它仅仅当作隐蔽的税收避风港国家才有的一种边缘现象，那就是只见树木不见森林。讽刺的是，在向来自印度、尼日利亚、俄罗斯及其他国家人士出售国籍方面，恰恰是拥有长期严格的国籍法的欧洲国家生意最为兴隆。毕竟，它们是这些移民最理想的选择：在依据政治稳定性、人类发展、公共服务和护照申领等因素的恒理国籍质量指数中，欧洲占据了前20名的位置，而美国仅排在第27位，澳大利亚则是第32位。塞浦路斯和奥地利最为俄罗斯人所欢迎。① 西班牙的黄金签证计划对投资额50万欧元以上的投资者及其家庭成员给予居留权。葡萄牙也向富有的英国人和中国人售出了2 000多个黄金签证，带来了超过20亿美元的投资。考虑到这些国家的气候适应性，这是一项优质投资。在邻近的比利牛斯山地区的袖珍国家安道尔，一个价值40万欧元的投资签证可以带来每年300天的明媚阳光。

每当一个国家加入欧盟，它就拥有了吸引投资移民的魅力。在苏联时代，苏联控制着拉脱维亚等波罗的海国家。现在，拉脱维亚是一个欧盟成员国，俄罗斯公民纷纷购买这个国家的护照。在新冠肺炎疫情封控期间，申请黑山护照的人数激增——尤其是正当这个国家要加入欧盟的时候。瑞士法律学者克里斯蒂安·乔普克（Christian Joppke）指出，欧盟的公民身份代表了一种后民族时代的

---

① 摩纳哥不是欧盟成员国，但与欧盟存在海关协定。它的3.8万居民，大多数是来自欧洲其他国家的超级富有的纳税公民。——作者注

第十一章 量子居民

"有所助益的"公民身份,因为它并不以任何共有的欧洲认同为前提或要求。

征募更多的投资移民可以帮助欧洲延缓其人口紧缩。当中国人和印度人纷纷涌进欧洲的大学城,亚洲私人股权公司和主权财富基金随之而来,大量购买和改造学生宿舍,投资于10多年来德国人一直忽视的领域。

部分欧洲保守人士主张国籍应当只授予那些与国家存在"真正"联系的人。"真正"用在这里显得徒有其名,实际上是把公民身份降低到一种有关出生的任意偶然事件,而不能反映真正的自由意志。当然,对公民身份出售计划进行批评的真正意图是避免失去税收收入。"天堂文件"(Paradise Papers)[①](其中包含的1 300万份文件,披露了世界各地精英人士的离岸金融资产)揭示了那些富裕的个人,像无国籍的全球性公司一样,将多少资产隐藏在离岸司法管辖区,其中有很大一部分是英国国民。让我们仔细体会其中的反讽意味:英国人(及很多其他国家的人)通过泽西岛和英属维尔京群岛这类避税天堂洗清他们的投资,而英国对这些地方是拥有主权的。但是在英国脱欧之后,它自己的护照在全球范围内的效力有所削弱,导致一大波英国人在爱尔兰、德国或葡萄牙取得国籍。还有550万英国海外侨民已经在国外生活很长时间,以至于在形式上丧失了投

---

① 指2017年11月5日被曝光的一份财务报告,揭露了数以百计知名公司和个人的离岸资产情况。

票权,也就更没有意愿保持其英国公民身份。毫无疑问,对于这么多本国公民变成其他地方的公民,英国政府自己要承担最大的责任。英国财政状况如此糟糕,而且英国本身也在以260万美元的标价出售其投资者签证,这还有什么可奇怪的吗?

欧盟当然是在尽力做出回应,要求在低税率国家注册的公司证明其"经济实体"涉及真正生活在那里的人。换句话说,必须有雇员,而不能只是一个空壳公司。各国政府计算人们在其境内度过的天数,以便根据其工作所在地向他们征税。很快,他们将不只查验护照上的日期和签章,还要包括你在哪个IP地址从事你所声称的工作,以及为谁工作。可能的结果就是,人们会用自己的钱包投票,将自己或手下员工调动到税收更有利的地方。公司当然会这么做,例如戴森将其总部从伦敦转移到新加坡,以及软银的愿景基金从伦敦迁到阿布扎比。

爱尔兰已经成为全球科技公司的一个避税港湾,而且每年接受几万名新来的高技能居民——很多人生活在都柏林市中心的"谷歌维尔"。经过一年时间,并支付100万欧元,这些居民就有资格申请公民身份,然后便可以随意移动到竞相吸引投资移民的其他欧盟国家。

如果各国不能更好地提升本国护照在全球接受度排名中的位置,其公民只会迁移并改变公民身份。日本、韩国和新加坡等亚洲国家的护照目前在最有效力的护照排行榜上名列前茅。每年,有以亚裔为主的约10万人进入新西兰,在此常住或把这里作为进入澳大利

第十一章 量子居民

亚的秘密途径。随着警钟敲响,新西兰取消了允许所有外国人购买房产的政策(只为来自几个友好国家的人或一部分亿万富翁作出保留)。那些打算进入新西兰的人很可能会转而变成加拿大人。

美国人同样如此。在历史上,只有连续多年对美国的纳税申报感到失望以后,美国人才会移居海外。美国侨民中1%的非常富有的人可以轻易地放弃或保留美国的公民身份,但是其他的2%、5%、10%以及所有人,一边在两个国家同时纳税,一边还要竭力省钱。①惩罚性的税收政策,政治上的民粹主义,加上新冠肺炎疫情应对失措,都在整个21世纪初促使更多的美国人逃离本国。仅在2020年上半年,移居到世界各地的美国人就达到将近6万,比2019年全年大幅增长1 200%,如果不是因为各国使馆的申请积压,还会更多。离开的精英们都有各自的理由:极权民粹主义共和党人或警觉的社会主义民主党人。具有讽刺意味的是,意大利和爱尔兰曾在19世纪为美国提供了这么多心存感念的移民,而现在,它们是美国人利用自身血统为本人及子女获得欧洲护照的首选目标。谁知道下一步,日益壮大的美国移民群体将走向何方?

有人曾将美国护照或绿卡视作自己在动荡的祖国中的一枚护身符,即便这些人也不再把美国当成一个安全的避风港。估计有600万美国人同时持有其他国家的护照。他们只是名义上的"美国人",

---

① 美国国税局显然缺乏对海外美国公民的约束,每年都要增加更多的法律文件,比如旨在针对拥有海外账户的在岸美国人的《海外账户纳税法案》(FATCA),但最终惩罚的是数百万已经在海外诚实生活的美国人。——作者注

但与其说美国是他们宣誓忠诚的对象,不如说它更大程度上只是一个备选方案。现在,美国人和这些把美国护照当作第二本护照的人,都在做第二种打算。事实上,每年放弃绿卡的外国人比放弃美国护照的美国人还要多。就像美国已经失去了在最优秀、最聪明的留学生上的压倒性优势,它也在同样程度上失去了作为一个民族的吸引力。恰在此时,其他国家正对包括美国人在内的全球财富和人才展开激烈的争夺。

第十二章
城市共和国的和平时代

绿色区域的网络

有些咖啡桌上的书籍，让大多数咖啡桌都没有结实到足以支撑它们。其中一本就是《德语文化区的建筑理论》(*Architekturtheorie im deutschsprachigen Kulturraum 1486—1648*)，这部 750 页厚的鸿篇巨制，如果不是这么珍贵的话，它本身就可以当作咖啡桌来用。该书由瑞士著名的苏黎世联邦理工学院编撰，讲述了文艺复兴时期的公爵和亲王们如何委托当时的顶尖建筑师重新设计欧洲中世纪的城市，以适应穿梭往来于这些繁华贸易枢纽间日益增多的商人。贸易路线变成了城市本质的一部分，连接性和移动性改变了空间的意义。

人们通常会以为外交就是在这一时期诞生的，当时欧洲的民族国家开始成形。但实际上，外交起源于美索不达米亚各个城市国家之间的贸易关系（外交堪称第二古老的职业）。巴格达、大马士革和贝鲁特是比任何一个曾经出现并且已经消失的帝国或民族都要古老的城市。在各个时代中，城市之间的外交活动——我称之为"城市外交"（Diplomacity）——已经成为人类文明的一个长期特征。它在未来的模式，很大程度上可能会是对过去的模仿。

中世纪或许很能说明问题。在14—16世纪，欧洲北部的汉萨同盟涵盖了从北海到波罗的海的很多城市，心照不宣地组成了一个联盟，以捍卫他们的贸易权利和政治上的自治地位，抵抗神圣罗马帝国、英格兰和其他敌人的侵犯。他们在织物、盔甲、雕刻木和金属方面的贸易也加速了北欧地区文艺复兴思想的到来。汉萨同盟的各个城市在内部安全和外部联系之间达到的平衡，为我们提供了一个展开想象的基础，设想随着主要城市之间开展一种健康的竞争性合作，下一个"城市外交"时代将如何逐步展开。未来可以由小国和城市之间的一种新的渐进式和平来定义：一个城市共和国的和平时代。

在新冠疫情全球大流行中，我们身上那种美索不达米亚人和汉萨人的特质像骑自行车的本领一样自然而然地复苏了。澳大利亚和新西兰、瑞士和奥地利、芬兰和爱沙尼亚——一对对心意相通，又都人口不多的毗邻国家，重新互相单独开放了边界。"绿色通道"和"免疫气泡"开始出现，意味着对彼此卫生系统的信任比几个世纪以来国家间的外交传统更为重要。对美国护照开放的国家从150个突然变成只有30个。

没有人想在健康和财富之间做权衡。与我们心中想安顿于绿色

第十二章 城市共和国的和平时代

区域的渴望相比，对于国家的模糊的忠诚显得苍白无力。治理良好的地区愿意彼此相互连接，而不愿受到邻国薄弱环节的牵连。事实上，国家内部那些没有权力正式关闭边界的州和省的行为是最令人震惊的。夏威夷州试图向澳大利亚人和日本人重新开放旅游业，但不包括自己的美国同胞。罗得岛州的警察在附近搜索纽约的车牌，甚至汉普顿的纽约同胞也怀疑来自纽约市的有钱难民不公平地抢光了他们的杂货店。由于苏格兰控制了新冠肺炎疫情，它没有兴趣让来自英格兰的那些不守纪律的同胞入境。

任何能够负担得起的人都正在从红色区域迁移到绿色区域，那里有充足的病毒检测和疫苗接种计划。在美国境内，这意味着摆脱那些武装民兵占领国会大厦的州，以避免在反疫苗者和其他"新冠白痴"疯狂发作时遭到封锁。从更大范围来说，绿色区域就是那些科学不会遭到政治干涉技术能够被积极应用于公共卫生事业的国家，如韩国。加拿大的蓝点①系统融入了医疗记录、地理定位网络搜索元数据和移动电话模式，以便对病毒的暴发做出预警。瑞典已经开始将射频识别芯片植入人的皮肤，用来确认人们的健康状况。在中国、新加坡等其他地方，现在由人工智能扫描健康记录，免费筛查可以预测罹患癌症和其他疾病的可能性。接下来，我们可能就会看到政府主动提供应用基因组学与合成生物学的治疗方式。

---

① 加拿大的一家数字健康服务商，致力于通过人工智能技术保护全球人民免受传染病的侵害。该公司将医疗和公共卫生专业知识与先进的数据分析技术相结合，跟踪并预测传染病的全球蔓延趋势，从而设计出最佳解决方案。

毫无疑问，对于那些在新冠肺炎疫情中没有经受住考验的国家，公共卫生将成为重要的优先事项，就像在黑死病之后，欧洲社会开始引进了下水道和铺装道路。既然人们可以活得很长，为什么还要用生命去做赌注呢？事实上，今天的移动一族正在寻找结合了疾病预防和长寿干预措施的"蓝色区域"。意大利的撒丁岛和日本的冲绳这类地方已经赢得了蓝色区域的称号，它们拥有的清新空气、有机饮食、日常锻炼和强大的社区纽带结合在一起，共同推动当地人的预期寿命达到地球上的最高水平。由蔬菜、谷物、种子、水果、坚果、豆类和鱼类组成的蓝色区域的食谱，可以让大多数人类更加健康。生物学上的寿命周期更长，会使人们更加向往生活在没有暴力肆虐的地方。由于美国是唯一一个经常发生大规模枪击事件的富裕国家，具有健康自我保护意识的人才要么继续提高他们的安全措施，要么迁往更值得信赖的社区。2019 年，圣弗朗西斯科将美国步枪协会标记为一个"国内恐怖主义组织"，但是现在的枪支可以 3D 打印出来，明智的地区也必须监控这些技术。在绿色区域和蓝色区域的重合部分，人们会看到这样的社会上存在着经济适用住房和工资保护，还有女性领导人和社区警察。[1]

---

[1] 根据医疗保健机会和质量指数（Healthcare Access and Quality Index），冰岛、挪威和荷兰这 3 个国家拥有最好的医疗保健系统。有 18 个国家提供全民医疗服务：澳大利亚、加拿大、芬兰、法国、德国、匈牙利、冰岛、爱尔兰、以色列、荷兰、新西兰、挪威、葡萄牙、斯洛伐克共和国、斯洛文尼亚、瑞典、瑞士和英国。此外，奥地利、比利时、日本和西班牙几乎实现了全民医疗覆盖。

第十二章 城市共和国的和平时代

这提醒我们，人类并没有计划好以寻求更高的 GDP 增长为目标的下一场迁移。GDP 作为衡量福利的指标，在统计学上就相当于黄金，只有人们相信它，它才有价值。相反，当今的年轻人更倾向于相信可持续经济、多元化与包容性社会以及一种崇尚权利和健康的文化。目前一场"军备竞赛"正在进行中，根据社会经济的包容性和环境的可持续性之间的平衡对各个国家进行排名。如果将各国的 GDP 与它们各自在最新发布的社会进步指数（Social Progress Index, SPI）中的排名进行比较，会得到令人吃惊的结果（见图 12-1）。例如，美国的人均财富仅次于几个作为税收避风港的欧洲小国，而高于其他所有国家。但是因为医疗匮乏、暴力和不平等，它的 SPI 指数只排在第 26 位。

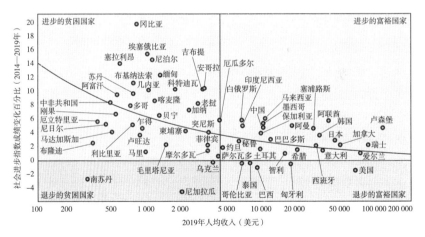

社会进步指数衡量的是各个国家在满足基本需求（如营养、用水、住房和安全）、提供基础福利（教育、医疗、信息获取和清洁的环境）以及提供机会（政治权利、个人自由和包容性经济）方面的表现。2014—2019 年，非洲和亚洲的很多贫困国家的社会进步指数已经开始稳步提高。在发达国家里，改进速度在放缓，同时有几个国家的指数已经开始下滑。

图 12-1　最进步的社会

这一指数的最高层级不仅有人们习惯印象中的北欧国家以及瑞士、爱尔兰、澳大利亚和新西兰，还包括德国、日本、加拿大和法国等较大的国家。即便是处在低增长轨道中的欧洲，社会公平对财富的调节作用也意味着社会会更加稳定。

很多国家在社会进步上排名靠前（如斯堪的纳维亚各国），却因为采矿、建筑、交通和航空行业的碳消耗而在可持续发展指数（Sustainable Development Index, SDI）上表现很差（见表12-1）。与此形成对比的是，哥斯达黎加、斯里兰卡、阿尔巴尼亚和格鲁吉亚等国以较低的资源消耗最接近于满足人民的需要。在这些国家里，

表 12-1　真正可持续的社会

可持续发展指数排名		该国在社会进步指数中的排名	社会进步指数排名		该国在可持续发展指数中的排名
1	哥斯达黎加	28	1	挪威	158
2	斯里兰卡	88	2	瑞典	144
3	阿尔巴尼亚	52	3	瑞士	151
4	巴拿马	41	4	冰岛	155
5	阿尔及利亚	85	5	新西兰	128
6	格鲁吉亚	60	6	加拿大	159
7	亚美尼亚	61	7	芬兰	156
8	古巴	84	8	丹麦	139
9	阿塞拜疆	76	9	荷兰	147
10	秘鲁	55	10	澳大利亚	161

根据每个国家在满足人口需求的同时将碳足迹保持在低水平的能力，可持续发展指数对各国进行排名。欧洲国家或其他人口较少的西方国家在社会进步指数排名靠前，与此不同的是，在可持续发展指数中领先的是一些以审慎资源管理著称的小国。

来源：世界银行（The World Bank）

大多数人的收入与接受的教育都很充足,预期寿命和幸福感都很高,但是人均温室气体排放量较低。[1] 处在这一经济水平的国家往往被形容为陷入了"中等收入陷阱",生产效率停滞不前和物价高企,使它们丧失竞争力。但是,它们也利用土地改革、教育和技术对其经济进行多元化,并通过培训提高年轻人的技能。在一个不再沉迷于 GDP 的世界里,它们可能成为那些不能为自身利益实现增长的社会——即所有社会的榜样。

需求的满足与刺激,周而复始

新冠肺炎疫情来袭的一刻,正是粮食收成和储备都很稳定的时候,但是加工行业突然陷入瘫痪,使全球粮食供应体系陷入一片混乱。蒙大拿州成千上万吨马铃薯被浪费,同样糟蹋掉的还有贫困国家出口过来的几百万颗鸡蛋。当关闭的边界挡住了流动的工人,法国经济部长呼吁同胞承担起他们的爱国义务,成为农民。比利时人被鼓励每周吃两次炸薯条,以消化巨大的马铃薯产量。新冠肺炎疫情封锁也迫使各国提出"食品民族主义",被禁止出口的有俄罗斯的小麦、越南的大米、塞尔维亚的蔬菜和食用油。我们是不是都应当为自己种植更多的食物,或者生活在这样的地方呢?

这场新冠肺炎疫情大流行迫使每个国家重新考虑为世界末日场景所做的准备。像新西兰这样的岛屿要塞有着良好的机会和眼光,让自己的农业生产不依赖于世界其他地区。中国进口的粮食几乎和美国一样多，因此加快了农村的拆迁以增加耕地面积。还有一些国家，如日本和韩国，它们在养牛和种植农作物的同时，还加强了水培食品生产和城市农业。韩国将食物残渣混合变成肥料，用于城市农场，而不是把它们浪费掉。

  基于城市的人类文明让我们以为，任何东西都是随用随有的，但城市所消耗的能源、水和食物远远超过了它们生产的数量。虽然城市是我们最强大的基础设施，但是不可移动性也造成了它们的脆弱。在10世纪，干旱迫使玛雅人放弃了强大的要塞城市，如尤卡坦半岛上的奇琴伊察。千年之后，墨西哥城的地下蓄水层消耗得非常严重，以至于地层沉降造成城市的下沉。这里可能成为下一个奇琴伊察，它的人民可以移动，但城市不能。

  早在玛雅人之前，干旱就对埃及和罗马帝国造成了致命的打击。当今最大的粮食生产国面临着潜在的危机，因为农业产业化破坏了种子和土壤之间的自然共生关系，水资源短缺耗尽了土地的养分。我们应该扩大再生农业技术，如轮作和固氮细菌，而不是增加化学肥料的使用。

  一定要改变这种说法，即我们已经实现从农业到城镇再到城市的进化，前者要为后者服务，而不用考虑环境代价。相反，我们应该重新思考如何生产、在哪里生产粮食和能源，如何消费、在哪里消费它们，以及两者之间的距离。在世界未来理事会[①]主席赫伯

---

 ① 一个依赖捐赠的慈善基金会，由来自五大洲的政府、议会、艺术界、民间社会、科学界和商界的50位受人尊敬的人士组成。

特·吉拉德特（Herbert Girardet）拟定的框架中，我们必须解开"石油都市"时代广泛分布的能源食品供应链，将我们的每个主要定居点都转变为自给自足的"生态都市"，包括本地化的食品生产、可再生能源和材料回收。

用水紧张和人口稠密的地方将不得不采用最新技术度过越来越多发的干旱期。单是一座占地1英亩（1英亩≈4 046.8平方米）的建筑每天就可以生产将近两吨的农产品，所需水量比传统农业少18倍，其冷却系统可将淡水循环送回植物根部。在熙熙攘攘的城市，海运集装箱正被改造成内置水培设备的"食品产生器"。中国已经开工建设一座完整的城市，既要以防疫为目的，也要在食品和能源方面实现自给自足。马略卡岛是西班牙收入最高的旅游中心，且正在迅速贵族化，可它的用水同时也将枯竭。但是，西班牙有埃勒巴和吉纳克这类公司，它们已经开发了一些最先进的大气水生成设备，卖给了世界各地几十个国家的军方。马略卡可以变成一个循环的岛屿。

循环饮食是循环能量的重要补充。以植物为基础的饮食进一步减少了我们碳和水的足迹，也就能使我们不一定必须生活在所需的肉类保持低温的食品杂货店附近。美国人越来越认同"半素食主义者"（只偶尔吃肉的人），而英国则将纯素食主义视为一种哲学信仰，相当于一种宗教。在新冠肺炎疫情期间，有一个网上流传的笑话建议，即防止大流行疾病、气候变化和社会动荡的办法是在行为上更像印度教徒：用双手合十、口称"纳马斯特"的方式表示问候，而不要握手，进家门之前洗脚，练习瑜伽和冥想，饮食上遵循素食原则，用水清洗而不用卫生纸，并将死者火化。印度教就是一种循环的宗教。

加拿大、欧洲和澳大利亚的一些城市，在转向替代和可再生能源上已经取得了长足的进步，如太阳能、风能与核能。没有其他国家的去碳化速度比法国更快，该国已经邀请一个多国联合企业建造世界上最大的核聚变反应堆。低温聚变技术得到谷歌和日本三菱公司以及比尔·盖茨的支持。后者也在资助海丽晶公司开发一种集聚太阳能的技术，甚至可以为工业水泥的生产提供足够的电力（Carbon Cure之类的公司还把从制造水泥过程中捕捉到的碳重新注入水泥）。在钢铁制造和能源开采这两个集中排放的行业中，氢能也已经取代了煤炭和天然气。日本将建造24座燃煤发电厂，以弥补在福岛灾难之后关闭的核电厂，但是它也在从澳大利亚进口压缩的液化氢气，以期成为世界清洁能源的领导者。韩国正在努力将多座城市的取暖、空调和电力系统改为氢能驱动。核聚变、氢能、太阳能和风能也在用于为数据中心降温，这是增加最快的排放源。一座城市，无论大小，都应当有能力为自身提供动力。

这也意味着我们应当大幅减少城市内部和城市之间的移动性在环境中留下的足迹。由于美国的特斯拉，中国的比亚迪，以及欧洲和日本的很多汽车制造商的电动汽车生产正在猛增，在世界范围内的车辆市场中，电动车的比例稳步上升。即便德国和瑞典已经有了可以为行驶中的车充电的道路，全球锂离子电池的供应链（和石油一样）也是污染严重而易受诟病的。因此，中国的宁德时代为特斯

第十二章 城市共和国的和平时代

拉开发出不含钴的电池,不再需要非洲和南美的有关矿业。氢能驱动的公共交通工具和私家车也出现在日本、韩国和中国。有机废料能够转化为合成天然气,为垃圾车提供动力,就像塞拉能源公司在加拿大所做的那样。还有丰田公司,其生产的车顶部配备的太阳能板足以驱动全天的市内行驶而无须充电。

一座自给自足的城市还应该拥有可持续供电的住宅和办公室。仅屋顶太阳能就可以提供大部分建筑所用能源的一半左右,而白色涂料又可以反射太阳的热量,建筑物里种植的绿树和灌木可以自然遮阳并起到降温作用。新的建筑设计中还整合了数十种功能,使其更具循环性,集纳雨水并导入蓄水池的屋顶,具有加热和冷却双重功能的空气泵系统,还有融为一体的通风隔热系统。与传统制冷方法相比,固态的热电冷却加热装置的能耗和排放要少得多。但是,我们还可以用传统方法和材料建造房屋,比如蜂窝状的赤陶灰泥,可以吸附湿气并使空气自然冷却,由此可以减少对空调的依赖。从加拿大到挪威,大量的木材被用于建造住所和办公室,它们对碳的吸收还会再持续几十年。已经构想出来但尚未应用的技术可以让我们进一步大幅拓展这一领域,例如树木摇摆发电和液氮制冷。我们应该以这种方式改造目前的城市,并驱动未来的城市。

许多国家尚未投入的最昂贵的投资是海水淡化厂,而它已经为以色列和海湾国家提供了一半或更大份额的供水量,如阿联酋有90%的用水是淡化的海水。印度、日本和哈萨克斯坦也拥有核动力的淡化水厂,大幅度降低了为农业生产和大众消费制造安全用水的能源投入成本（和排放）。在美国、印度、澳大利亚、中国或其他遭受严重干旱威胁的国家，这些大型水过滤企业的输水管线可以铺设到内陆地区的农场。如果水是一种新的石油，各国都应当相应地投资于输水管道，否则，人们将移动到水资源更丰富的地方。

空调国家

人类可以改变他们的地理位置，而城市不能。它们只能适应时代的需要，不论是竖起沿海堤坝挡住上升的海水，抑或是增加自行车道以降低机动车的拥堵。尤其是对于靠近赤道的海滨城市，需要做出的调整还相当多。

对于许多处在类似环境中的城市在未来几十年中可能需要做的工作，新加坡和迪拜进行了十分重要的实验。这两个城市都有超过400万的高度多样性的全球化人口，其中包括世界精英、向上流动的年轻人和大量忙于建设未来基础设施的客籍工人。当然，新加坡和迪拜的气候差异很大，后者位于干旱沙漠的边缘，而前者属于热带丛林。迪拜降雨稀少，而新加坡雨水连绵，但这两个城市都在积极利用新开垦的土地。作为一个岛国，整个新加坡有超过四分之一国土都是经过改造的土地（这使它成为全球沙土市场上需求量最大的消费者之一），而迪拜（同样还有阿联酋的联邦首都阿布扎比）则实施了雄心勃勃的人工岛项目。二者都可以负担修路、扩建海水渠道和驱动海水淡化的巨额成本。而且两国都在投资水培食品生产

(室内和地下)、近海鱼类养殖和植物肉类公司。但是他们能战胜酷暑吗？

阿联酋：一个穹顶之下的国家？

近40年前，我还是一个上幼儿园的小孩。记得父亲从办公室回到家里吃一顿午餐，与家人一起放松，然后在傍晚返回办公室继续工作几个小时。炎热的太阳下，在操场上嬉戏后刚回家的我，每次都需要冷毛巾来缓解一阵阵的头痛。至少我们还有空调。

对于居住在海湾地区的数十万西方侨民来说，他们的日常生活几十年来一直没有改变：在上学的时间段享受温和的天气，而在海湾地区炙烤于干燥的沙漠热浪中的3个月里，他们返回欧洲的家中度过夏天，等到天气变凉、学校重新开放后再回来上学。但是现在情况不同了。富有的海湾城市，如多哈、利雅得、迪拜和阿布扎比完全配备了高效运转的空调系统——西欧却只有不到10%的人有空调，尽管他们也遭遇到酷暑袭击——许多欧洲人现在都避免回家过夏天，而是选择在海湾地区享受凉爽（2020年底，在欧洲因新冠肺炎疫情导致的冬季封锁中，迪拜的海滨酒店突然连续几个月一房难求）。

在迪拜的写字楼、商场、公寓和新兴居住区中，空调是无处不在的，但是这座城市的未来规划是要将这些地方全部覆盖在一个真正的屋顶之下。作为迪拜最新的宏伟项目，迪拜广场将是一座城中之城。从学校到体育公园，所有生活环境都分布在玻璃穹顶下的宽广室内大道上。它全年都可以使用,虽然只有在最热的几个月,或一天中最热的时间里,这种气候控制环境才有必要。空调带来很大的电力消耗和二氧化碳排放,但是至少迪拜广场的居民不用再开着汽车到处跑。

由于大多数迪拜居民仍然喜欢独栋住宅,他们的社区可能会变成新式的零排放"可持续城市"。每栋住房及停车位上都有太阳能电池板。迪拜还建立了光伏太阳能园区,足够为100多万个家庭提供电力。就在阿联酋的首都阿布扎比城外,坐落着马斯达尔城,它最初被设想为一个仅供步行和电动高尔夫球车通行的独立社区,但是也加入了由阿联酋城市组成的这片空调群岛。距离迪拜更远的北方,拉斯海马酋长国①将自己标榜为物美价廉的侨民中心,每天都举行泳池聚会。可以想象,在未来几年中,许多海湾国家都在建设这样的空调城市,以及它们之间的超级高铁列车。

面积大得多的沙特阿拉伯有40%人口由外籍侨民构成,总数超过1 100万,包括400万印度人、300万埃及人和200万巴基斯坦人。由于2014年后的油价暴跌,加上政府努力让沙特人承担更多国内工作,导致150万移民流出并返回本国。沙特人确实在手工行业从事蓝领工作,比如约有5万人操作机械,因此,要指望移民建造新的空调穹顶和其他基础设施,让这个国家在酷热中保持宜居。

沙特阿拉伯和印度之间存在着积极的互补性,沙特向印度出口

---

① 与迪拜和阿布扎比一样,它也是组成阿联酋的酋长国之一。

第十二章 城市共和国的和平时代

石油，印度向这个王国出口劳动力和软件。随着沙特阿拉伯试图使经济变得多元化并得到升级，它将需要信息产业人员、职业学院和其他白领技术人员来运营各种智慧城市项目。事实上，该国对新冠肺炎疫情后的规划包括将利雅得变成气候绿洲和文化中心，种植数千万棵新树。那么由谁来做园艺工作、开出租车和操作数据中心呢？于是，沙特阿拉伯不久前废除了长期以来针对外国工人的保证人和加以监督的卡法拉制度。截至2021年，移民可以自由出入这个国家，并根据市场上的机会更换工作。最终，无人驾驶汽车和机器人可能会消除对印度和巴基斯坦劳动力的需求，但沙特阿拉伯也希望在其境内制造更多汽车和无人机，进而为熟练工人创造更多就业机会。沙特王国甚至采取了向外国企业家提供完整的公民身份的措施，试图重新定义自己的国家不能凭一己之力做到这一点。

尽管有人警告说，阿联酋和其他海湾国家将在2075年甚至更早变得无法居住，但人们仍在不断向那里移动。海湾国家也在不断进行建设以吸收这些移民。海湾合作委员会成立于1981年，尽管其成员国之间存在激烈的对抗（如2017年开始对卡塔尔的持续封锁），但是它们还是通过管道、铁路和一些新的规则融合在一起，后者允许任何经批准的沙特阿拉伯居民在阿联酋购买房产并前往那里生活。他们知道，自己的国家既不是第一个人们迁来或迁走的地方，也不会是最后一个。但是，至少他们有实力最强的空调系统。

新迁移 | 人口与资源的全球流动浪潮

新加坡：冷却热岛

周末早上，在新加坡中心地带丛林里的麦克里奇水库，许多来自世界各地的居民在慢跑小径上闲逛，讨论着房地产交易、清洁技术投资和早午餐的计划——又总是留意着嬉戏的猴子和鬼鬼祟祟的巨蜥。与有季节变换的海湾国家不同，新加坡正位于赤道上，几乎每一天都是炎热而潮湿的。当地人已经习惯了每天清晨例行锻炼，然后从上午9点到下午6点的大部分时间都待在室内，等到晚上才会出来，到海滩、公园和屋顶享受习习的微风。由于室外有大量的阴凉区域和吊扇，如果白天有点闷热，尤其是在大雷雨期间，坐在室外可能会让人感觉到一些凉爽。

新加坡国父李光耀回顾了将新加坡成功打造为典型的第一个世界城市国家的历程。他列举出这个年轻国家一些众所周知的优点，包括杜绝腐败的政治和多种族的和谐。之后，他平静泰然地说："空调是最重要的发明，也许是历史上最重要的发明之一。它使热带地区的发展成为可能，以此改变了文明的本质。"[2]

在全球变暖的形势下，世界上最热的国家却在吸引着更多的居民，这是一个讽刺，但是它也说明了，那些地方有能力，也有意愿投资来适应气候变化。当然，另一个讽刺是，通过加装数百万空调机组来维持宜居性，而这些设备的排放又加剧了温室效应。虽然我

第十二章 城市共和国的和平时代

们共享一个全球性的气候，地区的甚至是本地的微气候却重要得多，特别是城市工业活动造成的气温上升。新加坡和其他人口密集的城市都有一种"热岛效应"，交通阻塞吸收了热量，使温度比自然条件下高出了7摄氏度。另外，输送到发电厂的石油和天然气产生了巨大的热量（有一半浪费在了生产过程中），也飘浮在城市当中。所有这些导致人们把空调开得更大。这也就是空调作为解决炎热问题的手段，反而加剧了炎热的原因。

可是，未来的空调可以比现在具备更高的可持续性。新加坡国立大学已经开发出一种利用太阳的热能在发电的同时吸干空气中水分的空调，它用前者冷却后者，意味着耗电量降低一半以上，且不需要使用氟利昂。岛上每个地区都有一个综合中心，顶部是一块太阳能电池板，配有空调设施，内部有购物中心、图书馆、游泳池、托儿所、餐厅和诊所等便利设施。利用灼热的太阳为我们带来凉爽，这是未来的潮流。

天然的林荫步道和开阔的公园仍然是维持城市生物多样性的最好办法，新加坡是这方面的一个领先的模范。新建的绿洲露台是一个微风宜人的室内外混合用途的建筑群，由树木覆盖的倾斜步道、屋顶花园和凉爽的公共喷泉组成。

即使是依赖进口食物和水源的城市，也可以拥有更多的循环性。新加坡已经具备广泛的雨水收集设施和复杂的水处理系统，生产出来的"新水"通过管道流遍全岛。瑞士苏黎世理工学院的"凉爽新加坡"项目聚集了来自麻省理工、普林斯顿等大学的专家，确定上述方式以及其他方法可以削弱城市的热岛效应。从发电厂收集热量并导向工业用途，这是理所当然的一个步骤。由于高昂的汽车保有税和密集的公共交通，新加坡的 580 万人口只有 46 万辆汽车。如果把全部机动车包括公共巴士转换成电动汽车，将使气温最少降低 1 摄氏度，并使空调的负载减少 20%，同时减少天然气的进口。减少空调使用所节约的电力可以用于驱动整个电动车大军。

几十年来，新加坡一直依靠北边的马来西亚输送水源。但是今天，由新加坡的水库系统为"新水"处理厂供水，所生产出来的可饮用水输送到全国。它提出"30-30"倡议，要求在 2030 年达到以本地资源生产满足 30% 的营养需求，作为这项倡议的一部分，新加坡开始了大规模的水培食品生产，并正在努力增加水产养殖和植物蛋白的生产。发生新冠肺炎疫情后，新加坡决心把这一时限提前到 2023 年。如果这样一个百分之百依赖进口食品的城市国家能够提供出更多的国内食品供应，那么其他任何地方也都应当可以。

在莲花形状的艺术科学博物馆，通过名为"2219：想象中的未来"（2219：Futures Imagined）的作品，艺术家冯启明（Alvin Pang）引人注目地描绘了新加坡这样的海滨城市在洪水泛滥中的都市生活场景：街道已经被威尼斯风格的运河取代，汽车让位于小船，建筑物通过天桥相连，空中花园垂下一缕缕藤蔓。每栋住房都塞满了种植蔬菜的水培装置和用于堆肥的蠕虫箱。以今天的观点来看，这是一幅反乌托邦的图景，但也恰恰说明了人类的适应能力。

第十二章 城市共和国的和平时代

从"旅游中毒"到游客争夺战

2019年期间，人们激烈地争论过度旅游或"旅游中毒"这件棘手之事——仅仅几个月之后便停歇了。如今，大多数政府都在恳请游客前来消费。与全球人才争夺战同时进行的是一场游客争夺战。

20年前，每次入境乌兹别克斯坦和越南等国家，我都要等候好长一段时间（还要支付数百美元）。现在，这些国家和其他几十个快速增长的经济体，都会向来访者发放落地签证，笑脸相迎地盖上入境章。在世界各地几乎任何一个中国领事馆，人们都可以在24小时内获得签证。中国接待的外国游客从1980年的50万增长到2018年的6 300万。印度终于对大多数国家的人实施了在线的落地签证授权。美国在"全球通关"（Global Entry）等边境通畅技术上花费了28亿美元。显然，在筑墙的同时，该国也在关注如何吸引旅游者。

旅游业面临着严峻的风险，却有更多的国家越发依赖旅游业，这是一个残酷的讽刺。旅游和酒店业在全球GDP和就业（3.3亿人）中占比将近10%。热带地区和岛屿国家，如印度洋上的塞舌尔和马尔代夫，加勒比海的圣基茨和格林纳达，旅游业不仅在新冠肺炎疫情中崩溃，而且还面临海平面上升带来的危险。

西班牙每年接待的游客一直在世界所有国家中位居第二（超过8 000万），而且旅游业是经济中第二重要的部门（仅次于工业，但是排在金融业前面）。但是，西班牙的重要旅游目的地在它的南部沿海，从阳光海岸到加泰罗尼亚这一地区已经十分干燥，不得不用水管从法国输水。到访西班牙的游客中，英国人最多，可是随着英国的气候与西班牙越来越相像，而西班牙越来越像非洲，还会有那么多的北欧人继续南下吗？更多的欧洲人将选择北上斯堪的纳维亚半岛，而不再拥挤到西班牙的地中海沙滩上。西班牙人很可能会放弃自己的国家，一同北上。冬季虽然目前在西班牙算是旅游的淡季，但是也将越发流行起来，既有温暖的海滩，也有内华达山脉①的徒步旅行。为了在黑暗冬天里享受，一直在地中海地区购置不动产的斯堪的纳维亚人会继续持有这些公寓。

除了寻找新的旅游目的地，我们几乎没有其他选择。包括吉萨金字塔群在内，成千上万个位于快速升温地区的历史遗迹都不可移动。即使有一条连接麦加、麦地那和吉达②的新建高速铁路，对许多穆斯林来说，去沙特阿拉伯履行朝觐的义务也已经变得太热了。尼罗河在流到地中海边的亚历山大时变成一片沼泽，上涨的海水正逐渐将它浸没。威尼斯长久以来所仰仗的海堤已经赶不上亚得里亚海上涨的海水。最终，附近的帕多瓦和特雷维索将变成访客更多的地方，人们可以乘车或坐船从这两地出发，探索那个沉入水中的中世纪伟大共和国。

解决过度旅游的办法不是禁止游客，而是可持续地为游客开发新景点。你可能从来没有听说过位于挪威和冰岛之间的丹麦

---

① 位于西班牙东南部，安达卢西亚自治区境内，是一个颇受欢迎的旅游目的地，也是欧洲南部的滑雪胜地。

② 位于沙特西部海岸中部，是该国外交部及各国使馆驻地，全国第二大城市、第一大港口，也是全世界穆斯林进入麦加和麦地那进行朝觐的陆、海、空交通要道。

第十二章 城市共和国的和平时代

> 法罗群岛，但即便如此，这些岛屿也在2019年因"悉心关爱"（TLC）[①]行动而暂时对游客关闭。其间，岛上居民和选定的"志愿旅游者"开展了一些保护项目。

公共的城市

当下的城市是为了上一个时代的产业和生活方式而建造的。早在新冠病毒大流行和远程工作之前，商业地产和购物中心就已陷入苦苦挣扎。自助仓储设施代表着婴儿潮和X世代的储藏文化，他们的孩子不想要这些东西。城市需要进行物理和政治两个层面的更新，以适应年轻人的偏好：经济适用的住房、廉价的交通、绿色的空间和自由的生活方式。那些提供更少的工作日、薪资保险、技能培训项目，并向为数不多的儿童提供托幼服务的城市，将能够吸引流动的年轻人。

讨论子女相对较少的未来时，人们经常忽视一个显而易见而又合乎逻辑的观点：那些有孩子的千禧一代和Z世代将被吸引到儿童友好型社区，那里有足够的空间容纳其生机勃勃的X世代的父母，在他们工作时帮助照看孩子。根据一项按照安全、成本、健康、教育和福利将30个国家列为"最佳育儿之地"的指数，除新西兰、日

---

① TLC 是"Tender Loving Care"的缩写。这次活动是在2019年4月实施的。

本和加拿大外,前 25 个国家中几乎所有国家都在欧洲,而美国和墨西哥则排在这一名单的最后。³ 瑞典和芬兰不仅有世界上最慷慨的父母福利政策,而且咖啡馆和社区中心都为年轻父母举办带孩子的活动,这样无论是养育孩子还是独生子女的童年都不再是一种孤独的体验。

在 20 世纪 70 年代,未来学家阿尔文·托夫勒(Alvin Toffler)预言,各个家庭会集合在多个家庭组成的群体中一起养育子女。如今,越来越多的夫妇集体购买或租赁房屋,共同承担持有及维护房产的成本和任务。即使在芝加哥和波士顿等大城市的高价居住区,共居生活也能营造一种社区感。⁴ 从奥克兰到底特律,社区土地信托基金为合作组织建造经济适用的家庭住房提供了折扣资金。在纽约,铁狮门(Tishman Speyer)旗下起名为"亲属"的共居物业是一种为年轻父母准备的多户建筑,可以让他们共享公共空间和育儿服务。这些经过改造的房产让专业人士既可以负担纽约市的生活,又能够养育家庭。

在其短暂的全盛时期,维沃克试图将它的社群农场模式推广到社会生活的各个方面。在联合办公之外,它还涉足学校(WeGrow)、医疗(Rise by We)和共居生活(WeLive)。这样的城市集体农场设施现在随处可见。有些是月付租金的宿舍〔如圣弗朗西斯科的豆享(PodShare)〕,仿照了微型房间构成的圆形监狱。与做超级通勤族相比,每天至少往返两个小时去上班,在隐私上付出的任何牺牲都是值得的。星城公司也在加利福尼亚州各地建设经济适用的共居物业,

第十二章 城市共和国的和平时代

将普通的年轻人留在这个州里。"部落"（Tribe）网站在布鲁克林为那些渴望交友的、短暂漂泊的千禧一代提供了实体社区空间。在新泽西州，空置的写字楼停车场正被改造成公寓和联合办公空间，他们的停车场现在被用作小型居室、快闪式零售、城市农场和公共活动的场所。数字环境也可以对社会关系产生积极的作用。麻省理工学院媒体实验室正在测试一种可穿戴设备，帮助陌生人之间发现共同的兴趣。欢迎来到崭新的数字社群主义。

拥有世界上大多数人口和年轻人的亚洲是这种共居生活方式的起点。数以亿计的流动的千禧一代，无论学生还是工人，都在各个城市中度过不确定期，他们要么远程办公，要么在当地四处打零工。对于一个年轻的亚洲或西方侨民来说，在巴厘岛待上几个月或一年，同时攒下好大一笔薪水，这有什么不好呢？跨国公司甚至将岛上整座的共居生活及联合办公空间出租，以降低兼职或合同工的成本。随着新冠肺炎疫情大幅削减了入境的澳大利亚和中国游客数量，巴厘岛发起了一项新的运动，吸引数字游民购买别墅，并在那里常住。

还有欧洲，长寿和金融压力相结合也同样催生出新的解决方案。米兰的2万名学生中的大部分来自这座城市以外，很多都无力负担独居生活。在"更好的米兰"（Meglio Milano）项目中，上年纪的夫妇或孀居者"收养"一个学生住在家里，后者支付低廉的房租，以帮忙做杂务和陪伴老人作为回报。老年人居家养老，而年轻人也减少了负担。多代人在同一屋檐下共存，但并不是来自同一个家庭，在这样的环境下，此类家庭共享构成一种新型的"住户"。

欧洲还率先向公民提供"作为一项服务的可移动性",不鼓励人们拥有汽车。在因新冠肺炎疫情而封锁期间,人们开始更加关注周边紧邻的5个街区内是否包含绿地、医疗服务和食品供应。巴黎市长安妮·伊达尔戈(Anne Hidalgo)计划为所有人在离家步行15分钟距离内提供全部基础服务。从米兰到多伦多再到西雅图,市中心区域都禁止机动车通行,以方便行人和骑行者。自行车和滑板车专用道迎合了越来越多没有汽车甚至没有驾照的年轻人。迁移计划变得更像是数字计划:一个单一的应用程序,借助自行车租赁、电动滑板车、火车、公共汽车或拼车,为你的行程给出建议并加以协调,再根据需要向各个供应商分配你已经统一支付的费用。赫尔辛基的"突发奇想"(Whim)应用程序涵盖了出租车、公共汽车、自行车、摩托车,甚至租车服务。最终将出现无人驾驶的班车,无人出租直升机(由空中客车子公司 Voom 驾驶)在城市上空嗡嗡作响,并为人们提供到郊区的联运服务。

对于地理范围更广、人口密度更低的美国城市来说,这些服务可能会改变游戏规则。太阳城公司的离网住房和充电将意味着巨大的新建郊区可以通过平坦的道路相互连接,人们能够乘坐无人驾驶汽车去会面。这些无人驾驶的车队有可能十分普及,使火车和公共汽车都相形见绌,最终或许会证明美国在公共交通上花费如此之少是很合理的。美国拥有资金、技术和人才,可以为自己重塑一批准备好迎接未来的城市,但是,政治意愿和经济资源并不是均匀分布的,因此每个地方的未来也会各不相同。

第十二章 城市共和国的和平时代

智慧生活的未来

对年轻人来说,"用户体验"这个用于公司的说法同样也可以用于城市。他们要求地方治理从老旧的基础设施和劣质的服务跨越到管理交通的传感器和实时收集他们意见的数字投票系统。小而富裕的国家倾向于提供年轻人寻求的安全与生活方式的最佳组合,而在美国这样的大国,各个城市会为了比对手更加"智慧"而展开竞争。[①]

现在,"智慧城市"的意义涵盖了从远程医疗到无处不在的监控的每一件事。智慧城市生活的技术层面既充满诱惑又令人不安。公寓正在成为可配置的空间,家具能够折叠成适合空间的大小,这取决于你是需要沙发、床、厨房,还是办公室。物联网、5G 和增强/虚拟现实将可以让你完全沉浸于街道和建筑物。无人机或机器人的移动递送意味着即时的便利,但可能堵塞人行道和天空。配备 3D 打印机的卡车可以在移动中制造维修零件。必胜客正在试验配备烤箱的厢式货车,在送货途中制作新鲜比萨饼(这最后一项没有人会不喜欢)。年轻人希望生活在一个技术服务于人的地方,而不

---

① 瑞士洛桑国际管理学院(IMD)和新加坡技术与设计大学(SUTD)最新的一份联合报告,根据有效利用技术提高公民体验的情况,对各个城市进行排名,2019 年十大最智慧城市依次为新加坡、苏黎世、奥斯陆、日内瓦、哥本哈根、奥克兰、台北、赫尔辛基、毕尔巴鄂(Bilbao)和杜塞尔多夫。——作者注

是与之相反。目前，在软件方面，来自技术和支付行业的谷歌和万事达正在将政府服务数字化。同时，在硬件方面，从亚马逊到威莫（Waymo）①的电子商务、房地产和汽车公司也对已有环境进行了改造。美国各地的市长办公室都涌现出数据分析部门。但是，由于数字原生代保护数据隐私的意识越来越高，未来的发展可能会更趋于实用，而不会走向极端。

智慧城市这种说法的早期化身透出一股公司化的数字化窒息的味道。有了更好的公民指导，新兴的智慧城市将成为物联网无缝融入背景环境的地方，为居民提供一种无障碍的生活方式——技术让你成为你自己。西门子城（这家工业巨头的一个老旧的工厂城镇）变身为柏林郊外的一个未来派住宅中心，这一复苏过程有着明确的指导方针，最重要的就是，数据首先来自公众的信任。

接下来，我们预计会有更多的州将通过"数字权利法案"等法规或像加利福尼亚州提议的那样提供"数据分红"（为用户的数据付费），并禁止商业机构和执法部门使用面部识别技术。此外，数字认证也得到大力推广，以防止深度换脸技术并阻止网络克隆，还要抑制仇恨言论，对病毒式传播的阴谋论进行事实核查。如果到处都装上安全摄像头，那么至少它们可以用来阻止"门廊盗贼"，这些人每年可以偷走几千万个包裹。

---

① 谷歌于2009年开启的一项自动驾驶汽车计划，后于2016年独立出来，成为谷歌母公司字母集旗下的一个子公司。

第十二章 城市共和国的和平时代

在发展中国家中,普遍存在老化的基础设施、过度拥挤的公寓、混乱如麻的交通和猖獗的腐败,智慧城市看起来是与这难以改变的场景的一种必然的切割。举例来说,这就是埃及开始建造"新开罗"城市的原因。然而,这些项目是否能够完成还有待观察。阿姆拉瓦蒂被誉为印度南部安得拉邦的清洁技术之都,但是政府突然在2019年废弃了这座城市,尽管它的建设工作已经着手实施。从洪都拉斯到马达加斯加,一些城市曾尝试过诺贝尔经济学奖得主保罗·罗默(Paul Romer)所说的"特许城市"(Charter Cities)[①],但迄今为止,失败远多于成功,因为能够建造一些东西并不意味着应该建造它。令现有城市更为可持续,为其居民的可移动性付出,这才是更好的投资之道。

这提醒我们,在富国和穷国,"智慧城市"可能是促进一种新中世纪分层的准则:特权阶级为自己建造新的城市或地区,将难以控制的外部世界隔离。现在位于爱丁堡或巴塞罗那哥特巴里步行区的中世纪城墙也在提醒我们不要忘记,这种结构在历史上是常态。事实上,柏拉图在《理想国》(*The Republic*)中写道:"任何城市,无论多么小,实际上都分成两个部分,一个属于穷人,另一个属于富人。"我们可能正在走向一种开明的封建制度,进步的城市声称对所有人开放,但促进秩序的代价是牢固确立新的等级制度。即使在纽约等不存在内部壁垒的城市,2012年的飓风桑迪和2019年的新冠肺炎疫情等事件也暴

---

① 保罗·罗默提出的一个概念,指被授予特殊管辖权以建立新的管理体系的城市。

露了邮政编码与受害程度的关联有多么紧密。美国的生活质量地图最像是一架区分不同入口、客舱、座位区和浴室的飞机。

有相当多的城市已经按照这种方式分层,但各自扮演的角色不同。当下,像迪拜、新加坡和香港这样的城市,更多地与日渐膨胀的短期外籍员工联系在一起,这些人口的生活环境在相当程度上与当地社会存在有效的隔离。但随着大国引进更多的人,同时又不能保证其居住或生活水平,阶层分化将不可避免地植根于本国人与外国人、技术人员与非技术人员、富人与穷人之间。

除非我们自己变得更加智慧,智慧城市不会真正变得智慧。将自己与不安全的外界环境隔绝并不能给我们带来更多的安全感。相反,它加剧了不平等和恐惧,同时随着越来越多的人离去,我们的经济也被削弱。无论是城市还是国家,包容性的体制赋予每个人权力,使整体比各部分之和更为强大。在过去10年间,很多首次沦为无家可归者的人是没有足够积蓄的50岁以上退休人员。然而,我们有一些应用程序可以帮助无家可归者、获释囚犯和努力奋斗的学生找到负担得起的住处。从纽约到内罗毕,数百家酒店是否会因为新冠肺炎疫情而转型,成为这些底层人的住宅呢?测试我们"智慧"与否,也并不是很难。

第十三章
文明3.0

充分利用可移动性

如今,随处都可以听到有关"全球化已死"的论断。过去几代人对他们的时代也都有过同样的看法。然而,就像第一次世界大战后的欧洲一样,紧随每一次经济收缩的是又一轮更广泛深入的全球化浪潮,所以它还会重演。石油贸易可能会减少,但数字交易会爆发;制成品贸易已经萎缩,但资本流动和加密货币在蓬勃发展;民粹主义和新冠肺炎疫情全球大流行使某些边境被收紧,可是气候变化将驱使越来越多的人越过边境。请记住世世代代以来有关人类的最基本真理:我们在地球上不断地建立连接性,并且不断对其加以利用。移动性决定命运。

2020年世界人口分布地图显示,大量人口集中在北美洲东岸和环太平洋地区,以及欧洲、非洲和南亚的密集城市群。但是,当我们把这幅地图演化成 2050 年的景象，北美和亚洲的沿海地区将会沉没，人口退到内陆。南美和非洲的人口在他们的农田变成荒漠之后会涌向北方。这些地区的经济随之崩溃。南亚地区——印度、巴基斯坦和孟加拉国——随着海平面上升、河流干涸，同时自动化造成人力过剩，而政府无法保障社会稳定并提供福利，这里便成为更大规模人口外流的源头。在未来的几十年中，从加拿大的北极地区和格陵兰岛，到俄罗斯的西伯利亚地区和中亚大草原，这些此前无人居住的地区会涌现出几十座新兴城市。还有些城镇会随着它的居民一起移动。

我们的政治、经济、环境和人文地理能否再次呈现稳固的和谐状态？很幸运，我们可以完成这件棘手的任务。人类在工业、生态、人口、技术等因素之间所引发的复杂连锁反应招致了持续的动荡。更为可能的是，很多人终其一生会因为多种原因向多个方向进行多次迁移——为了寻找工作、逃避气候变化、寻求更好的政治制度，或出于其他动机。随着我们力图纠正资源、边界、产业和人口之间的严重错配，未来的几十年将会有不断的循环流通。

听起来是一片混乱。但如果这就是进步，那又怎么样呢？我们的祖先在旧石器时代适应了新的环境，取得了生物、社会和技术上的进步。野牛、鸟类和蝴蝶，全都为了生存而改变了它们的迁徙行为。今天，我们掌握的技术可以让地球上从赤道雨林到北极高纬度地区的任何区域都变成可持续的宜居之地。

在人类必须集体主动地进行重大变革的时刻，历史并不是最佳

第十三章 文明3.0

指南,但也许现在是。即便全球在应对新冠病毒大流行上表现出很大的随意性,它还是使得今天更大规模的人口不用再承受以往的流行疾病所造成的死亡数量,如黑死病(1亿)、西班牙流感(5 000万)和艾滋病(4 000万)。人类不会接受前途未卜的宿命,而是比以往任何时候都更迅速地组织起来。

如果可以协调应对大封锁,我们能不能为下一次大迁徙做出预先规划呢?

过往的文明崩溃是由于它们不能适应自己创造出来的复杂性。这说明,人类的伟大使命是解构这种复杂性,在保持全球连接性的同时再次进行本地化。相比庞大人口集中于易受海平面上升和疾病影响的沿海特大城市,一个更紧凑甚至是移动式社区的世界可能风险会更小。

我们必须从一种文明模式进化到另一种文明模式,而远远不止于从一个地方变换到另一个地方。1.0版本的文明以游牧和农耕为特征,世界人口规模很小,而且是本地化的,环境决定了我们能在哪里生存下来。然后是2.0版本的文明,我们变成以定居和工业为特征,在越来越大的城市安居,通过全球供应链使自然商品化。人与自然之间的消极反馈循环将双方一同推向灭亡。现在,我们必须再次适应新情况。3.0版本的文明必须是移动的、可持续的。我们要向内陆高海拔地区移动,进入广阔的北方地区。我们的碳足迹将因为可再生能源而减少,但是,也可能由于社会经济和环境的变化不定而更加频繁地迁移,会有更多人成为游民,定居可能只是暂时的。

我们会分散，但是，我们将保持连接。

家喻户晓的英国历史学家阿诺德·汤因比（Arnold Toynbee）曾说，"大写'C'的文明"（Civilization）向我们发问，什么样的政治或科学实践推动了我们作为一个物种的进步，甚至跨越了（小写"C"的）文明鸿沟。他写道，我们大写"C"的文明之旅"是一场运动，而不是一种状态，是一次航程，而不是一处港口"。[1] 如果我们允许，3.0版本的文明就可以变成这样。

在文明3.0的愿景中，我们的人文地理环境得到持续不断的优化。夏季，人们在加拿大和北欧建立中等规模的低层定居点，并根据气候条件向南迁移到墨西哥或地中海。亚洲人撤出沿海大城市，向喜马拉雅山、中亚和俄罗斯的广大东部地区进一步扩散。我们减少了在毫无意义的摩天大楼上的投入，而把更多的钱花在碳纤维的氢动力飞机、超级高速铁路和气垫船上；对淡化水和可再生能源的投资要超过燃煤发电厂；通过本地化的水培农业生产更多的食物，而不再为了养牛而砍伐森林。更多的社会坚持趋向开放的移民政策，而那些尚未开放的社会在经济上将会萎缩，最终还是被移民收买。通过这些步骤，人类将愈加接近在21世纪生存所必需的新的地理环境。抵达那种环境的唯一办法便是移动。

还有一条暴力的途径也能通往类似的碎片化结局。在各主要国家之间的冲突中，没有任何一方能够获胜，这场战争的所有参与方都会被削弱。在罗马帝国崩溃之后欧洲转变为较小的、本地化的市场，人们制造一些能够出售的东西，换取各自所需。美国的衰落可能使世界

第十三章 文明 3.0

陷入这样一个超级碎片化的、新中世纪的局面。不同于许多相互承认的国家所构成的一种文明，一伙伙全副武装四处游荡的人——不管是伊斯兰国余孽，难民，还是"末日派"（Prepper）[①]民兵——坚决维护他们的"移动主权"，统治其立足的任何地方。这种后现代的封建主义意象打动了一些自称为无政府–共产主义者、无政府–原始主义者或生存主义末日派的人，他们主张人口自然减少，重塑自然，回归狩猎采集的生存方式。但瓦尔登湖的幻象无法解释我们的智能手机、3D打印机、预制房屋和太阳能电池板从何而来。这让我们很容易相信我们不需要连接性、贸易和迁徙，可我们确实需要。

地缘政治猜疑和气候波动这两者构成的一种有毒的混合状态，便是当下的现实。如果没有针对共有资源的协调行动，我们就会遭遇土地掠夺和资源战争。在产权保护薄弱的地方，政府及其企业盟友可以凭借法令夺取土地。居住在西岸定居点的以色列人从1995年的不到20万人增加到今天的60多万人；印度已开始驱使印度教徒进入穆斯林占多数的克什米尔，以获取其冰川水资源，并在风景优美的山谷中建造不动产。加拿大的原住民经过数十年的努力，终于在该国北部的大片领土上实现了自治；而保守党政府及其石油公司盟友可以在一夜之间将这些成果推翻。我们在移动，但是我们的政治也随着一起移动。

[①] 指一些坚信毁灭世界的灾难随时可能发生，并为能够在这场灾难中幸存而进行积极准备的人。

新迁移 | 人口与资源的全球流动浪潮

从统治权到管理职责

新冠肺炎疫情封锁摧毁了经济，但（暂时）扫清了天空。直到2020年3月，当持续数十年的烟雾暂时消散，生活于喜马拉雅山脚下的数百万印度人才得以窥见其顶峰。在消除有害温室气体排放的同时，我们能保持经济的活力吗？

巴黎气候协定一直被作为一幅全世界的路线图，却未能获得一致行动的支持。美国总统做出的承诺，其继任者可以拒绝，国会也未能立法，可能需要几十年的时间才能付诸实施。加拿大是巴黎协定的签署国，但刚刚批准开发一个新的大规模油砂油田。欧洲正在减少其排放量，但他们的努力远远赶不上其他地区的排放增长。印度和巴西谴责气候殖民主义，而印度仍然依赖燃煤发电，巴西则在亚马孙地区砍伐树木。碳税在普及，但这充其量只能算一半的措施。许多评论家认为，市场是让我们陷入这场混乱的首要因素。

在殖民时代任意划定的边界妨碍了针对现有人口特征和环境挑战而展开的合作。举例来说，在芬尼河注入阿拉伯海的三角洲上，印度和巴基斯坦对锡尔克里克湾存有争议。①在此处及其他许多地方，

---

① 锡尔克里克湾位于印度河的入海口附近，而芬尼河是在孟加拉国。作者在此处似乎混淆了芬尼河与印度河（Indus River）。

各国无法就河流边界应当划定在河道正中还是河岸上达成一致。而马里兰大学教授萨利姆·阿里（Saleem Ali）主张，这些脆弱的生态系统早就应该变成湿地保护区，而不是予以军事化。一些撒哈拉以南的非洲国家，如博茨瓦纳和赞比亚，以及莫桑比克和南非，已经成功地建立了跨境的生态保护区。朝鲜和韩国之间的非军事区也应该如此，虽然那里的局势并不安全，但从生态角度讲是值得珍惜的。全世界都需要进行这样的思考。尽管在臭名昭著的1885年柏林会议上，非洲被划下许多直线边界，但欧洲人也采用了"以物易物"的法律概念，意思是"先予后取"，或者简单地说就是一报还一报。今天，各国能够做得更好，它们也可以分享主权。

当下，主权的意义在于划分政治控制区域的界线，但也让政府可以逃避履行其国际责任。而气候变化引发了新的问题，有关各国在保护栖息地、减少温室气体排放和接受移民方面负有什么样的义务。对其中的核心问题，必须做出明确的选择。国籍更重要还是可持续性更重要？是否应该允许国家领导人破坏我们所有人的地球？加拿大或俄罗斯的领土对世界来说实在太重要了，还能让加拿大人和俄罗斯人单独管理吗？我们的统治权能否演变为管理职责呢？

将整个地球再次用于大规模的重新安置，需要把领土与严格的主权脱离，重新按照农业、林业、海洋生物和居住来规划行政区。本着这种精神，各国可以将关键的生存环境租赁给国际合作组织，以实现可持续的耕种。空间的重要性日益增加，没有哪个国家应当独自控制，我们可以设计出一种机制，在可持续性和公平获得之间取得平衡。国际自然保护联盟（International Union for Conservation of Nature，以下简称IUCN）帮助各国划定自然保护区、荒野保护区、国家公园和可持续资源开发区，并找到适当的合作伙伴帮助它们保护、重建这些生态区并吸引游客。到目前为止，IUCN和世界野生动物基金会提供的这种技术支持，已经使地球陆地面积的15%被标示为受保护地区。E. O. 威尔森（E. O. Wilson）[1]主张我们应当实现50%的目标，即地球总面积的一半。从北美的森林到亚马孙河流域再到非洲草原，连成一体的生物圈将使许多目前濒临灭绝的物种和自然栖息地得以再生。

同样重要的海洋圈不只包括渔业和海底资源，还有它潜在的可再生能源，从潮汐发电厂到风力发电涡轮。地球表面70%的面积被水覆盖，其中超过一半位于各国管辖范围以外。人们目前正在修改《联合国海洋法公约》，以保护这些公海区域的生物多样性。下一步，可以授权世界海洋理事会，召集政府、公司和环保团体进行海洋空间规划。

所有这些都体现了明智的以预防为主的原则，一盎司预防等于一磅治疗，特别是在可能根本没有治疗措施的情况下。但是如果需要，我们又该如何加强环境保护呢？哈佛大学教授斯蒂芬·沃尔特（Stephen Walt）曾经质疑，是否应该援引国际人道主义法则为采取

---

[1] 美国著名生物学家，先后执教于哈佛大学等重要学府，1969年当选为美国国家科学院院士，曾获得普利策奖。

第十三章 文明 3.0

军事干预手段保护生态系统提供正当性。前奥巴马政府科学顾问约翰·霍尔德伦（John Holdren）呼吁，建立一套"全球体制"，作为一个超级机构，负责管理全球环境、运营所有自然资源，甚至控制全球贸易并设定各地区的人口配额。

然而，更可能的是，我们将不得不在经济上对俄罗斯和巴西等国家予以强制或收买，让它们像坚决捍卫各自主权那样对自己的生存环境给予积极的保护。2019 年，巴西动用了近 5 万军队控制森林火灾。或许这不能算是巧合，法国和爱尔兰曾威胁要阻止其与欧盟签署贸易协定，除非它能采取严肃行动制止森林砍伐。全球适应委员会①认为，在气候适应上（包括保护沿海红树林、增加旱地作物产量、提高灌溉效率）投入的 1.8 万亿美元可以产生 7.1 万亿美元的经济效益。为推动生态友好行动，在缺乏更强硬的大棒措施的情况下，这些都只是需要加以利用的几根"胡萝卜"。

空出的国家

有些国家坚持不到我们的下一个时代。生态衰败、政治不稳、经济下滑和人才外流，意味着这些地方将只剩下被世界其他地区所排斥的公民，或者他们将被完全放弃。但这只是定义一个国家的部分因素，它还拥有永久居住的人口。那么完全空置的国家又会发生什么呢？它们会与邻国合并成为多边的被保护国吗？无论

---

① 由荷兰发起成立于2018年的一个国际组织，呼吁在应对气候变化上开展国际合作。

怎样，其地理环境仍然是有用的。不管人口迁到哪里，中非和西非国家都拥有丰富的钴、铁矿石及铝土矿，这些矿藏将一直被开采到枯竭。同时，纳米比亚、南非和安哥拉等撒哈拉以南的非洲国家拥有钻石、金、铀、锌等矿产的庞大储量。玻利维亚和阿富汗拥有作为电池基本原料的锂矿的巨大资源。土库曼斯坦的 600 万人口（他们所生活的地区经济状况极为恶劣）可能会被迫迁移到哈萨克斯坦西部或俄罗斯南部，即使他们的天然气储备和太阳能在当地市场得到应用。在全球分工中，空出来的国家还可以派上其他的用场：作为海水淡化厂的含盐垃圾和核反应堆废料的堆积地。[①] 放弃那些不能再居住的地方的过程中，我们逐渐懂得，不要把任何地理环境视为理所当然。

地理工程的解决办法

通过另外一种方式，当今的气候民族主义势必带来某种军国主义精神：通过拒绝他人染指的办法保存本国的自然资源。一些本土主义者认为，接纳更多的移民将提高贫困移民的生活水平，进而增

---

① 特别是一些以花岗岩为主且地震活动不频繁的国家，是掩埋核废料的重要地点。目前，世界上大部分核废料储存在芬兰、瑞典、法国、西班牙和捷克共和国等国家的非地震区花岗岩山脉中，或就地存在美国现有的反应堆所在地（因为当地反对将其埋在内华达州靠近死亡谷和拉斯维加斯的亚卡山）。但随着这些国家因全球移民而人口增长，核废料将更好地储存（并重新安置）到阿根廷巴塔哥尼亚地区的德尔梅迪奥山等地，该地区人口减少，并在气候变化中干涸。——作者注

加排放。但是，按照同样的逻辑，使贫困且人口过剩地区的气候得到稳定，可以成为北方的首选战略，因为它能够避免让南方人民在第一阶段就必须迁移。

从自身利益出发，各个国家会毫不犹豫地实施环境工程。从20世纪70年代以来，美国一直在利用人工降雨来抵御干旱，近来更是用人工增雪改善滑雪条件。自20世纪80年代，印度以及从摩洛哥到阿联酋等阿拉伯国家一直在实施人工增雨，以弥补降水的不足；阿联酋现在几乎每天都要增雨，同时以大坝和水库蓄集雨水；在印度尼西亚和马来西亚，人工降雨对于消除森林火灾造成的污染至关重要。全球范围内的人工增雨行动至少可以暂时缓解一些农业地区的缺水状况。

再造林倡议也可以让整片区域和大气层受益。树木是一种十分有效的冷却剂，能够吸收二氧化碳并捕获水分，特别是在生长速度更快的热带国家（因此，亚马孙地区的森林砍伐比在加拿大伐木更糟糕，亚马孙地区的再造林比在加拿大多种树更重要）。根据苏黎世联邦理工学院的数据，在俄罗斯、加拿大、美国、澳大利亚、巴西和中国，总计10亿公顷（相当于美国大陆面积）的大规模植树行动将捕获全世界三分之二的碳排放。可是，尽管最近有号召种植1万亿棵树的全球运动，我们每年仍在失去1 000多万公顷的森林，而新种植的树木还需要几十年才能达到其完全的碳吸收能力。

发达国家可能会率先启动地理工程项目，如碳封存（以营养物质滋养海洋以促进二氧化碳吸收），将二氧化硫粒子扩散在上层大气中以反射阳光，或在洁净的冰面上覆盖一层白色的沙子，反射更多光线，使冰层加厚而不会融化。有人希望，世界上做慈善的亿万富翁〔如比尔·盖茨和杰夫·贝索斯（Jeff Bezos）〕、美国宇航局和其他机构已经在秘密开展这类计划。学者们认为，在一系列不同纬度反射太阳辐射可以为全世界赢得时间，降低气候不公。但是，只让一个地区受益的解决方案可能会产生不利的影响。如果人们知道这些地球工程计划的内容是什么，会使哪些地方受益，他们就会去往那里。除非我们为每个人找到解决办法，否则，大规模的迁徙和大范围的苦难都将继续存在。

大规模迁徙与道德准则

20年前，我们还在惧怕四处蔓延的人口过剩，而今天最紧迫的任务几近反转，我们需要全力扶持依然在世的人，并悉心养育即将出生的人，以确保人类在这个世纪中能够最大限度地存续。这意味着人们将不得不移动，但是我们会允许他们移动吗？

幅员辽阔、资源丰富但人口减少的国家关闭它们的边境，而那些对气候变化责任最小的国家正在逐渐沉没或耗尽水源，这样一个体制的合理性在哪里呢？将世界上的人口锁定在当下位置意味着生态灭绝，而这并不能改善幸存者的处境。我们的经济依然面临劳动力的短缺，从全球交换中创造出来的财富将终止。相反，我们应当可持续地培育地球上适宜居住的绿洲，并将人们转移到那里。

尽管如此，伦理学家们在他们的探究中还是将国家摆在了人类前面。举例来说，17世纪英国哲学家约翰·洛克（John Locke）从实用主义出发为移民归化以增加劳动力储备并扩大生产和贸易提出了理由。然而他清楚地表明，迁徙活动不应当剥夺当地人的财产权利。18世纪的普鲁士哲学家伊曼努尔·康德更进一步提倡所有人都有权受到款待，但这更多地被理解为是针对一种短暂的逗留，而不是长久的定居。与洛克的观点一样，其中的前提条件是来访者不会对主人造成伤害。[1]

康德的思想继续为20世纪关于移民权利的辩论注入活力。已故牛津大学哲学家迈克尔·杜梅特经历了战后几十年英国与其前殖民地之间的大规模移民，他赞同康德的观点，有道德的国家应该为公民和非公民提供同样的基本权利。迁徙本身就是一项权利，无国籍人士有权成为某个国家的公民也是一种权利。雅克·德里达（Jacques Derrida）[2] 同样主张，为了对外国人加以更合乎伦理的善待，应当弱化严格的国家主权。但即使是约翰·罗尔斯（John Rawls）[3]

---

[1] 康德是最早将地理学视为一门学科的哲学家之一，这并非偶然。他概述了地理学的各个子范畴，如自然、经济和道德。他写了一本"哲学地形学"著作来解释空间和场所如何塑造人类的经验和知识。参考文献：Malpas and Thiel, "Kant's Geography of Reason," Reading Kant's Geography (2011), in Robert B. Louden, "The Last Frontier: The Importance of Kant's Geography," Environment and Planning D: Society and Space 32, no.3 (January 2014): 450–465.——作者注

[2] 法国著名哲学家、解构主义创始人，生前为巴黎社会科学高等研究院教授。

[3] 美国政治哲学家、伦理学家，著有《正义论》（*A Theory of Justice*）、《政治自由主义》（*Political Liberalism*）等著名作品。

这样的著名哲学家，在他关于自给自足国家的思想实验中，移民也没有发挥多少作用。他支持人民的迁徙权利，但不支持任何强加于国家主权的行为。相反，一个公正的全球体系将根除贫困、腐败或其他迫使人们迁移的因素。

但是，仅仅进行思想实验的时代已经过去，我们的全球体系还远不够公平。人类共有同一个气候，北方的工业给它带来灾难性的破坏，却由南方承担其主要恶果；南方到处都是荒漠化的土地，北方则是大片富饶的农业区；在北方，我们已经放弃了满是现代住房的城镇，而南方还有千百万背井离乡的难民；在北方，我们有巨大的劳动力缺口，南方却呈现劳动力过剩的局面。布莱恩·卡普兰（Bryan Caplan）①的《开放边界》（*Open Borders*）通过精彩的插图说明，大多数移民既不在求学的年龄也不处于退休的岁数，而属于正处在工作阶段的 X 世代和千禧一代。仅在美国，每个移民能带来的长期财政收益就高达 25.9 万美元。全球发展研究中心的经济学家迈克尔·克莱门斯（Michael Clemens）预测，即便全世界的边境仅向短期流动工人开放，也几乎可以让全世界的国民生产总值增长一倍。

尽管所有的道德和经济观点都支持大规模移民，却没有全球性的移民政策。相反，我们面临越来越多的道德考验，比如非洲人穿越地中海，拉丁美洲人跨过格兰德河，以及其他种种危机。在几乎

---

① 美国乔治梅森大学经济学教授。

所有西方民主国家，移民问题都已经成为一种政治上的罗夏测验[①]，可是被接纳的移民依然太少，死在途中的人却很多。考虑到他们所遭受的外来痛苦（如军事干预和生态破坏）以及自身的内部缺陷（如腐败和不计后果的人口增长），为修复其家园所付出的努力也远远不够。康德和罗尔斯都会对我们感到深深的失望。

对于这些失败，我们的责任又是什么呢？很少有其他在世的哲学家比彼得·辛格（Peter Singer）更认真地思考过这个问题。他认为，保持所有人平等（世界主义），同时追求最大的集体幸福（功利主义），由此引出的合乎逻辑的结论是，幸运的人尽可能多地帮助那些不幸的人，而不论其地理位置或国籍。这一论点的最高级版本就是开放边界和大规模的财富再分配，而最低级版本则是加大对贫困国家的援助。

然而，我们有充分的证据表明，援助仅能让人们勉强存活，而对人口进行迁移可以赋予他们生活的机会。对于世界上大多数贫穷国家的人们来说，3D打印的房屋不会在飓风之后像变魔术一样突然出现，水培食品也不会在干旱中自己生长出来，而他们的移动钱包更不会在内战期间冒出大笔现金。真正的关爱方式是让受害者变成邻居。西方国家在国外推进人权，也知道他们的压力不会产生什么效果，而改善人类状况的最有把握的途径就是迁移。它与言论自由或程序正义一样，都是一项人权。事实上，对许多人来说，跨越边

---

① 指罗夏墨迹测验，由瑞士精神病学家罗夏创立。

界是实现这些权利的唯一途径。因此，可移动性应该是 21 世纪最重要的一项人权。

如果为我的立场下一个定义，那就是"世界性的功利主义"：应当调整我们的地理环境，为现有和未来的世代谋求最大的福利。它也是一种国际化的现实主义态度：各个国家可以做出自己的决定，但是更大规模的移民是符合国家利益的。事实上，明智的政府不会将移民当作一件孤注一掷的事情进行讨论。相反，他们对各个行业的劳动力需求做出预判，并招募外国人来填补空缺，于是即便在人口增长的情况下，国内失业率也维持在低水平。要记住，本地和外来工人之间，并不存在零和博弈，更多的劳动力流入本身就能促进经济发展并创造对劳动力的更多需求。与此同时，可以采取一定的妥协，以维持人们对开放政策的支持。例如，严格控制非法移民和优先雇用本地居民。维持移民友好取向的另一种方式是，将外国投资收入作为红利分配给本国公民。要在全世界实现更具生产效能、更人性化的人口布局，这些措施仅是需要付出的一些微小代价。

要实现更为公平合理的人文地理环境，就要从权利和义务两方面进行讨论，特别是从政治上来讲，单独聚焦哪一方面都不够充分。2018 年，各国一致同意《促进安全、有序和正常移民全球契约》(Global Compact for Safe, Orderly, and Regular Migration)，它承认移民的工作权利，承认他们对社会有所贡献而不是一种负担。但是，美国在拒绝这项移民协定的同时，也不接受《难民问题全球契约》(Global Compact for Refugees)。在 2016 年涌入欧洲的阿拉伯移民大潮中，时任德国总理安格拉·默克尔先是支持这些寻求庇护者的权利，但后来却转而实行更严格的控制，以避免失去极右翼的反移民党派在政治上的支持。或许，与其说当时的尴尬处境是道德问题，不如说是一种移民在道德上的合理性和人口意义上的必要性与民主政治上弄巧成拙的短视行为之间的鲜明对比。

几乎没有任何西方民主国家为迎接大规模移民的新时代做好了准备。正如印裔美国小说家苏克图·梅塔所指出的那样，"以前从未出现过如此多人类的移动，也从未有过如此多对人类移动的有组织抵制"。[2] 梅塔认为，补偿是南北之间实现调和的一种方式，但他也指出，无论如何，北方比以往任何时候都更需要移民。人才的流失可能还会继续。但是，在那些不懂历史且财政拮据的西方国家，对补偿问题的争论早已归于沉寂。进一步讲，未来可能吸收最多移民的国家，如加拿大和俄罗斯，从未在非洲和南亚殖民。重拾旧日的争端，我们对未来形成共识。

我们也不能自以为人口控制会让我们在短时间内回复到一种人口特征不那么难以承受的状态。美国地理学会主席克里斯·塔克（Chris Tucker）认为，理想的世界人口规模是30亿，大致相当于20世纪中叶的水平。那个时候，我们正受益于工业化，而全球变暖的加速尚未开始。但今天，我们的人口数量几乎是这个数字的3倍，这就使得应当有多少人口这个问题不再有实际意义。不管人类未来定居在什么地方，我们仍然应该迁移这些现有的人口。

人类静止不动，舒适地被限制在预设的国界之内，这种情况事实上从来就不曾有过，而且永远也不会有。今日，我们为了是否允许人们迁移争论不休；明日，我们就会聚焦于是否对新移民有足够的吸纳能力。每一个国家和地区集团都应当积极地为此类问题构想他们的答案：迁移者应当去往哪里？他们可以从事什么工作？他们如何接受同化？我们如何以可持续的方式规划扩大的居住环境？人类学家戴维·格雷伯（David Graeber）明智地指出的，"关于这个世界，隐藏最深的真相是，它是由我们创造出来的，也是很容易加以改变的"。[3]

为维持其生活水平，北美、欧洲和亚洲许多富裕的大国已经出现对大规模移民的需求，但没有一个国家正在吸纳的移民达到其所需数量。富裕国家的人口减少点燃了社会经济的紧张局面，而贫穷国家的人口暴增妨碍了公平的发展。更多的移民可以平衡这些因素，防止世界各地一起变得更加贫穷和不平等。因此，对全球人口进行大规模重置将符合每个人的最佳利益。我们的选择要么是渐进的重新部署，特别是将全球的年轻人安排到他们可以获得有偿就业的地区，要么就是全世界下层阶级的反抗。近年来，我们已经对后者有所体会。我们有没有足够的勇气踏上另一条道路呢？

重新规划世界的人口

这个世界的人口和地域在同时趋向枯竭。将资源向人口转移，已经造成巨大的环境灾难。现在我们必须将人口向资源转移，而在这一过程中不再带来破坏。北方的主要国家——美国、加拿大、英国、德国、俄罗斯和日本——需要大批的移民以及巨量的投资注入农业和基础设施建设，为即将到来的局面做好准备。但是，各国在接纳移民上的慷慨程度，与过多的移民同时到达可能给公众带来的悲剧，我们在这二者之间必须进行必要的权衡。

世界各地特别是年轻人的不断流动，加上人口老龄化和气候压力，也意味着我们需要主动调整现有的基础设施和其他设施的用途，以更好地服务于人类。闲置的飞机可以运送穷人和陷于困境者，空荡荡的游轮和酒店可以收容难民和无家可归者，购物中心可以变身仓储和制造场所，高尔夫球场可以改变成农场。人们想知道，随着现在婴儿潮一代纷纷离世，我们能否腾出足够的土地来为所有人修建必要的墓地。

人口统计学中也存在着一种诗意：在我们最好的地理环境中，人口自然地死亡，而赶来回填的是来自四面八方的充满活力的年轻人。如果我们允许自己跟随这股潮流，向内陆、高地和北方移动（见图13-1），并利用可持续性和可移动性方面的最新进展，那么我们不仅将迈向人类文明的新模式，甚至可能重新获得振兴人口的信心。正如穆赫辛·哈米德在《国家地理》中尖锐地写的，"一个迁徙物种，到最后终于安心地作为一个迁徙的物种。对于我来说，那是一个值得信步而去的目的地"。[4]

人类在过去 10 万年中的迁徙将我们带出了非洲,踏上了其他大陆,集中于海洋与河流的沿岸。在接下来的 100 年或 1 000 年里,我们将去往何方?

图 13-1　如今去往何方

乔治敦大学那令人垂涎的"现代世界地图"是一门及格或不及格计分制的本科生课程。今天,我们也可以用及格或不及格的方式设计一门新地理哲学的考试。1946 年,美国地理学家约翰·柯特兰·赖特(John Kirtland Wright)创造了"地理知识学"一词,以表达地理与人类本性之间不断演化的密切关系。[5] 地理知识学激励我们克服人为的权威:边界可以弯曲,基础设施可以改变,人可以移动。我们对不断变化的气候拍摄的卫星图像与数十亿的政治、经济和社会数据点互相融合,为人类如何重新安置和继续繁荣创造出一幅幅生动的图景。难怪地理学再次在高中流行起来,而地球观测和地理信息系统也成为大学里很受欢迎的课程。这对毕业生找工作的确能产生积极影响。对年轻人来说，没有什么比学习更重要。这些领域是我们在未来几十年的复杂局面中如何幸存的关键。地理学在发展，人类社会一定会随之进化。

致　谢

谨以本书纪念著名政治理论家戴维·赫尔德先生。他曾在伦敦政治经济学院指导我的博士论文。戴维是一位无私的导师和朋友，其真实而现实的世界主义一直是激励我灵感的源泉。为博士学位而努力奋斗的过程一般不会给人留下温馨的回忆，可是我每天都在想念戴维，这证实了他所具有的人格魅力。

和我的上一本书一样，本书也证明了耶鲁–新加坡国立大学的教师和学生是宝贵的知识资源。与我的好朋友拉维·奇丹巴拉姆（Ravi Chidambaram）的对话再次促使我不停地记笔记，他对于"好公司"的精彩演讲和我们有关重新定义人力资本的合作论文对本书的成形发挥了重要作用。安朱·保罗对低收入移民现状的深入研究同样有力地说明了她注重实际的思考方法。我很荣幸地与拉维和安朱在耶鲁–新加坡国立大学的杰出的学生们进行接触并向他们学习。

还要感谢我的老朋友布赖恩·麦卡杜（Brian McAdoo）和保罗·威尔特（Paul Wilt），感谢他们一直坚持在思想上为我提供支持，并引导我结识了对这本书做出了如此深刻贡献的耶鲁-新加坡国立大学的学生们。我要对 Helena Auerswald、Raya Lyubenova 和 Anmei Zeng 做出的细致而深刻的研究以及乐观的展望表达最高的赞赏。Xiao You Mok、Adity Ramachandran 和 Sai Suhas Kopparapu 引导我走上了引人入胜的文化路径，再次表现出冷静的勤奋和创造力。

我在未来地图公司（FutureMap）的团队由同事和新老朋友组成，他们为使本书在各个方面更为专业化发挥了不可估量的作用。凯亚拉赫·K.普拉萨德（Kailash K. Prasad）是一位跨学科思想家，他发现了将定性观察与数据相结合的新方法。杰夫·布洛瑟姆（Jeff Blossom）和阿普丽尔·朱（April Zhu）制作了出色的地图和视觉效果，令观点的展现更为生动。斯考特·马尔科姆森（Scott Malcomson）再次就本书的几乎每一段内容提供了重要的反馈意见。如果没有珍妮弗·奎克（Jennifer Kwek），我甚至不知道怎么能抽出时间写作。

各种各样的组织中大量聚集了拥有丰富观点的下一代领袖人物，我发现他们的这些观点都是非常宝贵的。他们对这项研究给予了慷慨支持，我要感谢牛津大学布拉瓦尼克政府学院的恩加尔·伍兹（Ngaire Woods）、牛津互联网学院的乔纳森·布莱特（Jonathan Bright）和牛津城市协会。在柏林由墨卡托·施蒂夫通（Mercator Stiftung）主办的活动中，我很高兴地与见多识广并富有进取心的年轻人进行交流，还包括多哈辩论团队中的 Amjad Attalah、Amy Selwyn、Caroline Scullin 和 Nelufar Hedayat。特别感谢推特的玛雅·哈里（Maya Hari）集合起一个来自亚洲各地五花八门的跨国"推客"小组。我还要感谢经验丰富的全球探险家马丁·格雷（Martin Gray）在他的心灵漫游中利用短暂的休息时间对整个手稿提出了意见。

我还要另外感谢很多人，与他们的对话（当面的或线上的）也有助于形成和验证本书提出的想法。以下按字母顺序排列：K. D. Adamson, David Adelman, Rukhsana Afzaals, Ellie Alchin, Nick Alchin, Tracey Alexander, Alisher Ali, Rafat Ali, Saleem Ali, Amit Anand, Simon Anholt, Yusuke Arai, Lorig Armenian, Maha Aziz, Richard Barkham, Umej Bhatia, Helena Robin Bordie, Fabio Brioschi, Chris Brooke, Mat Burrows, Penny Burtt, Heng Wing Chan, Chris Chau, Andrea Chegut, Holly Cheung, Renato Chizzola, Neel Chowdhury, Michael Chui, Andy Clarke, Steve Clemons, Andy Cohen, James Crabtree, Louis Curran, Anna Dai, Hugues Delcourt, James Der Derian, James Dorsey, Steve Draper, Brooks Entwistle, Chris Eoyang, Reza Etedali, Hany Fam, Nick Fang, James Fazi, Michael Ferrari, Elie Finegold, Dennis Frenchman, Yoichi Funabashi, Miguel Gamino, David Giampaolo, Loretta Girardet, Bruno Giussani, Jan-Philipp Goertz, Lawrence Groo, Sandro Gruenenfelder, Amol Gupte, Nina Hachigian, Kyle Hagerty, Niels Hartog, Jason Hickel, David Hoffman, Paul Holthaus, David Horlock, John Howkins, Greg Hunt, Pico Iyer, Josef Janning, Namrata Jolly, Christian Kaelin, So-Young

致 谢

Kang, Prakash Kannan, Sagi Karni, Tarun Kataria, Gerry Keefe, Shane Kelly, Sanjay Khanna, Sid Khanna, Gaurang Khemka, Eje Kim, Brett King, Ryushiro Kodaira, Natasha Kohne, Daniel Korski, Sung Lee, Mark Leonard, Steve Leonard, David Leonhardt, Adam Levinson, Beibei Li, Yingying Li, Mike Lightman, Greg Lindsay, Christopher Logan, Pierre-Yves Lombard, Karen Makishima, Aaron Maniam, Ali Mansour, Greg Manuel, Chris Marlin, Rui Matsukawa, Sean McFate, Suketu Mehta, Pankaj Mishra, Afshin Molavi, Brent Morgans, Mazyar Mortazavi, Mary Mount, Cameron Najafi, Kimi Onoda, Thomas Pang, Charles Pirtle, Todd Porter, Kailash Prasad, Noah Raford, Adam Rahman, Julia Raiskin, Adi Ramachandran, Anne Richards, Oliver Rippel, Anthea Roberts, Undine Ruge, Alpo Rusi, Manny Rybach, Karim Sadjadpour, Rick Samans, Rana Sarkar, Gerhard Schmitt, Annette Schoemmel, Peter Schwartz, Zeynep Sen, Neeraj Seth, Reva Seth, Andres Sevtsuk, Ankur Shah, Lutfey Siddiqi, Graham Silverthorne, J. T. Singh, Jason Sosa, Balaji Srinivasan, Juerg Steffen, Seb Strassburg, Joe Teng, Jakob Terp-Hansen, Barbara Thole, Ryan Thomas, Chris Tucker, Jan Vapaavuori, Sriram Vasudevan, Ivan Vatchkov, Dominic Volek, Kirk Wagar, D. A. Wallach, Yukun Wang, Nellie Wartoft, Steve Weikal, Ernest Wilson, Shawn Wu, Sasha Young, Mosharraf Zaidi, Mikhail Zeldovich, Graham Zink, Michael Zink, and Taleh Ziyadov。

在我出生之前，我的家人就一直生活在这本书的命题之中，这也是我感谢父母的另一个原因,他们给予我孜孜不倦的支持,向我提供一些有趣的见闻,并自始至终乐于阅读我的手稿。我的妻子艾莎也不断地为我提供有关材料,而她对我们家庭旅游目的地的直观感受以一种非常积极的方式影响了我的想法。在我写作的过程中,我们那两个国际化的孩子——扎拉和祖宾,不再隐没于我的脑海深处。他们向我们发出有关真实世界的问询,而自己也对我们曾经去过或想去的地方进行观察和判断,当他们将二者相比较时,在我的心中,他们便占据了突出而核心的位置。我的兄弟高拉夫和他的妻子阿奴也对本文所涉及的许多话题表达了深刻的见解,我的侄女阿妮莎和侄子鲁沙是塑造未来的下一辈数字原生代的最典型化身。

这本书在相当程度上是从它最初的构想逐渐演化而成,而其中的很多改进之处都要归功于我在大西洋两岸的编辑团队,包括西蒙与舒斯特公司斯克里布纳出版社的里克·霍根(Rick Horgan)和阿谢特集团猎户座出版社的珍妮·洛德(Jenny Lord)。非常感谢他们两位在这一卓有成效的合作关系中给予我满怀信心的指导。一如既往地,我永远要感谢国际创新管理公司的珍·乔尔(Jenn Joel),"代理人"一词远不足以体现她的高明建议和友谊对我的各方面工作所起的作用。在伦敦的柯蒂斯布朗集团,Jake Smith Bosanquet、Richard Pike 和 Savanna Wicks 组成一个非常积极的团队,保证了我的作品得到全球读者的欢迎。衷心感谢我的整个梦之队。

参考文献

Abdelal, Rawi E., Alastair Iain Johnston, Yoshiko Margaret Herrera, and Rose McDermott. *Measuring Identity: A Guide for Social Scientists*. Cambridge: Cambridge University Press, 2009.

Agnew, John. *Human Geography: An Essential Anthology*. Oxford: Blackwell, 1996.

Alba, Richard. *The Great Demographic Illusion: Majority, Minority, and the Expanding American Mainstream*. Princeton: Princeton University Press, 2020.

Allen, John. *Lost Geographies of Power*. Oxford: Blackwell, 2003.

Alter, Charlotte. *The Ones We've Been Waiting For: How a New Generation of Leaders Will Transform America*. New York: Viking, 2020.

Anderson, Benedict. *Imagined Communities: Reflections on the Origin and Spread of Nationalism*. London: Verso, 1983.

Andres, Lesly, and Johanna Wyn. *The Making of a Generation: The Children of the 1970s in Adulthood*. Toronto: University of Toronto Press, 2010.

Anholt, Simon. *Competitive Identity*. London: Palgrave Macmillan, 2006.

Anholt, Simon. *The Good Country Equation*. New York: Penguin Random House, 2020.

Arendt, Hannah. *The Human Condition*. Chicago: University of Chicago Press, 1958.

Aziz, Maha Hosain. *Future World Order*. Independent, 2019.

Balarajan, Meera, Geoffrey Cameron, and Ian Goldin. *Exceptional People*. Princeton: Princeton University Press, 2012.

Baldwin, Richard E. *The Globotics Upheaval: Globalization, Robotics, and the Future of Work*. Oxford: Oxford University Press, 2019.

Bauwens, Michel, Vasilis Kostakis, and Alex Pazaitis. *Peer to Peer: The Commons Manifesto*. London: University of Westminster Press, 2019.

Bejan, Adrian. *Evolution and Freedom*. New York: Springer International Publishing, 2019.

Benhabib, Seyla. *The Law of Peoples, Distributive Justice, and Migrations*. Cambridge: Cambridge University Press, 2004.

Benjamin, Walter, and Rolf Tiedemann. *The Arcades Project*. Cambridge: Belknap Press, 1999.

Berggruen, Nicolas, and Nathan Gardels. *Renovating Democracy*. Berkeley: University of California Press, 2019.

Bostrom, Nick. *Superintelligence: Paths, Dangers, Strategies*. Oxford: Oxford University Press, 2014.

Brannen, Peter. *Ends of the World*. London: Oneworld Publications, 2018.

参考文献

Bray, Mark. *Antifa: The Anti-Fascist Handbook*. London: Melville House Publishing, 2017.

Bregman, Rutger. *Utopia for Realists*. New York: Little Brown and Company, 2017.

Bremmer, Ian. *Us Versus Them: The Failure of Globalism*. New York: Portfolio, 2018.

Bricker, Darrell, and John Ibbitson. *Empty Planet: The Shock of Global Population Decline*. Toronto: McClelland & Stewart, 2019.

Bruder, Jessica. *Nomadland: Surviving America in the Twenty-First Century*. New York: W. W. Norton, 2017.

Caplan, Bryan. *Open Borders: The Science and Ethics of Immigration*. New York: St. Martin's Press, 2019.

Clausing, Kimberly. *Open: The Progressive Case for Free Trade, Immigration, and Global Capital*. Cambridge: Harvard University Press, 2019.

Colin, Nicholas. *Hedge: A Greater Safety Net for the Entrepreneurial Age*. CreateSpace Independent Publishing Platform, 2018.

Combi, Chloe. *Generation Z: Their Voices, Their Lives*. New York: Random House, 2015.

Coupland, Douglas. *Generation X*. New York: St. Martin's Griffin, 1991.

Dalby, Simon. *Anthropocene Geopolitics: Globalization, Security, Sustainability*. Ottawa: University of Ottawa Press, 2020.

Dartnall, Lewis. *Origins: How the Earth Shaped Human History*. London: Bodley Head, 2019.

Davis, Garry. *My Country Is the World: The Adventures of a World Citizen.* CreateSpace Independent Publishing Platform, 2010.

De Haas, Hein, Mark Castles, and Mark J. Miller. *The Age of Migration: International Population Movements in the Modern World.* London: Guilford Press, 2013.

Deparle, Jason. *A Good Provider Is One Who Leaves.* New York: Viking, 2019.

Dewey, John. *Art as Experience.* London: George Allen & Unwin Ltd, 1934.

Dewey, John. *Experience and Nature.* London: George Allen and Unwin, Ltd, 1929.

Dummett, Michael. *On Immigration and Refugees.* London: Routledge, 2001.

Edmunds, June, and Bryan Turner. *Generations, Culture & Society.* Philadelphia: Open University Press, 2005.

Eichengreen, Barry. *The Populist Temptation: Economic Grievance and Political Reaction in the Modern Era.* Oxford: Oxford University Press.

Elder, Glen H. *Children of the Great Depression.* Boulder: Westview Press, 1998.

Esty, Daniel C. *A Better Planet: Forty Big Ideas for a Sustainable Future.* London: Yale University Press, 2019.

Fallows, James, and Deborah Fallows. *Our Towns: A 100,000-Mile Journey into the Heart of America.* New York: Pantheon Books, 2018.

Farmer, Roger. *Prosperity for All: How to Prevent Financial Crises.* Oxford: Oxford University Press, 2016.

Fish, Eric. *China's Millennials: The Want Generation.* Lanham: Rowman & Littlefield Publishers, 2015.

Florida, Richard. *Who's Your City? How the Creative Economy Is Making Where You Live the Most Important Decision of Your Life*. Toronto: Random House of Canada, 2008.

Foroohar, Rana. *Don't Be Evil: How Big Tech Betrayed Its Founding Principles—and All of Us*. New York: Currency, 2019.

Fouberg, Erin H, Alexandra Murphy, and Harm J. de Blij. *Human Geography: People, Place and Culture*. Hoboken: Wiley, 2015.

Fraser, Evan D. G., and Andrew Rimas. *Empires of Food: Feast, Famine, and the Rise and Fall of Civilizations*. New York: Free Press, 2010.

Frazier, Mark, and Joseph McKinney. *Founding Startup Societies: A Step by Step Guide*. Salt Lake City: Startup Societies Foundation, 2019.

Gaul, Gilbert M. *The Geography of Risk: Epic Storms, Rising Seas, and the Cost of America's Coasts*. New York: Sarah Crichton Books, 2019.

Gertner, Jon. *Ice at the End of the World: An Epic Journey into Greenland's Buried Past and Our Perilous Future*. New York: Random House, 2019.

Ghosh, Amitav. *The Great Derangement: Climate Change and the Unthinkable*. Illinois: University of Chicago Press, 2017.

Goodell, Jeff. *How to Cool the Planet: Geoengineering and the Audacious Quest to Fix Earth's Climate*. Boston: Houghton Mifflin Harcourt, 2010.

Goodell, Jeff. *The Water Will Come: Rising Seas, Sinking Cities, and the Remaking of the Civilized World*. New York & Boston & London: Little, Brown and Company, 2017.

Goodhart, David. *Road to Somewhere: The Populist Revolt and the Future of Politics*. London: Hurst, 2017.

Graeber, David. *Bullshit Jobs: A Theory*. London: Allen Lane, 2018.

Greene, Robert Lane. *You Are What You Speak: Grammar Grouches, Language Laws, and the Politics of Identity*. New York: Delacorte Press, 2011.

Haidt, Jonathan. *The Righteous Mind: Why Good People Are Divided by Politics and Religion*. New York: Knopf Doubleday Publishing Group, 2012.

Hankins, James. *Virtue Politics: Soulcraft and Statecraft in Renaissance Italy*. Cambridge: Harvard University Press, 2018.

Hannant, Mark. *Midnight's Grandchildren: How Young Indians Are Disrupting the World's Largest Democracy*. London: Routledge, 2018.

Hardt, Michael, and Antonio Negri. *Assembly*. Oxford: Oxford University Press, 2017.

Harris, Malcom. *Kids These Days: Human Capital and the Making of Millennials*. New York & Boston & London: Little, Brown and Company, 2017.

Hayden, Patrick. "Political Evil, Cosmopolitan Realism, and the Normative Ambivalence of the International Criminal Court." In Steven C. Roach. *Governance, Order, and the International Criminal Court: Between Realpolitik and a Cosmopolitan Court*. Oxford: Oxford University Press, 2009.

Henig, Robin. *What Is It About Twenty-Somethings?* New York: *The New York Times*, 2010.

Herz, Marcus, and Thomas Johansson. *Youth Studies in Transition: Culture, Generation and New Learning Processes*. Basel: Springer Nature Switzerland AG, 2019.

Hertz, Noreena. *The Lonely Century: How Isolation Imperils Our Future*. London: Hodder and Stoughton, 2020.

Hickel, Jason. "Degrowth: A Theory of Radical Abundance." *Real-World Economics Review* 87 (2019): 54–68.

Hill, Alice C., and Leonardo Martinez-Diaz. *Building a Resilient Tomorrow.* Cambridge: Oxford University Press, 2019.

Hockfield, Susan. *Age of Living Machines: How Biology Will Build the Next Technology Revolution.* New York: W. W. Norton & Company, 2019.

Houlgate, Laurence. *John Locke on Naturalization and Natural Law: Community and Property in the State of Nature.* Cham: Springer International Publishing, 2016.

Inglehart, Ronald F. *Cultural Evolution: People's Motivations Are Changing, and Reshaping the World.* Cambridge: Cambridge University Press, 2018.

International Organization for Migration. *Migration, Environment and Climate Change: Assessing the Evidence.* Geneva, 2009.

International Organization for Migration. *World Migration Report 2020.* New York: UN, 2019.

Iyer, Pico. *This Could Be Home: Raffles Hotel and the City of Tomorrow.* Singapore: Epigram, 2019.

Janmohamed, Shelina. *Generation M: Young Muslims Changing the World.* London & New York: I. B. Tauris, 2016.

Kaiser, Shannon. *The Self-Love Experiment: Fifteen Principles for Becoming More Kind, Compassionate, and Accepting of Yourself.* New York: TarcherPerigee, 2017.

Kant, Immanuel. *Perpetual Peace.* Minneapolis: Classics, 2007.

Keane, John. *Global Civil Society?* Cambridge: Cambridge University Press, 2003.

Kerr, William. *The Gift of Global Talent: How Migration Shapes Business, Economy & Society*. Stanford: Stanford University Press, 2018.

Keynes, John Maynard. *The General Theory of Employment, Interest and Money*. London: Palgrave Macmillan, 1936.

Kissinger, Henry. *A World Restored: Metternich, Castlereagh and the Problems of Peace, 1812–22*. Boston: Houghton Mifflin Company, 1957.

Kotkin, Joel. *The Human City: Urbanism for the Rest of Us*. Chicago: Agate B2, 2016.

Kronin, Audrey Kurth. *Power to the People: How Open Technological Innovation Is Arming Tomorrow's Terrorists*. Cambridge: Oxford University Press, 2019.

Kunreuther, Howard, Erwann Michel-Kerjan, and Neil A. Doherty. *At War with the Weather: Managing Large-Scale Risks in a New Era of Catastrophes*. Cambridge: MIT Press, 2011.

Levine, Jonathan. *Zoned Out*. London: Routledge, 2005.

Lieven, Anatol. *Climate Change and the Nation State: The Case for Nationalism in a Warming World*. Oxford: Oxford University Press, 2020.

Lillis, Joanna. *Dark Shadows: Inside the Secret World of Kazakhstan*. London & New York: I. B. Tauris, 2018.

Lovelock, James. *Gaia: A New Look at Life on Earth*. London: Oxford University Press, 1979.

Lubin, David. *Dance of the Trillions: Developing Countries and Global Finance*. Washington DC: Brookings Institute Press, 2018.

Lucas, Robert E. B. *International Handbook on Migration and Economic Development*. Cheltenham: Edward Elgar Pub, 2015.

MacIntyre, Alasdair. *After Virtue: A Study in Moral Theory*. Third Edition. Indiana: University of Notre Dame Press, 2007.

Mann, Geoff, and Joel Wainwright. *Climate Leviathan: A Political Theory of Our Planetary Future*. New York: Verso, 2018.

Mazzucato, Mariana. *The Value of Everything: Making and Taking in the Global Economy*. London: Penguin Press, 2018.

McKibben, Bill. *Falter: Has the Human Game Begun to Play Itself Out?* New York: Henry Holt & Company, 2019.

McNeill, John Robert, and Peter Engelke. *The Great Acceleration: An Environmental History of the Anthropocene Since 1945*. Cambridge: Harvard University Press, 2015.

Mehta, Suketu. *This Land Is Our Land: An Immigrant's Manifesto*. New York: Farrar, Straus and Giroux, 2019.

Milanovic, Branko. *Capitalism Alone: The Future of the System That Rules the World*. Cambridge: Harvard University Press, 2019.

Morland, Paul. *Human Tide: How Population Shaped the Modern World*. New York: PublicAffairs, 2019.

Muenkler, Herfried. *Die neuen Deutschen: Ein Land vor seiner Zukunft*. Berlin: Rowohlt Taschenbuch, 2017.

Murphy, Alexander. *Progress in Human Geography*. Thousand Oaks, CA: Sage Publications, 1991.

Norris, Pippa, and Ronald Inglehart. *Cultural Backlash: Trump, Brexit, and Authoritarian Populism*. New York: Cambridge University Press, 2019.

Oreskes, Naomi, and Erik M. Conway. *The Collapse of Western Civilization: A View from the Future*. New York: Columbia University Press, 2014.

Ostrom, Elinor. *Governing the Commons: The Evolution of Institutions for Collective Action*. Cambridge: Cambridge University Press, 1990.

O'Sullivan, Michael. *The Levelling: What's Next After Globalization*. New York: PublicAffairs, 2019.

Paul, Anju Mary. *Multinational Maids: Stepwise Migration in a Global Labor Market*. Cambridge: Cambridge University Press, 2017.

Pearlstein, Steven. *Can American Capitalism Survive?: Why Greed Is Not Good, Opportunity Is Not Equal, and Fairness Won't Make Us Poor*. New York: St. Martin's Press, 2018.

Pentland, Alex, Alexander Lipton, and Thomas Hardjono. *Building the New Economy*. Cambridge: MIT Press, 2020.

Philippon, Thomas. *The Great Reversal: How America Gave Up on Free Markets*. Cambridge, Massachusetts: Harvard University Press, 2019.

Rajan, Raghuram. *The Third Pillar: How Markets and the State Leave the Community Behind*. London: Penguin Press, 2019.

Rawls, John. *Political Liberalism*. Columbia: Columbia University Press, 2005.

Rich, Nathaniel. *Losing Earth: A Recent History*. New York: MCD, 2019.

Rossant, John. *Hop, Skip, Go: How the Mobility Revolution Is Transforming Our Lives*. New York: Harper Business, 2019.

Rushkoff, Douglas. *Team Human*. New York: W.W. Norton & Company, 2019.

Sachs, Jeffrey. *The Ages of Globalization: Geography, Technology, and Institutions*. New York: Columbia University Press, 2020.

Samaranayake, Nilanthi, Satu P Limaye, and Joel Wuthnow. *Raging Waters:*

China, India, Bangladesh, and Brahmaputra River Politics. Virginia: Marine Corps University Press, 2018.

Scranton, Roy. *Learning to Die in the Anthropocene: Reflections on the End of a Civilization.* San Francisco: City Lights Publishers, 2015.

Scranton, Roy. *We're Dead. Now What?* New York: Soho Press, 2018.

Shah, Sonia. *The Next Great Migration: The Beauty and Terror of Life on the Move.* New York: Bloomsbury Publishing, 2020.

Skidelsky, Robert. *Money and Government: The Past and Future of Economics.* London: Yale University Press, 2018.

Slobodian, Quinn. *Globalists: The End of Empire and the Birth of Neoliberalism.* Cambridge: Harvard University Press, 2018.

Smil, Vaclav. *Growth: From Microorganisms to Megacities.* Cambridge: The MIT Press, 2019.

Smith, Laurence. *Rivers of Power: How a Natural Force Raised Kingdoms, Destroyed Civilizations, and Shapes Our World.* New York: Little, Brown Spark, 2020.

Smith, Laurence. *The World in 2050: Four Forces Shaping Civilization's Northern Future.* London: Penguin, 2010.

Snowden, Frank. *Epidemics and Society: From the Black Death to the Present.* New Haven: Yale University Press, 2019.

Steinem, Gloria. *My Life on the Road.* New York: Random House, 2016.

Stephenson, Neal. *Snow Crash.* London: Penguin, 2011.

Strauss, William, and Neil Howe. *Generations: The History of America's Future, 1584 to 2069.* New York: Quill, 1992.

Strauss, William, and Neil Howe. *The Fourth Turning: What the Cycles of History Tell Us About America's Next Rendezvous with Destiny*. New York: Three Rivers Press, 2009.

Taleb, Nassim Nicholas. *Antifragile: Things That Gain from Disorder*. New York: Random House, 2012.

Taylor, Charles. *The Ethics of Authenticity*. Cambridge: Harvard University Press, 1992.

Taylor, Paul. *Next America: Boomers, Millennials, and the Looming Generational Showdown*. New York: PublicAffairs, 2014.

Toffler, Alvin. *Future Shock*. New York: Bantam Books Inc., 1984.

Tucker, Christopher. *A Planet of 3 Billion*. Virginia: Atlas Observatory Press, 2019.

Tucker, Patrick. *The Naked Future: What Happens in a World That Anticipates Your Every Move*. New York: Current, 2015.

Unnikrishnan, Deepak. *Temporary People*. New York: Restless Books, 2017.

Victor, Peter. *Managing Without Growth: Slower by Design, Not Disaster*. Cheltenham: Edward Elgar Publishing, 2008.

Wagner, Gernot, and Martin L. Weitzman. *Climate Shock: The Economic Consequences of a Hotter Planet*. Princeton: Princeton University Press, 2015.

Wallace-Wells, David. *The Uninhabitable Earth: Life After Warming*. New York: Tim Duggan Books, 2019.

Walsh, Bryan. *End Times: A Brief Guide to the End of the World*. New York: Hachette Books, 2019.

Westlake, Stian. *Capitalism Without Capital: The Rise of the Intangible Economy*. Princeton: Princeton University Press, 2018.

Wester, Philippus, Arabinda Mishra, Aditi Mukherji, and Arun Bhakta Shrestha. *The Hindu Kush Himalaya Assessment: Mountains, Climate Change, Sustainability and People*. London: Springer Nature, 2019.

Wilson, E. O. *Half Earth: Our Planet's Fight for Life*. New York: Liveright, 2017.

Wohl, Robert. *The Generation of 1914*. Cambridge: Harvard University Press, 1979.

Wyatt, David. *Out of the Sixties: Storytelling and the Vietnam Generation*. Cambridge: Cambridge University Press, 1993.

Zuckerman, Ethan. *Rewire: Digital Cosmopolitans in the Age of Connection*. New York: W. W. Norton & Company, 2013.

注 释

第一章 移动性决定命运

1. Ducker, Peter. *Managing in Turbulent Times* (New York : Harper & Row, 1980) .
2. Marie McAuliffe and Martin Ruhs, *World Migration Report* 2018 (Geneva : International Organization for Migration, 2017) .
3. Jonathan Woetzel et al., "People on the Move : Global Migration's Impact and Opportunity," McKinsey Global Institute, December 2016.
4. Bill McKibben, "A Very Hot Year," *New York Review of Books*, March 12, 2020.
5. Chi Xu et al., "Future of the Human Climate Niche," *Proceedings of the National Academy of Sciences* 117, no. 21 (2020) : 11350–11355.
6. "The Top 10 Categories for Small Businesses to Make Millions in 2020," *Business Insider*, December 16, 2019; "The 10 Best US States for Entrepreneurs to Start Businesses in 2020," *Business Insider*, January 3, 2020.
7. Paul Salopek, "A Twenty-Four-Thousand-Mile Walk Across Human History," *New Yorker*, June 17, 2019.

第二章　争夺青年才俊

1. "This Is the Impact of the 2008 Crisis You Might Not Have Expected," World Economic Forum, November 15, 2018.
2. Neil Irwin and Emily Badger, "Trump Says the U.S. Is 'Full.' Much of the Nation Has the Opposite Problem," *New York Times*, April 9, 2019.
3. Eduardo Porter, "The Danger from Low-Skilled Immigrants: Not Having Them," *New York Times*, August 8, 2017.
4. Lazaro Zamora and Theresa Cardinal Brown, "EB-5 Program: Successes, Challenges, and Opportunities for States and Localities," Bipartisan Policy Center, September 2015.
5. Mohsin Hamid, "In the 21st Century, We Are All Migrants," *National Geographic*, August 2019, p. 20.
6. Matthew Smith, "International Survey: Globalisation Is Still Seen as aForce for Good in the World," YouGov, November 17, 2016.
7. Yasmeen Serhan, "Are Italy's 'Sardines' the Antidote to Populism?" *Atlantic*, January 24, 2020.
8. David Hasemyer, "U.S. Military Precariously Unprepared for Climate Threats, War College & Retired Brass Warn," *InsideClimate News*, December 23, 2019.

第三章　代际移动

1. Karl Mannheim, "The Sociological Problem of Generations," in *Essays on the Sociology of Knowledge* (Oxford University Press, 1952 [1929]) .
2. Kim Parker et al., "Generation Z Looks a Lot Like Millennials on Key Social and Political Issues," Pew Research Center, January 17, 2019.
3. Christopher Kurz et al., "Are Millennials Different?" Finance and Economics Discussion Series (Washington, DC: Board of Governors of the Federal Reserve System, November 2018) ; Derek Thompson, "The Economy Killed Millennials, Not Vice Versa," *Atlantic*, December 6, 2018.
4. "The Deloitte Millennial Survey 2017," Deloitte, 2017.
5. Malcolm Harris, "Keynes Was Wrong. Gen Z Will Have It Worse," *MIT*

Technology Review, December 16, 2019.

6. Kim Hong-Ji and Hayoung Choi Ju-min Park, "No Money, No Hope：S. Korea's 'Dirty Spoons' Turn Against Moon," The Wider Image, *Reuters*, November 30, 2019.

7. Jeanna Smialek, "How Millennials Can Make the Fed's Job Harder," *New York Times*, February 17, 2020.

8. 从2012年到2017年，开设IB课程的学校数量增加了40%，自那以后，又增加了10%以上。三分之一的IB学校在美国，另有近30%在欧洲，20%在亚洲，后者的IB扩张速度是全球的两倍。

9. Iyer, Pico. *This Could Be Home：Raffles Hotel and the City of Tomorrow*（Singapore：Epigram, 2019），34.

10. Lisa O'Carroll, "Number of UK Citizens Emigrating to EU Has Risen by 30% since Brexit Vote," *Guardian*, August 4, 2020.

11. Suketu Mehta. *This Land Is Our Land：An Immigrant's Manifesto*（New York：Macmillan, 2019）.

12. Allison Schrager, "The Looming $78 Trillion Pension Crisis," *Quartz*, February 27, 2019.

13. Len Kiefer et al., "Why Is Adulting Getting Harder? Young Adults and Household Formation," Freddie Mac, March 16, 2018.

14. 一家领先的咨询公司调查显示，40岁以下的高净值人士寻求私人财富服务的首选项目是房地产、税务和遗产继承咨询。CapGemini, *World Wealth Report* 2020。

15. Jun Suzuki, "Asia's Millennials Finding Their Political Voice," *Nikkei Asian Review*, March 27, 2019.

16. Laurie S. Goodman and Christopher Mayer, "Home Ownership and the American Dream," *Journal of Economic Perspectives* 32, no. 1（2018）：31–58.

17. Hillary Hoffower, "The 25 Most Expensive Cities Around the World to Rent a Two-Bedroom Apartment," *Business Insider Singapore*, January 14, 2020.

18. "Younger Americans Much More Likely to Have Been Arrested Than Previous Generations; Increase Is Largest Among Whites and Women," RAND Corporation,

February 25, 2019.

19. Ben Schott, "Which Nations Are Democracies? Some Citizens Might Disagree," *Bloomberg*, June 26, 2020.
20. Pico Iyer, "Where is Home?" TED Talk. 17 July 2013.

第四章　下一个美国梦

1. U.S. Census Bureau, "Housing Inventory Estimate：Vacant Housing Units for the United States," FRED, Federal Reserve Bank of St. Louis, July 28, 2020.
2. William H. Frey, "For the First Time on Record, Fewer Than 10% of Americans Moved in a Year," Brookings Institution, November 22, 2019; James Manyika et al., "The Social Contract in the 21st Century：Outcomes So Far for Workers, Consumers, and Savers in Advanced Economies," McKinsey Global Institute, February 2020.
3. Raj Chetty et al., "Where Is the Land of Opportunity? The Geography of Intergenerational Mobility in the United States," *Quarterly Journal of Economics* 129, no. 4（November 2014）：1553–1623.
4. Kyle Nossaman, "A Year in a Skoolie：What We Love（and What We Don't）," *Gear Junkie*, January 23, 2019.
5. Rilwan Balogun, "RV Sales Jump 170% During Coronavirus Pandemic, Says Association," WAFB Channel 9, May 25, 2020.
6. Sarah Baird, "Mobile Homeland," *Curbed*, September 13, 2017.
7. 32%的千禧一代拥有住房，其中三分之二的人因为保险、财产税、可变抵押贷款和维修保养等额外费用而感到后悔。"63% of Millennials Who Bought Homes Have Regrets," *CNBC*, March 1, 2019。
8. Helen Edwards and Dave Edwards, "It's Becoming Economically Desirable to Live in a Trailer Park," *Quartz*, January 16, 2018.
9. Caleb Robinson et al., "Modeling Migration Patterns in the USA Under Sea Level Rise," *PLoS ONE* 15, no. 1（January 2020）.
10. Christopher Flavelle, "U.S. Flood Strategy Shifts to 'Unavoidable' Relocation of Entire Neighborhoods," *New York Times*, August 26, 2020.

11. James S. Clark, C. Lane Scher, and Margaret Swift, "The Emergent Interactions That Govern Biodiversity Change," *Proceedings of the National Academy of Sciences* 117, no. 29 (2020): 17074–17083.

12. Nancy Gupton, "Boulder, Colorado: The Happiest City in the United States," *National Geographic*, October 27, 2017.

13. Kendra Pierre-Louis, "Want to Escape Global Warming? These Cities Promise Cool Relief," *New York Times*, April 15, 2019.

14. Mary Caperton Morton, "With Nowhere to Hide from Rising Seas, Boston Prepares for a Wetter Future," *Science News*, August 6, 2019.

15. 15 Steven Luebke, "How to Help Employees Buy Homes—and Help Your Company's Bottom Line," *Milwaukee Business Journal*, March 28, 2017.

16. Auren Hoffman, "What Would Happen If All Job Offers Had to Be Quoted Post-Tax and in PPP-Adjusted Dollars? (Thought Experiment on Compensation)," Summation by Auren Hoffman (summation.net), March 27, 2019.

17. William H. Frey, "How Migration of Millennials and Seniors Has Shifted Since the Great Recession," The Brookings Institution, January 31, 2019.

18. "Why 18-Hour Cities Are Attracting Commercial Real Estate Interest," JLL, February 5, 2019.

19. Robert D. Atkinson et al., "The Case for Growth Centers: How to Spread Tech Innovation Across America," The Brookings Institution, December 9, 2019.

20. Mohamed Younis, "Americans Want More, Not Less, Immigration for First Time," Gallup, July 1, 2020.

21. Alex Nowrasteh and Andrew C. Forrester, "Immigrants Recognize American Greatness: Immigrants and Their Descendants Are Patriotic and Trust America's Governing Institutions," Cato Institute, February 4, 2019.

22. Anjali Enjeti, "Ghosts of White People Past: Witnessing White Flight from an Asian Ethnoburb," *Pacific Standard*, June 14, 2017.

第五章　欧洲联邦

1. Paul Hockenos, "Europe's Future Looks Bleak If It Can't Make the Case for

Itself," CNN, March 4, 2019; Bruce Stokes, "Who Are Europe's Millennials?," Pew Research Center, February 9, 2015.

2. Richard Wike et al., "European Public Opinion Three Decades After the Fall of Communism," Pew Research Center, October 14, 2019.
3. "Romania, Hungary Recruit in Asia to Fill Labour Shortage," *Channel News Asia*, October 28, 2019.
4. Dany Mitzman, "The Sikhs Who Saved Parmesan," *BBC News*, June 25, 2015.
5. Andrew Nash, "National Population Projections," Office for National Statistics, October 21, 2019.

第六章 桥梁地区

1. Bruce Bower, "The Oldest Genetic Link Between Asians and Native Americans Was Found in Siberia," *Science News*, May 20, 2020.

第七章 北方主义

1. Mary Beth Sheridan, "The Little-Noticed Surge Across the U.S.–Mexico Border：It's Americans, Heading South," *Washington Post*, May 19, 2019.
2. Abrahm Lustgarten, "The Great Climate Migration," *New York Times Magazine*, July 23, 2020.
3. Rahul Mehrotra, "The Architectural Wonder of Impermanent Cities," TED Talk, July 22, 2019.

第八章 "南方国家"能否幸存

1. Sunil John et al., "Arab Youth Survey 2017," ASDA'A Burson-Marsteller, 2017; "Unemployment with Advanced Education（% of Total Labor Force with Advanced Education）," The World Bank, 2019.
2. "Young Adults Around the World Are Less Religious by Several Measures," in *The Age Gap in Religion Around the World*, Pew Research Center, June 13, 2018.
3. Kristofer Hamel and Constanza Di Nucci, "More Than 100 Million Young Adults Are Still Living in Extreme Poverty," The Brookings Institution, October 17, 2019.
4. Nicole Flatow, "The Social Responsibility of Wakanda's Golden City,"

Bloomberg CityLab, November 5, 2018.

5. "'Climate Apartheid' Between Rich and Poor Looms," *BBC News*, June 25, 2019.
6. Steve Pyne, "The Australian Fires Are a Harbinger of Things to Come. Don't Ignore Their Warning," *Guardian*, January 7, 2020.

第九章 亚洲人来了

1. Danny Bahar, Prithwiraj Choudhury, and Britta Glennon, "The Day That America Lost $100 Billion Because of an Immigration Visa Ban," Brookings Institution, October 20, 2020.
2. Michael Clemens, "Does Development Reduce Migration?" in *Inter-national Handbook on Migration and Economic Development*（Cheltenham, UK：Edward Elgar Publishing, 2014）.
3. Stefan Trines, "Mobile Nurses：Trends in International Labor Migration in the Nursing Field," *World Education News and Reviews*, March 6, 2018.
4. Kully Kaur-Ballagan, "Attitudes to Race and Inequality in Great Britain," Ipsos MORI, June 15, 2020.

第十章 亚太地区的退却与复兴

1. Amarnath Tewary, "Bihar's Economy Registers Higher Growth Than Indian Economy in Last Three Years," *Hindu*, February 24, 2020.

第十一章 量子居民

1. Teleport 被出售给总部设在伦敦的 MOVE。Guides 作为 Topia 公司网络的一部分，促进专业人员的迁移。
2. "IMD World Competitiveness Ranking 2020," IMD World Competitiveness Centre, 2020; "The New Economy Drivers and Disruptors Report," Bloomberg, 2019.
3. "2020 Emerging Jobs Report Singapore," LinkedIn, 2020.
4. Ricardo Hausmann, "Economic Development and the Accumulation of Know-how," *World Economic Review* 24（Spring 2016）; Richard Baldwin, *The Globotics Upheaval*（London：Oxford University Press, 2019）.

5. Christian Joppke, "The Rise of Instrumental Citizenship," *Global Citizenship Review*（Fourth Quarter, 2018）.
6. Kate Springer, "Passports for Purchase: How the Elite Get Through a Pandemic," CNN, August 7, 2020.

第十二章　城市共和国的和平时代

1. See Jason Hickel, "Is It Possible to Achieve a Good Life for All Within Planetary Boundaries?" *Third World Quarterly*, 2018; "The Sustainable Development Index: Measuring the Ecological Efficiency of Human Development in the Anthropocene," *Ecological Economics* 167（2020）。
2. Lee Kuan Yew, "The East Asian Way—With Air Conditioning," *New Perspectives Quarterly* 26（October 2009）.
3. "The Best Countries to Raise a Family in 2020," Asher & Lyric, July 24, 2020.
4. Melanie Curtin, "Thousands of Millennials Are Opting Out of Renting Their Own Apartments and Going for This Instead," *Inc.*, September 28, 2017.

第十三章　文明3.0

1. Arnold J. Toynbee, quoted in *Reader's Digest*, October 1958.
2. Suketu Mehta, *This Land Is Our Land*.
3. David Graeber, *The Utopia of Rules*（London: Penguin Random House, 2015）.
4. Mohsin Hamid, "In the 21st Century, We Are All Migrants," *National Geographic*（September 2019）.
5. Innes M. Keighren, "Geosophy, Imagination, and Terrae Incognitae: Exploring the Intellectual History of John Kirtland Wright," *Journal of Historical Geography* 31, no. 3（July 2005）: 546–562.

插图版权信息

图 1-1　布鲁金斯学会（Brookings Institution），国际货币基金组织，自然地球（Natural Earth）

图 1-2　世界银行

图 1-3　阿普丽尔·朱（April Zhu）

图 1-4　世界资源研究所（World Resources Institute）

图 1-5　美国航空航天局，美国国家科学院，徐驰（Chi Xu，音译），马滕·舍费尔（Marten Scheffer）

图 1-6　无

图 2-1　联合国经济与社会事务部（UN Department of Economic and Social Affairs, UNDESA）

图 2-2　塞思·怀恩斯（Seth Wynes）和金伯利·A. 尼古拉斯（Kimberly A. Nicholas），《环境研究快报》（Environmental Research Letters），Vol. 12, No. 7

图 2-3　联合国经济与社会事务部

图 2-4　国际教育研究院（Institute for International Education, IIE），欧盟统计局（EuroStat）

图 3-1　剑桥大学民主未来中心（Center for the Future of Democracy, Cambridge

University）

图 7-1　联合国粮农组织（Food and Agriculture Organization, FAO），国际粮食政策研究所（International Food Policy Research Institute, IFPRI）

图 7-2　新科学人网站（New Scientist）/ 励德商务集团（Reed Business）

图 9-1　政府统计数据（Government census data）

图 12-1　社会进步指数（Social Progress Index）

图 13-1　杰夫·布洛瑟姆（Jeff Blossom），《国家地理》（*National Geographic*）

微信扫描二维码
获取彩色插图